Piergiorgio Odifreddi

Il giro del mondo in 80 pensieri

A Serena, con affetto

Rizzoli

ISBN 978-88-17-08341-6

Prima edizione: giugno 2015

Sommario

STORIA

SCIENZA

MATEMATICA

FILOSOFIA

LETTERATURA

Il giro del mondo in 80 pensieri

«Joseph Fourier era dell'opinione che il fine principale della matematica fosse l'utilità pubblica e la spiegazione dei fenomeni naturali. Ma un pensatore come lui avrebbe dovuto sapere che l'unico fine della scienza è *l'onore dello spirito umano*, e che da questo punto di vista una questione sui numeri vale tanto quanto una questione sul sistema del mondo.»

Charles Gustave Jacob Jacobi
Lettera a Adrien-Marie Legendre, 2 luglio 1830

«Lo spirito veramente filosofico, che ha messo radici solo verso la metà del Settecento, non ha spento le antiche e le nuove dispute teologiche, che non rientrano nel suo dominio. Parleremo anche di tali argomenti, che sono *la vergogna della ragione umana*.»

Voltaire
Il secolo di Luigi XIV, 1751

Preludio rivolto a te

Il volto è lo specchio dell'anima, si dice. Se così fosse, il mio sarebbe uno specchio vuoto, perché l'anima non ce l'ho. Naturalmente non ce l'hai nemmeno tu, che forse speri o temi di averla. Il volto, invece, ce l'abbiamo entrambi, ma ci appare molto diverso. Il tuo volto io lo vedo, il mio no. O meglio, il tuo lo posso osservare dal di fuori (di te), mentre il mio sono costretto a percepirlo dal di dentro (di me).

Quello che per te è il mio volto, per me è un'ombra che intravedo con la coda dell'occhio, e che separa me dal mio mondo. O meglio, che separa l'immagine mentale che ho del mio interno dall'immagine mentale che ho del mio esterno: un bordo che posso toccare con mano, letteralmente, ma che rimane pur sempre un bordo.

Il tuo volto, invece, lo posso vedere. Anzi, ne vedo due: uno per occhio. Per me tu sei duplice, una doppia immagine capovolta: perché i miei occhi sono due lenti, che invertono le immagini e mi trasmettono la tua faccia sottosopra, mento in su e fronte in giù, con la bocca e gli occhi arcuati al contrario.

Se chiudo un occhio su di te, come forse le tue (o le mie) debolezze mi impongono, ti vedo come sei nella tua limitatezza: una donna a due dimensioni. Se chiudo l'altro occhio, rimani a due dimensioni, ma cambi leggermente. Se alterno velocemente gli occhi, mentre tu mi guardi stupita e ti chiedi sorridendo cosa stia facendo, ti vedo saltellare di qua e di là del mio naso.

Solo quando apro finalmente gli occhi su di te, la tua duplicità scompare e vedo un'unica immagine tridimensionale e diritta, invece che due immagini bidimensionali invertite. È solo nella mia testa che tu perdi la tua piattezza e acquisti finalmente un volume, è solo il mio cervello che trascende stereoscopicamente ciò che vedo.

A ciascuno dei miei occhi tu non appari soltanto piatta e sottosopra, ma anche sfocata. Nella fovea ti vedo con grande acuità visiva e cromatica, ma si tratta soltanto di un'area di mezzo millimetro di diametro. Man mano che concentro l'attenzione verso zone più esterne del mio campo visivo, senza però muovere l'occhio, ti annebbi e scolorisci.

Ancora una volta, è solo il mio cervello che ti vede a fuoco e a colori, perché i miei occhi accarezzano in continuazione il tuo viso, con una serie di oscillazioni lente, di salti veloci e di tremiti velocissimi, per permettere alla fovea di inquadrare ogni millimetro del tuo volto e di amalgamarne le immagini. Ancora una volta ti vedo saltellare nel mio campo visivo, percepisco di te innumerevoli brandelli di immagini, come in un quadro cubista che solo la mia mente integra in un'immagine classica e statica.

I tuoi mille volti in movimento mi provocano vertigini metaforiche, che non posso evitare, perché forse alla fine un'anima ce l'ho: in tal caso, in fondo a quell'anima ci sei tu. Ma avrei anche vertigini letterali, se il mio cervello non inibisse la percezione durante gli incessanti movimenti dei miei occhi. La mia visione è dunque un processo continuamente intervallato da istanti di cecità: solo così il tuo volto può emergere dal buio e affiorare alla luce.

Ma in nessun istante lo vedo interamente, perché in corrispondenza del luogo privo di recettori, in cui il nervo ottico di ciascun occhio si diparte dal globo oculare, io ho un punto cieco. I miei occhi non ti accolgono mai completamente, e se io non mi accorgo che essi deturpano il tuo viso con un buco nero è soltanto perché, per l'ennesima volta, il cervello accorre in mio aiuto e completa automaticamente il tuo volto, interpolandone l'immagine in base a ciò che percepisce nelle zone adiacenti.

Io ti vedo a colori, ma non sei tu ad averli: sono io a darteli. La luce del tuo volto si manifesta ai miei occhi nella forma di una mitragliata di fotoni. Reagendo diversamente alle loro diverse lunghezze d'onda i miei occhi ti colorano dei colori dell'iride, come le dita di un bambino con i pastelli un disegno.

I miei pastelli sono i bastoncelli e i coni, la loro custodia la retina. I bastoncelli li uso soprattutto quando il tuo volto si perde nell'ombra della notte: poiché ne ho di un tipo solo, in quei momenti ti vedo in bianco e nero. I coni li adopero invece quando risplendi alla luce del giorno: di questi ne ho tre tipi, con cui ti coloro di verde, rosso e blu. Se non mi appari come Arlecchina, a toppe di tre colori, è perché il mio cervello li tratta diversamente dai suoni: non tenendoli separati come accordi musicali, ma miscelandoli nella gamma del tuo arcobaleno.

Bastoncelli e coni li tengo non sul davanti della retina, come sarebbe ovvio, ma sul retro. È strano, perché in questo modo la luce del tuo volto deve attraversare l'intero sistema, prima di raggiungere i miei fotorecettori. Ma io sono fatto così, e tu sei fatta come me. Il polpo no, e se fossi come lui potrei avvolgerti con i miei tentacoli come nel dipinto di Hokusai. Ti vedo di porpora, a questo pensiero, ma so che è uno scherzo della mia mente: quel colore non esiste, è una percezione amodale creata dalla tua reazione simultaneamente calda e fredda, che miscela dolcemente del rosso e del viola sulla pelle del tuo viso.

Tu vorresti forse vederti come io ti vedo, e io certamente vorrei vedermi come tu mi vedi. Ma il nostro reciproco desiderio dovrà rimanere perennemente insoddisfatto, perché ciascuno di noi è confinato nella sua mente e condannato a poter vedere sempre gli altri, e mai se stesso.

In un ritratto o una fotografia, però, possiamo entrambi intuire parzialmente come ci vediamo a vicenda, pur con le limitazioni di questi mezzi: bidimensionali, piatti e statici, invece che tridimensionali, in rilievo e dinamici. Una fotografia digitale, poi, introdurrebbe un ulteriore elemento di straniamento, scomponendo l'immagine in una serie di pixel come in un dipinto puntinista. Uno straniamento parzialmente rimediato nel caso delle immagini televisive o al computer, i cui fosfori e pixel dipingono negli stessi colori verde, rosso e blu dei miei coni.

Se sugli schermi la tua immagine riacquista la dinamicità che aveva perduto nella fotografia, è perché mi rimani impressa nella memoria anche quando non ti guardo o non ti vedo. Non solo metaforicamente, ma anche fisiologicamente: se le tue immagini si alternano sulla mia retina a una frequenza maggiore di cinquanta al secondo, la loro momentanea persistenza mi impedisce di accorgermi del cambiamento, e il mio cervello la interpreta come un flusso continuo dovuto a una tua presenza virtuale.

Se poi in immagini consecutive i tratti del tuo volto sono leggermente sfalsati, il mio cervello interpreta la loro vicinanza spaziale in istanti successivi come un loro movimento. È una sorta di effetto speciale che ti rende ancora più reale, anche se le mie braccia non si illuderebbero e si chiuderebbero su se stesse, se cercassi di abbracciarti.

Ma tu non sarai mai completamente a tuo agio con il tuo volto fotografato o ripreso, e io non lo sarò mai con il mio. Come Narciso, siamo entrambi così abituati ai nostri riflessi da non accorgerci di quanto essi siano stranianti. Ti stupiresti per la sua piccolezza, se provassi a segnare con un dito il contorno del tuo volto su uno specchio o un vetro appannati.

E ti stupiresti per l'inversione del davanti col dietro, ma non della destra con la sinistra, se puntassi un dito: l'immagine del dito puntato in avanti punterebbe in direzione contraria, ma quella del dito puntato a destra o sinistra continuerebbe a puntare nella medesima direzione. E lo stesso succede per l'alto e il basso, il che spiega perché lo specchio non li inverta. A te *sembra* che lo specchio inverta destra e sinistra, ma soltanto perché ti metti nei panni dell'immagine e scambi il tuo volto col suo: lei porta all'orecchio sinistro l'orecchino che tu hai a quello destro, e viceversa.

Quando stasera o domattina, nelle penombre del tramonto o dell'aurora, separate dalla notte dei sogni di cui siamo fatti, ti ritroverai di fronte allo specchio, che farai? Cercherai, come la buona Alice, di passargli attraverso per incontrare la te stessa riflessa? Oppure, pensando alle impressioni che il tuo volto ha lasciato sulla mia retina e su altre pellicole, gli domanderai come la Regina Cattiva: «Specchio, specchio delle mie brame, qual è l'immagine più bella del reame?».

POLITICA

Verità, verosimiglianza e finzione
(MENZOGNE)

Uno dei motivi che provocano il disgusto della gente normale nei confronti dei politici, è che essi mentono tutti e sempre, quasi per professione. E la percezione popolare di sfiducia nei loro confronti è ben sintetizzata da una domanda che fu posta per la prima volta nella campagna elettorale del 1960 negli Stati Uniti, a proposito di Richard Nixon: «Compreresti un'auto usata da quest'uomo?».

Per dimostrare che un politico è menzognero, basta avere la pazienza di confrontare le sue promesse elettorali *a priori* con le sue realizzazioni effettive *a posteriori*. A volte, però, ci sono contaballe così spudorati, che le sparano così grosse, o si smentiscono così velocemente, che il loro smascheramento è istantaneo. Silvio Berlusconi e Matteo Renzi sono i nostri due campioni recenti in questo sport, e affermazioni come «Ruby è la nipote di Mubarak» del primo, o «#staisereno Enrico» del secondo, sono passate alla cronaca come esempi archetipici di cialtroneria.

Ma sarebbe ingiusto attribuire ai politici il monopolio della menzogna, che in realtà è un vizietto diffuso equamente in tutti gli ambienti. Anche se in uno in particolare, quello letterario, assume connotati interessanti che ci riguardano tutti più da vicino, e sono stati al centro di un dibattito tra Umberto Eco ed Eugenio Scalfari sull'«Espresso» nell'estate del 2011.

Ha cominciato Eco con *Mentire e far finta*, notando come spesso i lettori di opere di fantasia tendono, da un lato, a considerarle come vere. E, dall'altro, a non distinguere tra le opinioni dell'autore e quelle dei suoi personaggi.

Ha fatto seguito Scalfari con *Anche se finto è tutto vero*, ribattendo che la distinzione tra verità fattuale e finzione letteraria non è netta. Anzi, si tratta di due facce della stessa Luna, come dimostrano gli influssi che hanno avuto sulla vita reale le opere immaginarie di Manzoni o Goethe. E, potremmo aggiungere noi, anche i libri sacri delle varie religioni.

Ha concluso Eco con *Credulità e identificazione*, ricordando come il potere della finzione derivi dalla sua verosimiglianza, indipendentemente dalla sua verità. In altre parole, benché siano letteralmente falsi, i romanzi ci danno una lezione letteraria sulla vita in genere, e su noi stessi in particolare.

Se mi permetto di intromettermi con le mie osservazioni in questo dibattito tra umanisti è soltanto perché, da matematico "terzo fra cotanto senno", mi sembra che sia Eco che Scalfari tendano a sottovalutare l'effetto deleterio che massicce dosi di finzione finiscono per avere sul principio di realtà.

Proviamo infatti a ripercorrere brevemente le tappe della formazione della psicosi universale che il pervasivo e invasivo mercato dell'illusione crea negli studenti, nei lettori e negli spettatori. Non appena i bambini acquistano l'uso della parola, e incominciano a fare domande su come sono nati, vengono fornite loro risposte idiote, che vanno dai cavoli alle cicogne.

Quand'essi approdano all'asilo, incominciano a ricevere i rudimenti di una visione magica del mondo popolata di angeli e demoni, miracoli e castighi divini, roveti ardenti e nubi parlanti, ciechi guariti e morti risorti. Una visione che continua a essere contrabbandata in tutte le scuole, nella forma istituzionale dell'ora di religione.

Nelle stesse scuole, vengono poi sistematicamente impartiti

molti altri insegnamenti letterari e filosofici sullo stesso tono. Riguardanti, ad esempio, gli dèi omerici dell'*Iliade* e l'*Odissea*. La schizofrenica voce del *dáimōn* socratico. I regni dell'aldilà della *Commedia* dantesca. I deliri idealisti di Hegel e Croce. E il motto nietzschiano che «non ci sono fatti, solo interpretazioni».

Parallelamente all'indottrinamento scolastico, il trinitario mercato letterario, cinematografico e televisivo sommerge il pubblico di storie irreali o magiche, dalla saga infantile di *Harry Potter* ai "romanzi per adulti" di Dan Brown. Per non parlare delle fiction televisive, sacre e profane, che intasano il piccolo schermo.

Il relativo mercato è sostenuto da un battage di recensioni, interventi, dibattiti e interviste, che satura le terze pagine della carta stampata e della televisione. Questo martellante tam-tam viene gabellato come informazione culturale, ma costituisce in realtà un parallelo mercato pubblicitario, che vive del precedente e lo aiuta a diffondersi capillarmente.

Il primo risultato di questa manovra a tenaglia è una società che non vive della e nella realtà, appunto, ma è immersa nella finzione generalizzata. C'è forse da stupirsi se, ormai assuefatta alle storie dei cantastorie, quella società finisca poi col diventare facile preda dei contastorie, politici o religiosi che siano? I quali, in fondo, perseguono i propri fini con gli stessi mezzi, spesso raccontando addirittura le stesse storie?

Il secondo risultato è una società che non conosce la realtà, e se ne disinteressa. Oggi qualunque scrittore o attore da quattro soldi, per non parlare di uno da qualche milione di dollari o euro, riceve più attenzione ed esposizione di qualunque premio Nobel scientifico. E i contingenti e superficiali divertissement del primo sommergono, come il loglio, il grano delle necessarie e profonde scoperte del secondo.

La conclusione è che bisognerebbe fruire dei romanzi, dei film e della televisione *cum grano salis*. Cioè, a pizzichi da spargere sul piatto forte della scienza, per insaporire la vita. Chi invece pretende di cibarsi di solo sale, non rimane sano a lungo, e presto muore di fame intellettuale. Come sta appunto facendo l'Occidente, e forse l'intero mondo.

Un uomo, nessun voto
(DEMOCRAZIA)

Le rane si aprono, per combinazione, parlando della merda (letterale) che a un servo di Dioniso dal profetico nome "Rosso" tocca portare sulle spalle in un sacco. Nella commedia Aristofane enunciò per la prima volta una forma di quella che poi diventerà nota come *legge di Gresham*: «La moneta cattiva scaccia quella buona». Ma la sua formulazione era molto più concreta, e non richiedeva nessuna conoscenza di economia: bastava una minima pratica di vita sociale, perché lo scrittore ateniese aveva semplicemente notato che «il politico cattivo scaccia quello buono».

E se la cosa valeva ai tempi dei Greci, immaginiamoci oggi, con l'imbastardimento della politica provocato dalla discesa in campo della pubblicità, che ha sostituito il dibattito sulle idee e sui contenuti con la vendita di un prodotto e di un marchio. A scanso di equivoci, l'infausto evento *non* data dal 1994 e dalla discesa in campo di Berlusconi: si è trattato piuttosto di un graduale svilimento provocato dalla progressiva invasione dei media nella vita quotidiana del mondo occidentale, iniziata negli Stati Uniti molto prima che da noi.

Basterà ricordare l'uso della fotografia fatto da Abraham Lincoln, o della radio da Franklin Delano Roosevelt, o della televisione da John Kennedy. Anzi, Marshall McLuhan identificò il punto di non ritorno proprio nella campagna per le elezioni presidenziali statunitensi del 1960, quando i dibattiti fra i due candidati vennero trasmessi simultaneamente alla radio e alla televisione, ed ebbero esiti contrapposti: la sostanza delle argomentazioni di Richard Nixon prevalse infatti tra gli ascoltatori della prima, e l'apparenza del look di Kennedy tra gli spettatori della seconda.

Non c'è dunque niente di nuovo, qualitativamente, nella strategia di Berlusconi prima, e Renzi poi, di presentare sistematicamente alle elezioni "candidati che hanno le caratteristiche necessarie per farsi eleggere, ma non per governare", a partire da loro stessi: le regole del gioco sono quelle, da molto prima che ci fossero loro. Al massimo si può loro imputare di essersi montati la testa e aver perseguito politiche più imperiali che presidenziali: imponendo al governo, ad esempio, ministri che in fondo non costituiscono altro che una modesta riproposta dei venerandi cavalli di Caligola.

Anche da un punto di vista darwiniano non si può che notare, pur dolendosene, il fatto che "nella lotta per la sopravvivenza nella vita parlamentare, la selezione elettorale privilegia i più adatti". E si deve accettare volontariamente l'inevitabile: in biologia, come in politica, "più adatto" da un punto di vista competitivo o evolutivo non significa necessariamente "migliore" da un punto di vista etico o morale. Anzi, spesso e volentieri significa l'esatto contrario.

È comunque da tempo, e forse da sempre, che la politica è ridotta a pura rappresentazione. I leader di ogni Paese e di ogni parte sembrano poco più che attori (quando, come Ronald Reagan, non lo erano per davvero), che leggono i discorsi dei loro *ghostwriter* (da noi chiamati una volta "scorreggette"), muovendo come automi la testa da un gobbo elettronico all'altro per simulare una parvenza di spontaneità. E se il discorso per sbaglio è quello di qualcun altro, lo leggono comunque senz'accorgersene, com'è successo il 17 marzo 2009 al premier irlandese Brian Cowen alla Casa Bianca.

I parlamentari, invece, sono poco più che comparse che recitano un copione stabilito dalle segreterie dei partiti. L'unica cosa che li accomuna sono i privilegi. E il fatto che *La casta* di Gian Antonio Stella e Sergio Rizzo (Rizzoli, 2007), che descrive appunto l'allegra (per loro) e scandalosa (per noi) vita della nomenklatura politica italiana, sia diventato un best seller da più di un milione di copie, non è altro che il segnale di un fastidio generalizzato verso i parassiti delle aule parlamentari, che sta ormai dilagando nella popolazione.

Qui i costi non c'entrano per nulla, perché *La questua* di Curzio Maltese (Feltrinelli, 2008) ha dimostrato che per la religione siamo costretti a sborsare più soldi che per la politica. Ma non per questo i preti, i vescovi e i cardinali vengono percepiti come sanguisughe, alla stessa stregua dei consiglieri regionali, degli onorevoli e dei ministri, come sarebbe invece corretto e giusto che fosse.

Se le cose stanno comunque così, viene da chiedersi perché mai ci si dovrebbe appassionare alla telenovela delle elezioni, siano esse locali, nazionali o europee. Infatti la partecipazione è in costante calo, e sia negli Stati Uniti che da noi è ormai arrivata alla metà degli aventi diritto: il che significa che si può ormai essere eletti con il 25% dei voti dell'elettorato, alla faccia della democrazia. Ad esempio, alle elezioni europee del 2014 il Pd ha ottenuto il 40,8% dei voti, e i votanti sono stati il 58,7% degli aventi diritto: dunque, nel suo strombazzato "plebiscito" Renzi ha ricevuto solo il consenso di un misero 23,9% (meno di un quarto) degli italiani.

Ma c'è un altro e ben più grave problema, consistente nel fatto che una parte del rigetto provato da molti elettori nei confronti della classe politica viene consciamente attribuito alle malefatte degli eletti, ma deriva in realtà inconsciamente dalla percezione rimossa di un problema strutturale del sistema. Una volta lasciata affiorare ed espressa, questa percezione si traduce nell'affermazione più esplosiva e politicamente scorretta che si possa fare nel campo:

> Il sedicente sistema democratico, quale lo conosciamo e lo pratichiamo, è ormai un anacronismo che ha fatto il suo tempo, e non risulta più adeguato per affrontare la complessità e la velocità del mondo moderno.

Per far due esempi cruciali, pensiamo alle elezioni legislative italiane del 2001 e del 2008. In entrambi i casi chi ha vinto ha ricevuto un mandato a governare, ma non certo ad affrontare i due maggiori problemi del decennio, che non erano sul tappeto nelle campagne elettorali, e sono esplosi inaspettatamente solo dopo le rispettive elezioni: l'11 settembre, dapprima, e la crisi finanziaria ed economica, poi.

Un sistema che incatena gli elettori alla delega in bianco che essi hanno dato alla "maggioranza" per cinque anni, e relega ad esempio la protesta mondiale contro la guerra in Iraq a una pura manifestazione di piazza, dimostra di non essere in grado di riflettere le istanze dei cittadini, e non merita di essere rispettato e condiviso.

Per questo molti, e io sono fra quelli, incominciano a rivendicare l'astensione dal voto come una scelta di protesta radicale contro il sistema: quale esso è, nella teoria dei politologi, e quale esso è diventato, nella pratica dei politici. José Saramago ha potentemente illustrato, nel romanzo *Saggio sulla lucidità* (Einaudi, 2005), l'analoga scelta di votare invece scheda bianca. In entrambi i casi, una maggioranza di astensioni o di schede bianche non avrebbe valore secondo le regole del gioco elettorale attuale, anche se l'avrebbe secondo quelle del gioco referendario, ma scuoterebbe comunque le fondamenta del sistema.

Molti, e io sono di nuovo fra quelli, andrebbero invece volentieri a votare per un'Assemblea Costituente che avesse il mandato di ripensarlo radicalmente. Purtroppo, la farsa della democrazia in salsa renziana pretende di imporre la riforma del sistema a suon di raffazzonati colpi di maggioranza, con la compiacenza servile di un Parlamento eletto con una legge incostituzionale, e composto da un manipolo di trasformisti che saltano da un partito all'altro come grilli. Un ottimo modo, questo, per confermare anche oggi le intuizioni di Aristofane: che la politica è un sacco di merda che i cittadini devono portarsi sulle spalle, e che i politici cattivi scacciano sempre quelli buoni.

Bomba o non bomba
(ARMAMENTI)

Nel corso dei secoli, i detrattori della scienza hanno prefigurato gli scenari più catastrofici sui suoi possibili sviluppi. Testi come *Faust* e *L'apprendista stregone* di Johann Wolfgang Goethe, *Frankenstein* di Mary Shelley, *Lo strano caso del dottor Jekyll e del signor Hyde* di Louis Stephenson, *L'isola del dottor Moreau* di Herbert Wells mettevano tutti in guardia sul pericolo che le scoperte scientifiche potessero scappare di mano agli scienziati e provocare guai inimmaginabili.

Talmente inimmaginabili, che l'immaginazione dei letterati non riuscì a immaginare qualcosa anche solo lontanamente paragonabile alla mostruosità delle due bombe atomiche lanciate dagli Stati Uniti sul Giappone nell'agosto 1945. Si trattò del più grande crimine contro l'umanità e del peggior atto di terrorismo della storia: 300.000 esseri umani, pari a *cento volte* le vittime degli attentati dell'11 settembre 2001 di New York, svanirono in due funghi atomici in un paio di secondi.

In una macabra prefigurazione del contrappasso di mezzo secolo dopo, l'impresa atomica di Los Alamos si chiamava Progetto Manhattan. Il suo direttore, il fisico Robert Oppenheimer, citò la *Bhagavad Gita* per descrivere lo «splendore di mille soli» che si era levato nel cielo, e dichiarò che i fisici avevano «conosciuto il peccato». Il matematico John von Neumann, a cui si ispirò Stanley Kubrick per la figura del *Dottor Stranamore*, commentò cinicamente che «a volte qualcuno confessa un peccato per prendersene il merito».

A costruire gli ordigni, comunque, gli scienziati alleati erano accorsi quasi tutti, con la scusa del pericolo che Hitler potesse arrivare prima di loro alla bomba. Le uniche eccezioni degne di nota erano state Albert Einstein, Norbert Wiener e il nostro Franco Rasetti: uno dei ragazzi di via Panisperna, che per non sporcarsi le mani abbandonò addirittura la fisica, e passò alla biologia.

E praticamente tutti quelli che c'erano andati, ci rimasero: anche dopo la fine del 1944, quando i servizi segreti erano ormai certi che i tedeschi alla bomba non ci stavano lavorando. L'unico che "fece il gran rifiuto" fu Józef Rotblat: all'epoca guardato con gran sospetto e trattato da spia, ma nel 1995 vincitore del premio Nobel per la pace per non «aver tradito la propria professione», alla stregua del *Galileo* di Bertolt Brecht.

Quanto agli scienziati nazisti, da Werner Heisenberg a Otto Hahn, nell'agosto del 1945 erano prigionieri degli inglesi, in una villa vicino a Cambridge piena di microfoni. E le registrazioni documentano il loro sgomento alla notizia che gli scienziati alleati avessero osato fare ciò che essi avevano rifiutato. Le interpretazioni divergono, ma i fatti sono univoci: a costruire le bombe furono gli scienziati alleati, non quelli nazisti, e a usarle fu Harry Truman, non Adolf Hitler. Tutti, a loro e nostra perenne vergogna.

Ecco perché le discussioni di oggi sulle bombe iraniane o coreane sono oziose: perché sono condotte dalla superpotenza che le ha per prima costruite e usate. E vengono echeggiate, almeno le prime, da un alleato israeliano che possiede centinaia di testate nucleari. Cioè, da farisei che pretendono che non venga fatto a loro ciò che essi hanno fatto e fanno agli altri.

Uno scherzo da preti
(CONCORDATO)

Quando ogni anno arriva il momento della manovra finanziaria, il governo mette le mani nelle tasche dei cittadini. Ma una buona parte della manovra potrebbe essere evitata, semplicemente rifiutando alla Chiesa le elargizioni che ogni anno le vengono profuse a piene mani. A partire dall'otto per mille, che è un'invenzione di Giulio Tremonti: non il maturo ministro dell'Economia e delle Finanze nei vari governi di Silvio Berlusconi, dal 1994 al 2011, ma il giovane consigliere economico di Bettino Craxi nel 1984.

Sarebbe comunque ingiusto e antistorico aggiungere, alle reali responsabilità del governo socialista di quegli anni, anche quella fittizia del Concordato. In fondo, gli accordi di Villa Madama del 18 febbraio 1984, e le norme attuative del 25 marzo 1985, altro non erano che una revisione dei Patti Lateranensi firmati da un altro (ex) socialista, Benito Mussolini, l'11 febbraio 1929.

E sarebbe altrettanto ingiusto e antistorico attribuire al regime fascista le responsabilità del Concordato. Lo stesso Duce, parlando il 13 maggio 1929 alla Camera, aveva infatti candidamente spiegato i vantaggi che gliene sarebbero derivati, facendo sua un'istruzione di Napoleone a suo figlio, il re di Roma:

> Le idee religiose hanno ancora molto impero, più di quanto si creda da taluni filosofi. Esse possono rendere grandi servizi all'umanità. Essendo d'accordo col papa si domina ancora oggi la coscienza di cento milioni di uomini.

Fu per questo che la Francia di Napoleone firmò col Vaticano un Concordato nel 1801. E lo stesso fecero l'Austria di Francesco Giuseppe nel 1855, l'Italia di Mussolini nel 1929, la Germania di Hitler nel 1933, il Portogallo di Salazar nel 1940, e la Spagna di Franco nel 1953. L'alleanza tra i regimi totalitari e la Chiesa ha dunque una lunga storia.

E fu proprio la conferma di quest'alleanza a deludere gli oppositori democratici del fascismo nel 1929. Non soltanto Benedetto Croce, uno dei sei senatori su 316 che votarono contro, ma anche don Luigi Sturzo e Alcide De Gasperi. Il giorno dopo la firma dei Patti, quest'ultimo scrisse sconsolato a don Simone Weber:

> Insegnare a stare in ginocchio va bene, ma nell'educazione clericale dovrebbero apprendere anche a stare in piedi.

Per tutta risposta, il 13 febbraio 1929 Pio XI indirizzò all'Università Cattolica di Milano un discorso passato alla storia, in cui disse:

> Forse a risolvere la questione ci voleva proprio un papa alpinista, un alpinista immune da vertigini e abituato ad affrontare le ascensioni più ardue. [...]
>
> E forse ci voleva anche un uomo come quello che la Provvidenza ci ha fatto incontrare: un uomo che non avesse le preoccupazioni della scuola liberale.

In quei giorni scese il sipario sulle speranze risorgimentali di Giuseppe Mazzini e Massimo d'Azeglio. Ma anche sulla realpolitik unitaria di Cavour, espressa dalla formula: «Libera Chiesa in libero Stato». E addirittura sul laicismo di Giovanni Gentile, che sul «Corriere della Sera» del 30 settembre 1927 aveva inutilmente affermato:

> Se, come notava il Manzoni, ci sono utopie belle e utopie brutte, questa della conciliazione non è da mettersi fra le prime.

Nella sua dichiarazione di voto contrario al Senato, Croce si era invece limitato a dire più debolmente:

> La ragione che ci vieta di approvare questo disegno di legge non è dunque nell'idea della conciliazione, ma unicamente nel modo in cui è stata attuata.

Il Concordato clerico-fascista era comunque storicamente comprensibile e politicamente giustificato, perché di esso beneficiarono sia il clero che il fascismo. Molto più difficile da comprendere e giustificare è invece il recepimento di quello stesso Concordato nell'articolo 7 della Costituzione della Repubblica Italiana, che recita:

> Lo Stato e la Chiesa cattolica sono, ciascuno nel proprio ordine, indipendenti e sovrani. I loro rapporti sono regolati dai Patti Lateranensi.

Nel suo discorso alla Costituente, e nell'istruttiva *Storia quasi segreta di una discussione e di un voto* pubblicata nell'aprile 1947 sul «Ponte», Piero Calamandrei fece notare l'assurdità della formula iniziale, che fu attaccata in aula anche da Croce e Vittorio Emanuele Orlando. Una Costituzione, infatti, dev'essere un monologo e non un dialogo, e sarebbe stato altrettanto ridicolo inserirvi una formula che proclamasse solennemente: «L'Italia e la Francia sono, ciascuna nel proprio ordine, indipendenti e sovrane».

Calamandrei notò che però, sorprendentemente, a difenderla fu Palmiro Togliatti, nella seduta del 23 gennaio 1947, «con argomenti che per la loro ortodossia meritarono il pieno plauso della "Civiltà cattolica"».

Anche il recepimento dei Patti Lateranensi nella Costituzione di uno Stato laico, repubblicano e democratico era incongruo. Essi si aprivano infatti con un'invocazione alla Santissima Trinità. Proclamavano il cattolicesimo come religione di Stato. Facevano un esplicito richiamo allo Statuto Albertino del 1848. E recavano la firma del Duce e il marchio del fascismo.

Inoltre, i Patti concedevano ai cattolici privilegi in aperta contraddizione con il resto della Costituzione. In particolare, con l'articolo 3, che stabilisce:

> I cittadini sono eguali davanti alla legge, senza distinzione di religione.

E soprattutto con l'articolo 20, che afferma:

> Il carattere ecclesiastico e il fine di religione o di culto d'una associazione od istituzione non possono essere causa di speciali limitazioni legislative, né di speciali gravami fiscali.

Com'è stato dunque possibile che il famigerato articolo 7 sia finito nella Costituzione? Seguendo il suggerimento di Calamandrei, per capirlo bisogna andare a rileggere gli atti delle discussioni preparatorie. In particolare, delle sedute plenarie tenutesi all'Assemblea Costituente dal 4 al 25 marzo 1947, culminate nelle dichiarazioni di voto di De Gasperi, Nenni e Togliatti.

Come si ricorderà, da oppositore del fascismo De Gasperi si era drizzato contro i Patti Lateranensi, ma da capo del governo aveva ormai appreso anche lui a stare in ginocchio. Prendendo per la prima volta la parola alla Costituente, dichiarò che «senza la fede e senza la morale evangelica le nazioni non si salvano». E sostenne che bisognava approvare «una norma in cui si riconosca la paternità comune del Capo della Religione Cattolica, che ci protegge e che protegga soprattutto la Nazione italiana». Gli atti registrano «vivissimi, prolungati applausi al centro e a destra».

Nenni ricordò la presenza della firma di Mussolini nei Patti, e «il sospetto di una collusione [della Chiesa col fascismo] che pesa ancora sulla coscienza di molti italiani, come una macchia e una vergogna». Aggiunse che «lo Stato laico considera la religione come un problema individuale di coscienza, ma si mantiene nella sfera della sua sovranità». E concluse dicendo che «per consolidare la Repubblica bisogna fondare lo Stato, e lo Stato non si fonda sul principio di una diarchia di poteri e di sovranità». Questa volta, «vivi applausi a sinistra».

Togliatti iniziò il suo discorso ricordando «le masse di lavoratori e cittadini che ci hanno dato la loro fiducia». E poi, a sorpresa, spiegò che bisognava tradire questa fiducia, perché così voleva il papa: «Non vi è dubbio che ci troviamo di fronte a un'esplicita manifestazione di volontà della Chiesa cattolica, ed è questo il punto da cui dobbiamo partire». Ammise che «cosa è destra e cosa è sinistra non sempre è facile dirlo in politica». E finì «convinto che in un consesso di prelati romani sarei stato ascoltato sino alla fine con più sopportazione».

L'articolo 7 fu approvato con 350 voti contro 149, e l'apporto determinante del centinaio di deputati comunisti. Calamandrei espresse tutto il suo disgusto per la loro «resa a discrezione», e ricordò che «quando fu proclamato il risultato, nessuno applaudì, nemmeno i democristiani».

Ma il giudizio allo stesso tempo più corretto e più insultante l'ha dato l'11 dicembre 2009 il segretario di Stato, cardinal Tarcisio Bertone, paragonando il discorso di Togliatti a quello di «un padre della Chiesa». Ricevendo un'immediata approvazione da Massimo d'Alema, il peggior erede del Migliore, che lo stava religiosamente a sentire.

È anche a causa di quei "comunisti" di allora, e di questi ex "comunisti" di ora, che l'Italia continua a rimanere in ginocchio di fronte alla Chiesa e al papa. È anche con la loro connivenza e complicità che qualunque governo, ecumenicamente e impunemente, sottrae ogni anno miliardi di euro ai poveri contribuenti e li elargisce a una ricchissima istituzione, che sostiene fariseicamente di ispirarsi a qualcuno che diceva: «Beati i poveri».

Anch'io ho un sogno
(King)

Il 28 agosto 1963 Martin Luther King pronunciò davanti al Lincoln Memorial di Washington il famoso discorso passato alla storia per la frase *I have a dream*, «Io ho un sogno», che risuonò più volte come un potente richiamo alle orecchie dei manifestanti per i diritti civili che erano convenuti nella capitale degli Stati Uniti.

Oggi, mezzo secolo dopo, il Paese che allora viveva ancora nella segregazione razziale ha avuto dapprima un nero (Colin Powell), e poi una nera (Condoleezza Rice), come segretari di Stato dell'amministrazione più conservatrice e antilibertaria del dopoguerra (quella di Bush junior). E ora ha, addirittura, un presidente nero (Barack Obama) al suo secondo mandato, la cui elezione ha dimostrato al mondo intero che *Yes, we can*, «Sì, è possibile».

Rileggere il discorso di King rischia dunque di diventare un esercizio di pura retorica. Anche se, come lamentava allora il giovane predicatore, sicuramente anche oggi molti neri degli Stati Uniti vivono su un'isola di povertà solitaria in un vasto oceano di prosperità materiale, languono ai margini della società e si trovano esiliati nella loro stessa terra.

Ma basta focalizzare lo sguardo altrove, dalla nuova America di mezzo secolo fa alla vecchia Europa di oggi, per sentire risuonare in quelle parole un monito attuale e per nulla retorico, che denuncia la condizione vergognosa dei nostri immigrati e dei nostri extracomunitari. Sono loro oggi i veri neri del mondo, anche se la loro pelle non è necessariamente nera, e i loro paesi d'origine non stanno necessariamente in Africa.

Sono loro che oggi andrebbero a sentire un comizio di Martin Luther King nella nostra capitale, davanti all'Altare della Patria. È a loro che lui si rivolgerebbe, dicendo:[1] tornate nel profondo Nord, tornate nel Veneto, tornate in Lombardia, tornate in Piemonte, tornate nei ghetti delle città leghiste di nome o di fatto, sapendo che in qualche modo la vostra situazione può cambiare, e cambierà.

Siete voi, amici immigrati ed extracomunitari, che oggi state passando attraverso difficili prove e tribolazioni. Siete voi che entrate e uscite dalle anguste celle del carcere. Siete voi che vivete in luoghi dove la vostra domanda di libertà si confronta con la tempesta della vita, con la persecuzione della gente, con le brutalità della polizia. Siete voi i veterani della sofferenza creativa.

E perciò, amici immigrati ed extracomunitari, è a voi che mi rivolgo per dirvi che, pur dovendo affrontare le asperità politiche

[1] Da qui alla fine le parole sono quelle originali di Martin Luther King, in cui i "neri" sono stati sostituiti con gli "immigrati" e gli "extracomunitari", e i riferimenti agli Stati Uniti con riferimenti analoghi all'Italia.

di oggi, e probabilmente di domani, anch'io come Martin Luther King ho un sogno ricorrente.

È un sogno profondamente radicato nella Costituzione della Repubblica Italiana. È il sogno che un giorno questa nazione si leverà in piedi e vivrà fino in fondo il senso delle convinzioni espresse nell'articolo 3, che recita:

> Tutti i cittadini hanno pari dignità sociale e sono eguali davanti alla legge, senza distinzione di sesso, di razza, di lingua, di religione, di opinioni politiche, di condizioni personali e sociali.

Io ho un sogno: che un giorno pagheremo questa cambiale che i costituenti firmarono, e di cui ogni italiano è diventato erede. Una cambiale che promette non solo a tutti i cittadini, ma anche a tutti i residenti, che godranno dei princìpi inalienabili della vita, della libertà e del perseguimento della felicità.

È ovvio che oggi l'Italia non sta onorando questa cambiale, con i suoi immigrati ed extracomunitari. E invece di onorare questo suo obbligo costituzionale l'Italia ha girato loro un assegno scoperto, un assegno che è stato annullato con il timbro "fondi insufficienti".

Io ho un sogno: che questo assegno possa essere incassato integralmente, perché mi rifiuto di credere che la giustizia abbia fatto bancarotta. Mi rifiuto di credere che non ci siano fondi sufficienti nel grande caveau delle opportunità offerte da questo Paese. E so che quando sarà incassato, questo assegno elargirà le ricchezze della libertà e le garanzie della giustizia.

Io ho un sogno: che questo assegno possa essere incassato presto, perché altrimenti rischiamo di assuefarci al tranquillante del gradualismo. È questo il momento di realizzare le promesse della democrazia. È questo il momento di rendere giustizia a tutti i cittadini e a tutti i residenti. È questo il momento di abbandonare la desolata pianura della discriminazione.

Non ci saranno in Italia né pace, né tranquillità, fino a quando agli immigrati e agli extracomunitari non saranno concessi i loro diritti di cittadini. I turbini del disordine continueranno a scuotere le fondamenta della nostra nazione fino a quando non sarà sorto il sole luminoso della giustizia.

Io ho un sogno: che nel procedere verso la loro giusta meta, gli immigrati e gli extracomunitari non si macchino di crimini e delitti. Che riescano a soddisfare la loro sete di libertà senza bere alla coppa dell'odio e del risentimento. Che conducano sempre la loro giusta lotta muovendosi sul piano elevato della dignità e della disciplina. Che non permettano alla loro protesta creativa di degenerare in violenza fisica. Che si librino sulle alte vette di chi risponde alla forza fisica con la forza d'animo.

Io ho un sogno: che nel procedere verso la loro giusta meta, gli immigrati e gli extracomunitari siano accompagnati da molti dei nostri connazionali, che sono giunti a capire che il destino degli uni è legato a quello degli altri. Che la libertà degli uni è legata a quella degli altri. Che né gli uni, né gli altri possono camminare da soli.

E mentre avanziamo uniti, non dovremo mai indietreggiare. A chi ci chiede quando saremo soddisfatti, rispondiamo che non saremo mai soddisfatti. Che non possiamo essere soddisfatti finché gli immigrati e gli extracomunitari saranno vittime di aggressioni e violenze. Finché i loro figli saranno discriminati nelle scuole. Finché essi non potranno votare, o crederanno di non aver motivo di votare.

Io ho un sogno: che un giorno nella sedicente Padania i figli di coloro che un tempo furono meridionali o extracomunitari, e i figli di coloro che un tempo furono leghisti e razzisti, sapranno sedere insieme al tavolo della fratellanza.

Io ho un sogno: che un giorno persino le regioni del Piemonte, della Lombardia e del Veneto, oggi così immerse nelle nebbie dell'ingiustizia, oggi così raggelate dal vento della discriminazione, si trasformeranno in oasi di giustizia e libertà.

Io ho un sogno: che un giorno persino nei comuni del Nord che oggi sono istigati da sindaci-sceriffi alla discriminazione confessionale e alla separazione etnica, i bambini infedeli e di colore potranno passeggiare tenendo per mano le bambine credenti e bianche, come se fossero fratelli e sorelle.

Io ho un sogno: che un giorno la bassa pianura in cui scorre il Po verrà elevata moralmente. Che un giorno le sue differenze saranno livellate socialmente. Che un giorno la forza della ragione si mostrerà e tutti la vedranno. È questa la mia fede, una fede laica con la quale io guardo al Nord.

Con questa fede laica saremo in grado di strappare alla pianura della disperazione un sorriso di speranza. Con questa fede laica saremo in grado di trasformare le stridenti discordie della nostra nazione in una consonante sinfonia di fratellanza. Con questa fede laica saremo in grado di riconquistare insieme la decenza e di difendere insieme la libertà.

E verrà un giorno in cui tutti i residenti di questo Bel Paese sapranno cantare con significati nuovi: questo è il Paese del Sole, questo è il Paese dell'arte, ma questo è anche il Paese di Porta Pia, questo è il Paese della lotta partigiana, questo è il Paese della liberazione dalla Chiesa e dal fascismo, e dunque questo è il Paese della libertà.

Risuoni quindi la libertà dai poderosi vulcani del Vesuvio e dell'Etna. Risuoni la libertà dagli Appennini del Centro e del Sud. Risuoni la libertà dalle colline toscane e umbre. Risuoni la libertà dalle dolci costiere liguri, tirrene, ioniche e adriatiche.

Ma non soltanto! Risuoni la libertà, soprattutto, dalle Alpi del Nord. Risuoni la libertà dalla pianura padana. Risuoni la libertà da ogni comune leghista e da ogni regione forzista. Da ogni luogo d'Italia risuoni la libertà.

E ogni volta che udiamo risuonare la libertà in qualche città, ogni volta che le permettiamo di risuonare in qualche regione, ci avviciniamo al giorno in cui tutti noi in Italia, neri e bianchi, extracomunitari e comunitari, proletari e borghesi, islamici e cristiani, atei e credenti, sapremo unire le mani e cantare i versi del vecchio e bistrattato *Inno di Mameli*:

> Noi fummo da secoli
> calpesti, derisi,
> perché non siam popolo,

perché siam divisi.
Raccolgaci un'unica
bandiera, una speme:
di fonderci insieme
già l'ora suonò.

Non solo canzonette (DYLAN E LENNON)

Il 28 agosto 1963, sul palco davanti al Lincoln Memorial di Washington non c'era "soltanto" Martin Luther King. E i manifestanti per i diritti civili, convenuti nella capitale degli Stati Uniti, non sentirono "soltanto" il famoso discorso dell'*I have a dream*.

Quell'evento, noto formalmente come la Marcia per il Lavoro e la Libertà, e informalmente come la Grande Marcia su Washington, era infatti stato indetto da molte organizzazioni politiche, sindacali e religiose, soprattutto di colore. E sul palco salirono molti dei loro rappresentanti, ad arringare una folla tra le 200.000 e le 300.000 persone: si trattò della seconda più grande manifestazione nella storia degli Stati Uniti.

Secondo la logica dello sfruttamento politico della mediaticità artistica, anche alcuni personaggi del mondo dello spettacolo si unirono ai manifestanti: tra essi, la ballerina Josephine Baker, che fu l'unica donna a parlare, e gli attori Marlon Brando, Burt Lancaster e Sidney Poitier. Non potevano mancare i cantanti, le cui voci si unirono in coro a quelle dei manifestanti: Joan Baez intonò *We Shall Overcome*, e Peter, Paul e Mary le fecero eco con *Blowin' in the Wind*.

Una prima versione di *We Shall Overcome* era stata pubblicata nel 1901 dal reverendo Charles Tindley, insieme ad altri gospel, e venne adottata come canzone di protesta per la prima volta nel 1908, durante uno sciopero dei minatori. Una nuova versione prese forma verso il 1945, con parole rimaneggiate e musica ispirata a un altro spiritual, risalente a metà Ottocento: *No More Auction Block*, lo stesso su cui anche Bob Dylan confessò di essersi basato per la sua *Blowin' in the Wind*.

La nuova versione di *We Shall Overcome* divenne l'inno delle lavoratrici nere del tabacco, nel loro sciopero di cinque mesi dell'autunno del 1945, contro la Compagnia Americana del Tabacco. La composizione arrivò alle orecchie di Pete Seeger due anni dopo, ed egli le diede la forma definitiva che conosciamo oggi: la stessa adottata dal Movimento Afro-Americano per i Diritti Civili a partire dal 1955, e legata al nome di Joan Baez a partire dalla marcia del 1963, appunto.

Se *We Shall Overcome* aveva dunque una lunga storia alle spalle, *Blowin' in the Wind* era invece una nuova arrivata sulla scena, a parte la comune origine musicale rivendicata da Dylan. La canzone richiese solo dieci minuti di composizione, stando sempre all'autore, e fu cantata la prima volta il 16 aprile 1962 in un locale di New York. Cosa significasse che «la risposta sta soffiando nel vento», non è chiaro, ma già Dante aveva anticipato che «al vento, nelle foglie levi, si perdea la sentenza di Sibilla».

Le nove domande dei versi, a loro volta, coinvolgevano una serie di problemi vagamente filosofici, tutti espressi in termini generici e retorici: da «quante strade deve percorrere un uomo, prima che tu possa chiamarlo uomo?», a «quante volte un uomo può girare la testa, fingendo di non vedere?». Forse proprio per queste sue caratteristiche la canzone toccò qualche corda sensibile, vendette un milione di copie nella versione di Peter, Paul e Mary, e poté essere applicata a qualunque genere di problematica sociale o politica.

E anche religiosa, visto che Giovanni Paolo II stesso adattò il ritornello alla propria musica. Dopo aver sentito il cantante in concerto a Bologna, il 27 settembre 1997, si rivolse infatti al proprio pubblico così:

Un vostro rappresentante ha detto, a vostro nome, che la risposta alle domande della vostra vita «sta soffiando nel vento». È vero! Però non nel vento che tutto disperde nei vortici del nulla, ma nel vento che è soffio e voce dello Spirito, voce che chiama e dice «Vieni!». Mi avete chiesto: quante strade deve percorrere un uomo per potersi riconoscere uomo? Vi rispondo: una! Una sola è la strada dell'uomo, e questa è Cristo.

Oltre a *Blowin' in the Wind*, tra il 1962 e il 1963 Dylan produsse un buon numero di canzoni di protesta, raccolte negli album *The Freewheelin' Bob Dylan* e *The Times They Are A-Changin'*, e ne cantò qualcuna sul palco davanti al Lincoln Memorial. Ma poi gradualmente si staccò dall'impegno politico per entrare nel più vasto mondo della creazione poetica e musicale, evitando di lasciarsi congelare nello stereotipo del cantante di protesta: con grande disdegno di Joan Baez, ad esempio, espresso nel 2005 in un'intervista per il documentario di Martin Scorsese *No Direction Home*.

Forse però anche prima le liriche di Dylan, come quelle di altri cantautori "impegnati", non avrebbero dovuto essere prese troppo sul serio. Lo dimostra una scena del documentario *Imagine* di Andrew Solt, del 1988, in cui un fan dice a John Lennon che alcune sue canzoni gli parlano direttamente, e lui risponde candidamente:

Non confondere le canzoni con la tua vita. Io semplicemente mi diverto con le parole. Quelle canzoni sono letteralmente dei *nonsense*. Anche Dylan fa così, facciamo tutti così. Prendiamo delle parole, le mettiamo insieme, vediamo se hanno qualche significato. A volte ce l'hanno, e a volte no.

Per parlare dell'impegno politico di Lennon, dobbiamo però passare dalla "Marcia per il lavoro e la libertà" alla "Moratoria per la fine della guerra in Vietnam", tenutasi a Washington il 15 ottobre 1969, di fronte alla Casa Bianca: a tutt'oggi la più grande manifestazione mai vista negli Stati Uniti, con mezzo milione di partecipanti. Rispetto al 1963, il fuoco della protesta si era ormai spostato dai diritti civili al pacifismo, e di conseguenza cambiarono anche le note delle canzoni che si udirono cantare dai manifestanti.

Fu Pete Seeger a intonare, insieme a centinaia di migliaia di giovani, *Give Peace a Chance*. Si trattava del primo disco di Lennon senza i Beatles, registrato il 1° giugno a Montreal, durante il secondo *bed-in* tenuto con Yoko Ono. Questa innovativa e mediatica forma di protesta era stata inaugurata dai due artisti ad Amsterdam nel marzo precedente, durante la loro luna di miele, e consisteva nel passare a letto un'intera settimana a parlare, discutere e cantare di fronte alle telecamere e ai giornalisti.

La canzone nacque quando un reporter chiese a Lennon cosa si proponesse di ottenere, stando a letto, e lui rispose: *All we are saying is give peace a chance*, «Tutto ciò che diciamo è di dare una possibilità alla pace». Questo divenne il ritornello, a cui vennero premesse strofe di litanie sugli "-ismi" e altri luoghi comuni. Dopo qualche prova, il tutto fu registrato direttamente dal letto e in presenza di una piccola ma variopinta folla, che comprendeva il poeta beat Allen Ginsberg e lo psicologo psichedelico Timothy Leary, poi definito da Nixon «l'uomo più pericoloso d'America».

Give Peace a Chance divenne l'inno dei pacifisti di quegli anni, oltre che uno dei tre brani più famosi del Lennon solista, insieme a *Instant Karma!* del 1970 e *Imagine* del 1971. Quest'ultima porta all'estremo il messaggio di speranza della prima, immaginando non soltanto un mondo senza guerre, ma anche senza religioni e senza paesi, condiviso dall'intera "fratellanza umana". Si tratta ovviamente del sogno di un sognatore, ma non di uno solo, come conclude appunto il testo.

Nonostante il suo messaggio radicale, *Imagine* è diventata un simbolo dell'utopia ingenua, per i motivi spiegati dallo stesso Lennon: «È antireligiosa, antinazionalistica, anticonvenzionale e anticapitalista, ma viene accettata perché è inzuccherata». Ma poiché il mondo non è fatto solo di utopisti o di ingenui, nel

2001 la Clear Channel Communications, che raduna un gran numero di emittenti radiofoniche statunitensi, ha incluso la canzone nella lista di titoli "antiamericani", da non trasmettere dopo gli attentati delle Torri Gemelle.

Benché esternato musicalmente solo a partire dalla fine degli anni '60, l'interesse di Lennon per il pacifismo risaliva a vari anni prima. Secondo Paul McCartney, a metà degli anni '60, quando quest'ultimo aveva dapprima incontrato Bertrand Russell, e poi sensibilizzato gli altri Beatles alle problematiche del Vietnam, che allora non era ancora un argomento da prima pagina sui giornali. D'altronde, lo stesso McCartney non era immune da prese di posizione politiche. Ad esempio, la copertina della rivista giovanile «Datebook» del 1966, che riportava al secondo posto una famosa frase di Lennon su Gesù, sulla quale ritorneremo, al primo posto ne riportava una sua: «È un Paese che fa schifo, quello in cui ogni nero è uno sporco negro».

In precedenza i Beatles avevano accuratamente evitato di prendere posizioni controverse, ma da allora incominciarono a non tenere più la bocca chiusa. E proprio nel momento in cui Bob Dylan si spostava gradualmente dalle canzoni impegnate al rock, John Lennon iniziò a percorrere il cammino inverso, che in qualche anno lo portò a raccogliere dalle mani del menestrello americano il megafono musicale della protesta.

Nell'autunno del 1971 egli si trasferì negli Stati Uniti. Divenne presto amico di vari leader della contestazione studentesca e nera, come Abbie Hoffmann, Jerry Rubin e Bobby Seale. E iniziò a impegnarsi in cause radicali, come la campagna per la liberazione dell'attivista John Sinclair, o la protesta per la sanguinosa repressione nel carcere di Attica, che sfociarono entrambe nel 1972 in due canzoni dell'album *Some Time in New York City*. Evidentemente l'impatto politico di questa musica doveva essere profondo, se Nixon cominciò a temere che potesse causargli problemi per la rielezione nel 1972.

La sua amministrazione cercò di far espellere il cantante dal Paese, ingaggiando una dura battaglia legale documentata dal film *U.S.A. contro John Lennon*, che si protrasse per tre anni e mezzo e si concluse con la concessione del permesso definitivo di soggiorno: per una coincidenza, proprio il 9 ottobre 1975, giorno del suo trentacinquesimo compleanno e della nascita del figlio Sean. In quel momento John Lennon usciva ufficialmente dalla cronaca politica, come già ne erano usciti Richard Nixon con le sue dimissioni, il 9 agosto 1974, e la guerra in Vietnam con la caduta di Saigon, il 30 aprile 1975.

Più popolari di Gesù
(BEATLES)

Nel marzo 1966 John Lennon concesse un'intervista a Maureen Cleave, una giornalista con la quale sembra avesse avuto l'avventura immortalata nella canzone *Norwegian Wood*.

La Cleave notò che Lennon aveva, nella sua libreria, *Il copione della Passione* di Hugh Schonfield. Il controverso best seller dell'anno prima sosteneva che Cristo aveva pianificato gli eventi della Settimana Santa in modo da essere crocifisso poco prima dello *Shabbat*, ricevere sulla croce dell'acqua drogata, ed essere portato in salvo e "risorto" da Giuseppe d'Arimatea. Anche se il piano fallì, per l'imprevisto colpo di lancia al costato inflittogli da un soldato.

Notato il libro, la giornalista chiese al cantante cosa pensasse della religione, e la sua risposta passò alla storia, o almeno alla cronaca:

> Il cristianesimo se ne andrà. Si contrarrà e svanirà. Non c'è bisogno di discutere: ho ragione, e si vedrà che ho ragione. Noi siamo più popolari di Gesù, oggi, e non so chi se ne andrà prima,

> se il rock 'n' roll o il cristianesimo. Gesù poteva anche andar bene, ma i suoi discepoli erano ottusi e banali. A rovinare tutto, per me, è come lo si è distorto.

L'intervista uscì sul «London Evening Standard», e nessuno in Inghilterra fece caso a questa dichiarazione. Ma nell'agosto di quell'anno, mentre i Beatles stavano per iniziare negli Stati Uniti quello che sarebbe diventato il loro ultimo tour, la citata rivista «Datebook» la sbatté in copertina. E poiché al di là dell'Atlantico c'è meno senso dello humour che oltre Manica, le reazioni furono diverse.

I fondamentalisti statunitensi si scatenarono e organizzarono roghi di dischi dei Beatles, moderna versione dei roghi di libri del passato. Il Ku Klux Klan ne crocifisse addirittura uno su una croce di legno. Molte radio imposero un bando alle canzoni del quartetto. La protesta si estese anche all'estero, dal Messico al Sud Africa. Evidentemente Lennon aveva toccato un tasto dolente per i puritani, e l'11 agosto fu costretto a far marcia indietro, in una conferenza stampa a Chicago:

> Non ho detto niente di ciò che si dice che abbia detto. Mi dispiace di aver detto ciò che ho detto. Non l'ho mai inteso come una stupida cosa antireligiosa. Se questo vi rende felici, vi chiedo scusa, anche se non ho ancora ben capito cosa ho fatto. Ho cercato di spiegarvi cosa ho fatto, ma se volete che chieda scusa, se questo vi rende felici, allora OK: mi dispiace.

Il tour era salvo, anche se alcuni concerti furono cancellati, e altri vennero picchettati dal Ku Klux Klan. Ma da allora quelle dei Beatles cessarono di essere "solo canzonette", e anche la religione entrò a far parte della loro immagine pubblica. Privatamente, da ragazzi, i Fab Four erano tutti stati cristiani, in un modo o nell'altro: John anglicano, Paul e George cattolici, e Ringo evangelico. Ma già nel febbraio 1965, in un'intervista a «Playboy», essi avevano dichiarato di esser diventati tutti agnostici, lasciando capire che poteva essere pericoloso dire che erano in realtà tutti atei.

Agnostici o atei che fossero, non lo rimasero comunque a lungo. Soprattutto George Harrison, che trovò nell'India e nelle religioni orientali una forma di spiritualità congeniale, contagiando per un certo periodo il resto del quartetto. Nelle interviste raccolte da Martin Scorsese nel documentario *Living in the Material World*, del 2011, egli dichiara di essere rimasto affascinato dal fatto che, mentre nel cattolicesimo si trattava di «credere in ciò che ti veniva detto», nell'induismo si viveva invece un'esperienza diretta.

Ovviamente, l'esperienza primaria per lui era la musica. E questa si collegò alla religione e alla spiritualità attraverso il motto del suo maestro di sitar Ravi Shankar: «Il suono è dio». Harrison intraprese dunque quella che lui stesso descrisse come un'«avventura della mente», e che altri denigrarono come una «mediocrità trascendentale».

Il riferimento è all'altro maestro di Harrison e compagni, il notorio Maharishi Yogi, che insegnò loro la meditazione trascendentale per qualche giorno del 1967 in Scozia. Li ospitò con gran clamore mediatico, per qualche settimana del 1968, nel suo *ashram* di Rishikesh. E ruppe con loro dopo essere inciampato sui soliti ostacoli che i profeti trovano sulla loro via: il sesso e il denaro. Il primo, si manifestò in supposte molestie a Mia Farrow. E il secondo, in una richiesta del 25% dei diritti sul successivo album dei Beatles, alla quale Lennon rispose: «Solo passando sul mio cadavere!».

Il disco sarebbe stato il doppio *White Album*, che contiene molte delle canzoni scritte durante l'esperienza indiana, ma nessuna di natura spirituale o orientale. Semmai il contrario, visto che esso servì di ispirazione alla banda di Charles Manson per gli omicidi di Sharon Tate e altri, l'8 agosto 1969, e dei coniugi LaBianca, il giorno dopo. Sul frigorifero della casa di questi ultimi fu addirittura scritto col sangue *Helter Skelter*, titolo di una delle canzoni dell'album, e nome adottato da Manson per la sua intera visione apocalittica.

L'influenza indiana si trovava, invece, in alcune precedenti canzoni di George Harrison. Egli aveva già usato il sitar al posto della chitarra, nella citata *Norwegian Wood*, dall'album *Rubber Soul* del 1965. Ma la prima canzone occidentale a usare strumenti, ritmiche e melodie indiane fu *Love You To*, dall'album *Revolver* del 1966: per inciso, quest'ultimo fu giudicato il migliore di sempre dall'«Osservatore Romano» (!) il 14 febbraio 2010.

Anche il mitico *Sgt. Pepper's Lonely Hearts Club Band* del 1967 contiene una canzone di Harrison dello stesso genere, *Within You Without You*, che in origine durava mezz'ora, e in cui non appaiono gli altri Beatles. Questa volta anche le parole sono di ispirazione orientale, da «la gente che si nasconde dietro il muro dell'illusione» a «la vita che scorre dentro di te e senza di te». Quasi a voler cancellare con un colpo di mano il mandala appena disegnato, la canzone finisce poi sorprendentemente con delle risate.

Ma il risultato più interessante di questo genere di esperimenti è *The Inner Light*, che costituì il retro del singolo *Lady Madonna* nel 1968. Fu suggerita a Harrison da Juan Mascaró, un professore di sanscrito a Cambridge, che dopo aver sentito il brano precedente gli propose di musicare alcuni versetti del *Tao Te Ching*. Nelle parole della canzone, il capitolo 47 del classico taoista divenne:

> Senza uscir fuori dalla tua porta,
> puoi conoscere ogni cosa in terra.
> Senza guardar fuori dalla tua finestra,
> puoi conoscere le vie del cielo.

Il brano fu registrato a Bombay, poco prima del ritiro di Rishikesh, e Harrison non tornò a questo genere di ispirazione che dopo lo scioglimento dei Beatles. Il suo triplo album *All Things Must Pass* contiene molti brani spirituali o religiosi, il più noto dei quali è *My Sweet Lord*.

Si tratta di un inno a Krishna, che arrivò al top delle classifiche per ben due volte: nel 1970, quando fu estratto dall'album, e nel

2002, quando fu ripubblicato dopo la morte del cantante. E si tratta anche di un plagio, conscio o inconscio, ma certificato in tribunale, di *He's So Fine*, che il quartetto vocale femminile The Chiffons aveva portato al successo nel 1963. Il coro di *My Sweet Lord* canta due preghiere indù, una delle quali è il famoso mantra:

Hare Krishna, Hare Krishna.
Krishna, Krishna, Hare, Hare.
Hare Rama, Hare Rama.
Rama, Rama, Hare, Hare.

Nel 1971 Harrison produsse l'album *The Radha Krishna Temple*, dal quale furono estratte due nenie che divennero gli inni del movimento degli "arancioni rasati". La prima è una versione dell'*Hare Krishna Mantra*, in cui interviene anche Paul McCartney. E la seconda è *Govinda*, che viene tuttora suonata ogni mattina nei templi della setta.

Sempre in tema religioso, nel 1979 Harrison produsse anche il film dei Monty Python *Brian di Nazareth*, che nessuno sembrava disposto a finanziare. Era infatti una feroce satira del cristianesimo, che non mancò di sollevare violente polemiche, accuse di blasfemia e ottuse censure: alcune, come quella della città di Aberystwyth nel Galles, rimosse solo di recente, nel 2009. Harrison compare nel film in un cameo, limitandosi a stringere la mano al falso profeta Brian, e a dire «Ciao».

Le reazioni al film non rivaleggiarono comunque con l'isteria scatenata dall'intervista di Lennon nel 1966. Nel frattempo, quest'ultimo era stato trascinato da Harrison a flirtare per un po' con l'Oriente, come testimonia l'*Instant Karma!* scritta e registrata in un solo giorno, il 27 gennaio 1970. Ma tornò presto a rivendicare coraggiosamente un ateismo globale.

La sua canzone *God*, dall'album *Plastic Ono Band* dello stesso anno, elenca una lunga lista di "non credo": in particolare, nella Bibbia, in Gesù, in Buddha, nei mantra, nello yoga e nei Beatles. E *Imagine*, dall'omonimo album del 1971, fra le sue varie proposte oniriche ci chiede di immaginare che non ci siano né paradisi né inferni, e nemmeno religioni.

Come si vede, niente di così offensivo e oltraggioso come la sua dichiarazione sulla fine di Gesù e del cristianesimo, che comunque non era stata dimenticata. Uno dei matti a cui continuava a dar fastidio si chiamava Mark Chapman, un cristiano "rinato" che la considerava blasfema. E gli davano fastidio anche *God* e *Imagine*, tanto che arrivava a cantare quest'ultima con il verso alterato: «Immagina John Lennon morto».

L'8 dicembre 1980 il matto realizzò, a un tempo, la propria immaginazione, e la profezia del cantante in *The Ballad of John and Yoko* del 1969: «Finiranno per crocifiggermi». Invece dei chiodi, Chapman gli piantò quattro pallottole in corpo, e chiuse così un conto che il fondamentalismo aveva tenuto aperto con Lennon per quattordici anni.

Il nuovo muro del pianto
(PALESTINA)

Le critiche a Israele per la sua politica in Palestina provengono di solito da ambienti radicali. E sono spesso tacciate di antisemitismo, sulla base di una subdola confusione, propagandata da media e istituzioni, fra ciò che si può pensare di tre argomenti molto diversi fra loro. Cioè, il *giudaismo* religioso della fonte biblica. Il *sionismo* politico dello Stato d'Israele. E il *semitismo* culturale del popolo ebraico.

Il presidente della Repubblica Giorgio Napolitano, ad esempio, nelle celebrazioni per la Giornata della Memoria del 25 gennaio 2007, è riuscito a confondere fra loro in un solo paragrafo tutti e tre gli aspetti, dichiarando:

> Possiamo combattere con successo ogni indizio di razzismo, di violenza e di sopraffazione contro i diversi, e innanzi tutto ogni rigurgito di *antisemitismo*. Anche quando esso si travesta da *antisionismo*: perché antisionismo significa *negazione della fonte ispiratrice* dello Stato ebraico, delle ragioni della sua nascita, ieri, e della sua sicurezza, oggi, al di là dei governi che si alternano nella guida di Israele.

Sono dunque particolarmente sorprendenti, per il loro anticonformismo e la loro lucidità, le posizioni assunte da Jimmy Carter, presidente degli Stati Uniti dal 1976 al 1980 e premio Nobel per la pace nel 2002. In particolare quelle del libro *Palestina: pace, non apartheid* del 2006, che fin dal titolo annuncia esplicitamente un duro giudizio sulla politica israeliana di occupazione a Gaza e in Cisgiordania.

Si tratta appunto di un giudizio, e non di un *pre*giudizio, perché Carter non conosce solo passivamente la politica mediorientale, ma ne è stato un protagonista attivo per trent'anni. Dapprima da presidente, come mediatore degli accordi di Camp David del 1978, che valsero ad Anwar Sadat e Menachem Begin il premio Nobel per la pace di quello stesso anno.

E in seguito, da ex presidente, come apprezzato osservatore internazionale. In tale veste Carter monitorò le elezioni palestinesi del 1996, 2005 e 2006, tramite il suo Centro. E nel 2003 propose a Ginevra un piano di pace che ricevette l'approvazione di ottanta capi di Stato, compresi Bill Clinton, Tony Blair e Jacques Chirac. Un piano che, secondo un sondaggio del Baker Institute, presieduto dall'omonimo ex segretario di Stato statunitense, era approvato anche dalla maggioranza degli israeliani e dei palestinesi.

Peccato che il piano sia stato invece avversato dai politici, sia israeliani che palestinesi: forse perché li avrebbe resi tutti obsoleti, risolvendo definitivamente il problema. L'iniziativa di Ginevra, infatti, avrebbe fatto ritornare il confine praticamente alla posizione che aveva prima della guerra del 1967, sia pure con aggiustamenti territoriali da entrambe le parti.

Ma, soprattutto, aggirava un ostacolo deliberatamente, e fatalmente, frapposto alla pace da tutti gli altri piani fino ad allora proposti: cioè, il demandare a ulteriori negoziati lo scioglimento dei nodi cruciali. Che erano, e rimangono, lo smantellamento degli insediamenti israeliani, il ritorno dei profughi palestinesi e lo statuto di Gerusalemme, città santa delle tre religioni mediorientali.

Ma non è per questi fatti che Carter ha ricevuto critiche feroci e sollevato reazioni furiose, che hanno impedito persino di tradurre il libro in italiano, quanto piuttosto per le opinioni in esso espresse. A partire dall'interessante paragone fra

> l'espulsione dei palestinesi dalle loro case nello Stato di Israele e la deportazione degli Indiani del Lower Creek dalle terre della Georgia su cui si trova la mia azienda agricola: pellerossa che hanno dovuto percorrere il "Cammino di Lacrime" verso l'Oklahoma per far posto ai nostri antenati bianchi.

La differenza, egli fa notare, è che le Nazioni Unite avevano promesso ai palestinesi che essi avrebbero potuto tornare, o sarebbero stati ricompensati. E che avrebbero ricevuto un indiscusso controllo di Gerusalemme Est, della Cisgiordania e di Gaza. Una promessa che rimane tuttora inadempiuta, a quasi settant'anni di distanza.

Una delle cose che Carter sa fare, avendo ricevuto un'educazione scientifica (da fisico nucleare), è corroborare i giudizi politici con fatti numerici. Ad esempio, ricordando che, mentre il piano di partizione delle Nazioni Unite del 1947 prevedeva che solo il 55% della Palestina andasse a Israele, con l'armistizio del 1949 il nuovo Stato ebraico ha ottenuto il 77% del territorio. E tutte le dispute successive si riferiscono soltanto al rimanente 23%. Comprese le "generose offerte" di restituzione di "buona parte" dei territori occupati dopo la guerra del 1967.

La più pubblicizzata di queste offerte è sicuramente quella proposta dal primo ministro israeliano Ehud Barak a Camp

David nel 2000, con la mediazione di Bill Clinton. L'offerta avrebbe lasciato 180.000 coloni israeliani in 209 insediamenti, e restituito ai palestinesi il 90% dei territori occupati: cioè, meno del 20% della Palestina originaria.

E anche questo solo in teoria. Perché in pratica, attorno a ciascun insediamento, si sarebbe ritagliata una zona cuscinetto larga circa 400 metri. E tra i vari insediamenti e Gerusalemme sarebbe stata creata una rete di arterie di collegamento, larghe da 500 metri a quattro chilometri, che i palestinesi non avrebbero potuto non solo usare, ma neppure attraversare. Il risultato sarebbe stato un territorio sconnesso e frammentato, punteggiato di posti di blocco militari. Carter ammette candidamente:

> Non c'era nessuna possibilità che un leader palestinese potesse accettare questi termini e sopravvivere, ma i resoconti ufficiali di Washington e Gerusalemme sono riusciti a scaricare l'intera responsabilità del fallimento su Yasser Arafat.

Clinton non ha gradito questa dichiarazione. E se n'è dissociato apertamente in una lettera dell'11 gennaio 2007 al direttore del Comitato Ebraico Americano, dicendo di non sapere «dove Carter avesse preso le sue informazioni (o conclusioni)».

La stessa manipolazione mediatica denunciata da Carter a proposito del processo di pace si è ripetuta per la seconda intifada, durata dal settembre 2000 al marzo 2006. Il *body count* di 3.982 morti palestinesi, contro 1.084 israeliani, non ha infatti impedito di rappresentare sistematicamente le azioni dei primi come attacchi terroristici, e quelle dei secondi come legittima difesa.

E lo stesso è successo per quanto riguarda il famigerato muro innalzato attorno alla Cisgiordania. Esso viene descritto come una «rete di protezione» dagli occupanti, ma come «una prigione» da Carter. E, lungi dal segnare il confine internazionalmente riconosciuto della zona occupata, ne è tre volte e mezzo più lungo.

Il muro penetra profondamente nel territorio palestinese. Taglia fuori interi blocchi di insediamenti a Ovest, oltre a una larga e fertile zona militarizzata a Est, lungo tutto il Giordano. Ed è in realtà un complesso sistema formato da trincee, strade di servizio, sistemi di controllo elettronici e termici, filo spinato e torrette di guardia. È solo all'interno di questa zona che è stata poi realizzata la "generosa frammentazione" del territorio proposta a suo tempo da Barak e Clinton.

Quanto a Gaza, Carter la descrive così, dopo il ritiro unilaterale israeliano del 2005:

> È stata strangolata da una barriera di separazione che si può penetrare solo attraverso i posti di blocco israeliani, senza alcuna possibilità di trasporto aereo o marittimo.
>
> I pescatori non possono lasciare i porti, ai lavoratori si impedisce di lavorare all'esterno, l'importazione e l'esportazione di cibo e altri beni è severamente ristretta e, spesso, completamente impedita.
>
> Il reddito individuale è sceso del 40% negli ultimi tre anni, e la povertà è salita del 70%.
>
> La malnutrizione è ormai al livello di quella dei paesi più poveri del Sud Sahara, e più di metà delle famiglie palestinesi mangiano solo un pasto al giorno.

Non c'è da stupirsi se il giudizio finale di Carter è che in Palestina si sia ormai instaurato

> un sistema di apartheid, con due popoli che occupano la stessa terra ma sono completamente separati l'uno dall'altro, con un totale dominio israeliano che sopprime la violenza privando i palestinesi dei loro basilari diritti umani.

E con la previsione, dopo la costruzione del muro, di

> annettere sostanziali porzioni dei territori occupati, lasciando il resto dei palestinesi completamente circondati da muri, steccati e posti di blocco, a vivere come reclusi nella piccola porzione di terra che è stata loro lasciata.

È un'accusa grave, quella di apartheid. Un'accusa confermata, però, anche dal vescovo Desmond Tutu, che avendo vinto il premio Nobel per la pace nel 1984 per essersi opposto in Sud Africa all'originale, era forse nella miglior condizione di poter riconoscere le imitazioni. Egli l'ha lanciata dopo una visita in Israele, nell'articolo *Apartheid in Terra Santa* per il «Guardian» del 28 aprile 2002, in cui notava che «criticare il governo di Israele significa essere immediatamente tacciati di antisemitismo». Carter conferma che in Occidente

> le decisioni del governo israeliano sono raramente criticate o condannate, la voce di Gerusalemme domina nei nostri media, e la maggior parte della gente non conosce la situazione dei territori occupati.

Ben vengano, dunque, coloro che ci fanno sentire anche l'altra campana, che troppo spesso ha suonato per i palestinesi senza che noi la udissimo. Mentre udivamo invece le squillanti trombe dei fautori del nuovo apartheid e dei loro sostenitori, non a caso spesso arruolati tra i vecchi fascisti e le loro moderne reincarnazioni.

Siamo uomini o clericali?
(LAICITÀ)

Nei loro dibattiti i politici di oggi si comportano spesso come i marinai di una volta, che quando incontravano una balena le gettavano una botte vuota affinché, divertendocisi, evitasse di far violenza alla nave. Lo stratagemma fu usato scherzosamente da Jonathan Swift nella *Favola della botte*, ma viene riesumato seriamente dai nostri baciapile, quando gettano in mare una poetica e astratta discussione sulla laicità per evitare di affrontare il tema dei più prosaici e concreti rapporti fra Stato e Chiesa.

Seguiamoli dunque su questo terreno, o su queste acque, senza dimenticare però che si sta parlando al sacrestano o alla perpetua, affinché il prete intenda. E cerchiamo di essere precisi, per evitare di essere accusati di confondere laicità e ateismo: due nozioni che sono spesso impropriamente accostate. Iniziamo dunque dicendo che ateismo significa *non credere* nel trascendente, cioè non avere una fede religiosa. E laicismo significa *non mescolare* il trascendente col contingente, e più specificamente la fede con la politica.

Naturalmente, si può avere una pratica religiosa senza avere una fede trascendente: l'esempio più tipico di "religione atea" è il buddhismo, come il Dalai Lama ripete continuamente nei suoi libri e nei suoi discorsi. Altrettanto naturalmente, si può avere una fede trascendente senza permettere che essa interferisca con le proprie azioni contingenti: in fondo, la fede riguarda l'aldilà e le azioni l'aldiqua, e l'uno e l'altro possono benissimo essere tenuti separati, visto che lo sono.

Di cosa stiamo parlando, allora? Del fatto che, quando da noi si dice religione, si intende il cattolicesimo: cioè, una fede in un Dio trascendente incarnato, e in una rivelazione mediata da una Chiesa. Dunque, una religione che per sua stessa natura non può essere né atea, né laica. E non può, proprio perché la dottrina dell'incarnazione immette il trascendente nel contingente, e rende difficile separare i due ambiti dell'aldilà e dell'aldiqua, che diventano poi inseparabili quando la Chiesa stessa si configura come uno Stato a sé stante.

Il problema è dunque filosofico o teologico, prima e più ancora che politico: una sorta di peccato originale che rende sicuramente difficile, e forse impossibile, a un cattolico l'essere veramente laico. Ma, proprio per questo, la politica italiana dovrebbe tutelarsi dalle naturali tentazioni all'ingerenza dei cattolici da un lato, e delle gerarchie ecclesiastiche dall'altro.

Si sa comunque già in anticipo che la natura della fede cattolica tenderà inevitabilmente a farla sconfinare dall'ambito religioso e teologico, per invadere terreni che sono propriamente sociali e politici. Anzi, che tenderà a farlo con tanta più convinzione e forza, quanto più è forte e salda la fede: come nel caso di quelli che definiamo ciellini o teodem, ma che se fossero islamici chiameremmo semplicemente fondamentalisti o talebani.

Che queste ingerenze ci siano, non c'è naturalmente bisogno di dimostrarlo: si dovrebbe essere ciechi o sordi per non accorgersene, dopo le continue e sistematiche esternazioni dei vertici ecclesiastici sugli argomenti più disparati, anche nell'era di papa Francesco. Ma per dimostrare che il problema sta a monte basta ricordare il Concordato clerico-fascista tra Stato e Chiesa, recepito dalla Costituzione repubblicana. O il partito della Democrazia Cristiana, che già nel nome professava teoricamente la propria mancanza di laicità. O gli aiuti economici elargiti alla scuola cattolica da tutti i governi della prima e della seconda Repubblica, da De Gasperi a Renzi, nessuno escluso.

L'esempio archetipico dell'ingerenza ecclesiastica e religiosa in questioni sociali e politiche è la faccenda della moratoria sull'aborto proposta a metà dicembre 2007, in ordine di esternazione, dal cardinal Camillo Ruini, il giornalista Giuliano Ferrara e il papa Benedetto XVI. La seconda persona di questa improbabile trinità ha addirittura partecipato alle elezioni politiche del 2008 con una lista, il cui motto era: «Fate l'amore, non l'aborto».

Ora, la faccenda suonava estremamente pretestuosa, vista appunto con gli occhi di un laico. Anzitutto, perché si poteva facilmente ribattere a Ferrara che sarebbe stato meglio dire: «Fate l'amore con il preservativo o la pillola, e non farete l'aborto». Anche se ovviamente non poteva dirlo Benedetto XVI, che il 17 marzo 2009 se ne uscì in Africa con l'ottusa e criminale dichiarazione che «il preservativo aumenta il problema dell'Aids».

Altrettanto facilmente si poteva ribattere a Ferrara che il motto suo, e della sua parte politica, è in realtà: «Fate la guerra, non l'aborto». E poiché la guerra è da sempre la maggiore responsabile delle morti procurate dall'uomo all'uomo, chiunque sia contrario all'aborto ma favorevole alla guerra non è credibile. Non lo sono dunque coloro che, e non solo da destra, in questi anni hanno plaudito ai nostri interventi in Jugoslavia nel 1999, Afghanistan nel 2001, Iraq nel 2003 e Libia nel 2011.

Non parliamo, poi, di quelli che addirittura accettano la pena di morte. Direttamente, come i fondamentalisti cristiani degli Stati Uniti. O indirettamente, nella forma della legittima difesa individuale o nazionale, come facciamo quasi tutti in Occidente.

Un conto è il rispettabilissimo rifiuto della violenza in tutte le sue manifestazioni, coniugato a una rispettabilissima difesa della vita in tutte le sue forme: da quelle attuali, umane e animali, a quelle potenziali, embrioni e feti compresi. Un altro conto è invece il sospettosissimo rifiuto cattolico dell'aborto, unito alla sospettosissima accettazione, più o meno condizionale e selettiva, della legittima difesa. E addirittura della pena di morte, come fa espressamente il *Compendio del Catechismo* agli articoli 467 e 469: una pena di morte che, sia detto per inciso, il Vaticano ha abolito ufficialmente soltanto nel 1969.

Discussioni analoghe si potrebbero fare per tutti gli argomenti che stanno a cuore alla Chiesa: dal ruolo della famiglia tradizionale, all'insegnamento della religione nelle scuole pubbliche. Si potrebbero fare, ma non si fanno, forse perché le "anime" laiche e atee non sono molte nel nostro Paese. O, almeno, non sono sufficientemente vocali da dare l'impressione di esserci: soprattutto di questi tempi, quando ormai anche i sedicenti atei seguono estasiati il corteo condotto da papa Francesco, attratti come ratti dal suono del suo piffero magico.

Pare ormai che la laicità e l'ateismo, che costituiscono una sorta di nudità teologica naturale, siano diventati una vergogna da nascondere sotto le foglie di fico delle fedi e dei credi. Come, d'altra parte, già accade per l'altrettanto naturale nudità corporale.

Bisognerebbe dunque chiarire una certa confusione di idee, a proposito della laicità e dintorni, che sembra albergare nelle menti di molti cattolici, se non tutti. Incominciando a notare, ad esempio, come gli innumerevoli e abituali atti di ossequio ufficiale da parte delle cariche dello Stato a quelle della Chiesa siano un perfetto esempio di come un politico laico *non* dovrebbe comportarsi, qualunque siano le sue credenze. Il tutto, sulla base della definizione di laicità, che è: *agire come se la religione e la Chiesa non ci fossero, pur senza far nulla affinché non ci siano.*

Questa posizione è un compromesso tra i due estremi del clericalismo e dell'anticlericalismo. Il primo va inteso come la pretesa di *agire, e far agire, in ossequio alla volontà della religione e della Chiesa.* Il secondo, invece, come la pretesa di *agire per far sì che la religione e la Chiesa non ci siano.* Entrambe queste posizioni costituiscono i veri retaggi del passato, dallo Stato Pontificio alla Rivoluzione Francese.

Mentre la prima posizione continua a essere perseguita non solo dalla Chiesa, ma anche dai suoi sodali politici, la seconda nessuno la propone più seriamente. Proprio per questo, però, la posizione intermedia del laicismo rimane scoperta sul fianco sinistro, e viene percepita come un estremismo. Mentre invece essa non è altro che il compromesso razionale tra due opposte irrazionalità: quelle di coloro che vorrebbero imporre agli altri le loro credenze, da un lato, e le loro avversioni a queste credenze, dall'altro.

Un decalogo moderno
(CHIESA E STATO)

Per una delle ironie della storia, il motto risorgimentale «Libera Chiesa in libero Stato» viene considerato nell'Italia repubblicana un'espressione di anticlericalismo, invece che un'asserzione di laicismo allo stato puro.

Naturalmente, quasi tutti i nostri politici concordano sul fatto che la Chiesa e il Vaticano debbano avere la massima libertà di parola e di azione, e che lo Stato non debba interferire né con l'una, né con l'altra. Ma quasi nessuno pensa, o almeno dice, che le stesse libertà le debba avere anche lo Stato, senza esser costretto a subire la pressione ufficiale e ufficiosa delle gerarchie ecclesiastiche, a legiferare in ossequio alle loro credenze, e a pagare di tasca propria per la propaganda e gli affari altrui.

Per affrontare concretamente la pratica di un comportamento laico nella quotidianità individuale e sociale, proviamo dunque a formulare un decalogo laico che isoli una serie limitata di "comandamenti", sui quali ci si potrà confrontare ed, eventualmente, chiamare a raccolta. "Comandamenti" che, a seconda dei casi, sono rivolti al laico come stimoli propositivi, o al clericale come moniti dissuasivi.

1. Non avrai altro Stato all'infuori di me

Il rapporto fra Stato e Chiesa deve tener conto del fatto che quest'ultima è indissolubilmente legata in matrimonio col Vaticano, e che il papa è anche il capo di uno Stato estero indipendente. Questo conflitto di interessi genera un'indebita confusione tra religione e politica, che un laico (anche, e soprattutto, se credente) dovrebbe saper e voler dirimere.

In particolare, favorendo l'abrogazione dell'articolo 7 della Costituzione e del relativo Concordato, che limitano l'indipendenza e la sovranità dello Stato italiano in maniera ormai anacronistica. Essi perpetuano quello che Benedetto Croce chiamò «giogo pretesco»: un giogo che Mussolini impose all'Italia fascista l'11 febbraio 1929, e Togliatti reimpose all'Italia repubblicana il 25 marzo 1947.

2. Non nominare il nome di Dio invano

Il precedente conflitto di interessi tende a far sì che, andando ben oltre i diritti sanciti dal Concordato, la Chiesa pretenda di dettare politiche allo Stato sulle questioni più disparate, ritenendosi l'unica interprete di valori etici universali.

Anzitutto, un laico non può accettare un preteso monopolio della religione sull'etica. Al contrario, da un lato, rivendica l'assolutezza di alcuni princìpi etici, basati sulla natura e sulla ragione umane. E, dall'altro lato, constata la relatività dei rimanenti princìpi etici, basati sulle convenzioni e sulle consuetudini sociali.

Inoltre, un laico non può neppure accettare un preteso monopolio religioso della Chiesa cattolica sull'etica, a scapito delle altre confessioni cristiane, protestanti o ortodosse. O delle altre religioni, monoteiste e non.

3. Ricordati di rispettare il tuo ruolo istituzionale

Un politico che ricopra incarichi istituzionali rappresenta l'intero elettorato, nazionale o locale, e non deve dunque compiere atti pubblici che ledano la sensibilità di una parte di quell'elettorato, o la dignità del suo ruolo.

Ad esempio, i governanti o gli amministratori laici non devono prendere parte a funzioni religiose, seguendo l'esempio del cattolico De Gaulle, che rifiutava di fare la comunione in pubblico per questo motivo. In particolare, è lesiva del principio della laicità la partecipazione alle funzioni religiose dei rappresentanti della nazione e degli enti locali, soprattutto se effettuata come prassi regolare.

4. Onora il credente e il non credente

Un laico rispetta le credenze altrui, e questo rispetto si manifesta in maniere complementari.

Un laico non credente, infatti, rispetta qualunque fede e religione, non solo una. E non rifiuta un'istanza etica, soltanto perché dedotta da princìpi religiosi. Semplicemente, non ritiene quei princìpi rilevanti, e rivendica il diritto di valutarne le conseguenze indipendentemente dalle premesse.

Un laico credente, simmetricamente, rispetta la mancanza di fede degli agnostici e degli atei. E non pretende di affermare che solo chi crede ha un senso etico, o che «senza Dio tutto sarebbe permesso». Se non altro, perché la storia ha sistematicamente smentito entrambe le affermazioni.

5. Non uccidere la razionalità scientifica

La scienza ricerca la verità mediante dimostrazioni ed esperimenti, e non si sottomette a giudizi e tribunali che non accettino questo metodo. Questa sua caratteristica la rende più compatibile con certe religioni, ad esempio il buddhismo, e meno con altre. Soprattutto con il cattolicesimo, la cui ricerca della verità si affida invece alla rivelazione biblica, e ai pronunciamenti dogmatici dei Concili e del papa.

Il motto «La scienza è laica» significa semplicemente che si può essere scienziati, credenti o no, solo se si accettano le regole del gioco scientifico, che richiedono di tenere la religione fuori dalla porta dei laboratori. Altrimenti si abiura e, come dice il *Galileo* di Brecht, «si tradisce la propria professione».

6. Non commettere adulterio filosofico

Più delicato è il rapporto tra filosofia e religione. È innegabile che ci siano stati, e ci siano, filosofi cattolici. Ma rimane il fatto che «nessun servo può servire due padroni: o odierà l'uno e amerà l'altro, oppure si affezionerà all'uno e disprezzerà l'altro» (*Luca*, XVI, 13).

Un filosofo laico, dunque, dovrebbe decidere con chiarezza se servire la filosofia o la teologia. E, soprattutto, evitare di fare i salti mortali per "servire Dio e mammona", come oggi va di moda fra gli "atei devoti" o "in ginocchio".

7. Non rubare

Tra la spiritualità e la materialità della Chiesa esiste un innegabile conflitto di interessi, che si manifesta in maniera dirompente negli immensi benefici economici, concordatari e non, che essa riceve dallo Stato e dagli enti locali italiani.

La legge di attuazione dell'otto per mille, ad esempio, assegna alla Chiesa non solo le quote ad essa esplicitamente destinate da circa il 30% dei contribuenti, ma anche la quasi totalità delle quote non destinate. Questa furberia tremontiana si configura come un vero e proprio furto, che un laico (anche, e soprattutto, se credente) dovrebbe denunciare come truffaldino, alla stregua di molti altri "finanziamenti illeciti" che assommano a miliardi di euro all'anno.

8. Non dire falsa testimonianza

Parte delle tensioni laiche nel rapporto con la Chiesa sono dovute all'esagerata cassa di risonanza che i media offrono alle sue istanze, oltre che a una loro diffusa mancanza di obiettività. Soprattutto dall'arrivo di papa Francesco, a favore del quale i media sembrano aver perso il senso delle proporzioni e del ridicolo.

Già durante i due precedenti pontificati, e soprattutto in quello attuale, il Tg1 dedica al capo della Chiesa più copertura che al presidente del Consiglio e al presidente della Repubblica italiani, come ci si aspetterebbe piuttosto da una televisione vaticana. Un laico dovrebbe invece chiedere e pretendere un opposto comportamento dalle televisioni e dai giornali nazionali.

9. Non desiderare la scuola d'altri

La Chiesa continua ancor oggi a pretendere che si attui la richiesta del restauratore De Maistre: «Dateceli dai cinque ai dieci anni, e saranno nostri per tutta la vita». Un laico progressista, credente o no, dovrebbe invece invocare la libertà di insegnamento religioso negli oratori e nelle scuole private, ma la neutralità dell'insegnamento nella scuola pubblica.

Che si abolisca dunque l'anacronistica ora di religione. O

che, almeno, la si muti in un'ora di religioni, al plurale. E che essa venga insegnata da docenti statali, non sottoposti a un benestare della Curia che umilia uno Stato sovrano, tanto quanto il benestare del governo alle nomine dei vescovi umiliava una Chiesa coatta.

10. Non desiderare la platea d'altri

Ricordando la polemica del 2008 sull'opportunità di invitare il papa a parlare all'Università la Sapienza, un laico non avrebbe certamente nulla da obiettare a che egli aprisse da solo l'anno accademico di un'università cattolica. Forse sì, invece, al fatto che una tale università fosse finanziata coi soldi dello Stato.

E un laico sarebbe comunque felice di sentire il papa dibattere *con altri* sul rapporto tra fede e ragione, o tra religione e scienza, anche in un'università pubblica. Facciamoli allora questi dibattiti, a tutti i livelli e in tutte le sedi: comprese quelle vaticane, e non solo in quelle statali. E affermiamo i princìpi dell'ascolto reciproco e della mancanza di preclusioni *da entrambe le parti*, come richiede appunto la laicità.

Ma soprattutto, affermiamo e riaffermiamo che le Chiese e le religioni non hanno il monopolio dell'etica. E che comportarsi "come se Dio non ci fosse" non significa affatto rinunciare al nostro essere uomini morali, ma è piuttosto l'unico vero modo di farsene carico completamente.

RELIGIONE

Dalla Pizia a Fatima
(CIARLATANI)

È giunta ormai l'ultima età del carme cumano,
nasce da capo un grande ciclo di secoli:
già torna la Vergine e ritornano i regni di Saturno,
già una nuova progenie viene mandata dall'alto del cielo.
Tu, o casta Lucina, sii favorevole al bambino che ora nasce,
con cui per la prima volta cesserà la generazione del ferro
e in tutto il mondo nascerà quella dell'oro: già regna il tuo Apollo.

Sono i versi iniziali della *Quarta bucolica* di Virgilio, pubblicata verso il 40 prima della nostra Era. Poiché salutava la pace di Brindisi tra Ottaviano e Marco Antonio, alludeva semplicemente ai condottieri stessi o a qualche loro erede, letterale o metaforico. Ma l'immagine della Vergine e del bambinello, così come altri versi («morirà anche il serpente», e «rimarranno poche tracce dell'antica colpa»), spinsero invece in seguito gli apologeti cristiani a vedere fantasiosamente nella composizione una profezia di Cristo, e nel suo autore un profeta della cristianità.

A loro volta, la Sibilla Cumana e il dio Apollo furono entrambi annessi alla nuova religione. La prima assurse al rango di "profetessa pagana", e insieme ad altre undici andò ad affiancare i dodici profeti minori del Vecchio Testamento. Cinque delle dodici Sibille furono raffigurate da Michelangelo sulla volta della Cappella Sistina, benché Aristofane e Platone ne menzionassero una sola, e la tradizione canonizzata da Varrone nel primo secolo prima della nostra Era ne individuasse solo dieci.

Quanto ad Apollo, anch'esso finì per essere considerato una prefigurazione velata di Cristo stesso, a causa della sua tarda identificazione con il Sole nella forma di Apollo Febo, "Splendente" o "Lucente". E anche a causa del suo progressivo emergere come divinità principale del pantheon greco e latino, testimoniato dall'etimologia del suo nome proposta da Plutarco: *a-polloi*, «non molti». Per questo, nel *Paradiso*, Dante lo invoca chiamandolo «buono Appollo», «divina virtù» e «lieta delfica deità» (I, 13, 22 e 31-32). Mentre, nel *Canzoniere*, il Petrarca lo descrive come «l'immortale Apollo» (XXVIII, 65).

Ma anche il collegamento fra la Sibilla (Cumana) e Apollo effettuato da Virgilio era già un sincretismo fra culti diversi. Perché, in origine, la mantica apollinea avveniva tramite la Pizia di Delfi, che solo in seguito fu identificata come Sibilla: Delfica, appunto.

A sua volta, la Pizia era già l'erede del Pitone, che l'aveva preceduta come oracolo di una divinità femminile venerata nel tempio di Pito. Secondo l'*Inno ad Apollo*, attribuito ad Omero e risalente al -500 circa, Apollo uccise il serpente e dalla sua carcassa imputridita plasmò il proprio oracolo, che per questo motivo fu chiamato Pizia.

Secondo la *Biblioteca storica* di Diodoro Siculo, del primo secolo prima della nostra era, fu invece un pastore di nome Kouretas a scoprire gli strani effetti del luogo: soccorrendo una capra caduta in un crepaccio, si sentì pervadere da una presenza divina e iniziò a proferire voci ispirate.

In quel sito, alle pendici meridionali del Parnaso, in un anfiteatro di rocce a cinquecento metri sul livello del mare, furono eretti nei secoli vari templi, nei quali vaticinava l'oracolo di Apollo. In origine una sola volta l'anno, il settimo giorno del mese di Bisio (marzo-aprile). E in seguito nove volte l'anno, il settimo giorno dei mesi non invernali, nei quali Apollo era assente da Delfi e gli subentrava il suo *alter ego* Dioniso.

In origine l'oracolo era una vergine, che si consacrava a vita come sposa del dio e viveva reclusa nel suo santuario: una suora di clausura, cioè. Quand'essa doveva esibirsi, si sedeva su un tripode posto in corrispondenza dell'originaria spaccatura del terreno e ne inalava le esalazioni. Nel frattempo, masticava foglie d'alloro prese da un ramo che teneva in una mano, e sorseggiava qualche intruglio da una tazza che teneva nell'altra. Sola nel *sancta sanctorum* del tempio, che si chiamava *adyton*, profetava oralmente senza essere vista: nell'antichità in versi, e in seguito in prosa. Tanto che Plutarco dedicò *Gli oracoli della Pizia* a cercare di spiegarsi questo cambiamento di stile.

I postulanti ascoltavano il responso dalla stanza adiacente, in cui si trovavano una statua d'oro di Apollo e il sepolcro di Dioniso. Essi erano vegliati dai due sacerdoti del tempio e dai loro cinque accoliti, che verbalizzavano le sentenze in duplice copia: una per i postulanti e l'altra per i posteri. Ovviamente si trattava solo di vaghezze o banalità, come tutte le profezie di ogni tempo e luogo, anche se Eraclito tentò di nobilitarle sentenziando: «Chi parla attraverso l'oracolo di Delfi non dice né nasconde, ma accenna».

Ad esempio, a un giovane sacerdote del tempio di Ercole Misogino, che non aveva saputo mantenere un voto annuale di castità, la Pizia si limitò a dichiarare olimpica: «Tutto ciò che è inevitabile, Dio lo perdona». E non molto più profondo appare il meglio della sapienza delfica, condensato nelle pur famose massime dei sette saggi incise sui muri del tempio: «Conosci te stesso», «Nulla di troppo», e «Nel mezzo sta il meglio».

Per non parlare poi della *E di Delfi*, anch'essa scolpita tra le colonne frontali del tempio. Nel suo omonimo dialogo nemmeno Plutarco, che pure ne era un sacerdote, riuscì a capire se il suo significato fosse il numero 5, secondo la notazione alfabetica greca dei numeri. O la particella interrogativa "se", con cui iniziavano le interrogazioni all'oracolo. O il cruciale connettivo "da cui" della sillogistica, protetta da Apollo in quanto dio della dialettica. O l'affermazione «(tu) sei», in una sorta di prefigurazione della prova ontologica dell'esistenza di Apollo.

Più interessante, nei dialoghi di Plutarco, è l'involontaria decostruzione dell'intera faccenda, affidata a voci più o meno razionaliste. Per quanto riguarda *Gli oracoli della Pizia* che sembravano prevedere il futuro, ad esempio, l'epicureo Boeto osserva sarcastico che «il caso e la sorte ci danno una ragione sufficiente per simili coincidenze», perché a forza di «disseminare discorsi senza fondamento all'infinito», prima o poi si finisce per azzeccarci. Il che non toglie che «nel momento in cui sono pronunciate queste profezie sono menzogne, anche se poi per caso qualcuna si avvera».

Il cinico Didimo, invece, imputa *Il tramonto degli oracoli* al fatto che chi parla attraverso di loro si è stufato di rispondere a domande non interessanti in teoria e/o interessate in pratica. La stessa reazione, fra l'altro, che Stanislaw Lem attribuisce al computer di ottantesima generazione *Golem XIV*, che cessa di comunicare con gli umani perché ha altro di meglio a cui pensare.

Lo spartano Cleombroto, a sua volta, contesta come assurda e puerile l'ipotesi che possa essere una divinità a impossessarsi di un oracolo e a parlare per mezzo di esso: «Chi mescola dio alle funzioni umane non rispetta la sua maestà, e offende la dignità e il prestigio della sua natura superiore». Dunque, più sensatamente, «l'essenza e il potere di questi fenomeni vanno ricercati nella Natura e nella materia».

Ed è Lampria, fratello di Plutarco e sacerdote dell'oracolo di Lebadea, a specificare in che modo: secondo lui, il tramonto dell'oracolo di Delfi è semplicemente dovuto all'esaurimento dell'esalazione che emanava dal crepaccio sul quale era stato costruito il tempio, e dalla quale derivava il nome di Pito, "Puzzolente". In particolare, a far cessare il fenomeno possono essere stati eventi naturali di vario genere, da piogge torrenziali in grado di mutare la composizione chimica del terreno, a terremoti che possono averne stravolto l'architettura sotterranea.

Che questa possa essere la vera spiegazione, sia del fenomeno sia della sua scomparsa, sembra confermato da recenti ricerche riassunte nel 2002 da John Hale e Jelle De Boer nell'articolo *L'oracolo di Delfi era veramente drogato?*. Una di queste ricerche conferma la presenza sotto il tempio dell'incrocio di due falde sotterranee, da cui scaturiscono vapori di gas naturali. E un'altra precisa la presenza di tracce consistenti di anidride carbonica e metano nell'esalazione, in grado di provocare effetti neurotossici e indurre la trance dell'oracolo.

La razionalità moderna ha dunque fatto piazza pulita delle superstizioni antiche, ma già il cristianesimo aveva avuto la pretesa di presentarsi come un loro superamento. Ad esempio, facendo fantasiosamente coincidere con la nascita di Cristo l'altrettanto fantasioso episodio narrato da Plutarco nel *Tramonto degli oracoli*: la morte del grande Pan, che sarebbe stata annunciata da una voce proveniente dall'isola di Paxos, e accolta da un gran gemito come di una folla addolorata.

Per combinazione, già la "profetica" *Quarta bucolica*, citata agli inizi, si concludeva con i versi: «Anche Pan, se gareggiasse con me, si dichiarerebbe vinto». E gli apologeti cristiani interpretarono la scomparsa del dio greco come un simbolico passaggio di testimone dalla religione degli antichi alla loro.

Peccato però che il cristianesimo, in seguito, non abbia fatto che riproporre la stessa musica, trasponendola semplicemente di tonalità. Ad esempio, riproducendo la moltiplicazione delle Sibille nella proliferazione delle Madonne. Reinventandosi un analogo delle Pizie che profetano sul futuro nelle pastorelle di Fatima. E stimolando il rifiorire del commercio e degli imbrogli dei santuari pagani nelle chiese cristiane.

Il che permette di effettuare una letterale trasposizione delle critiche e delle decostruzioni degli antichi, alla luce del motto: «Niente è nuovo sotto il Sole». Neppure quand'esso si traveste da Apollo Febo, o da Gesù Cristo.

Memoriale del convento
(GIANSENESIMO)

Nella valle di Chevreuse, non lontano da Parigi, si trovano i resti del monastero di Port-Royal-des-Champs, che per buona parte del Seicento fu la sede dei giansenisti, e agli inizi del Settecento venne raso al suolo per ordine di Luigi XIV.

La storia del monastero, e dell'eresia ad esso associata, è raccontata nel *Port-Royal* di Sainte-Beuve: un'opera sterminata e affascinante, pubblicata tra il 1840 e il 1859, e definita da Gianfranco Contini «il più gran libro che sia stato scritto». Ma non c'è bisogno di concordare con l'iperbole, per ammettere l'ellissi che Sainte-Beuve ha guardato ben oltre le anguste mura del monastero. Egli ha infatti osservato tutto *Il secolo di Luigi XIV* dal punto di vista dell'Ottocento, invece che del Settecento, come fece a sua volta l'omonimo capolavoro di Voltaire.

Il secolo è, naturalmente, il Seicento francese. Quello, cioè, di scrittori come Corneille, Pascal e Racine: gli ultimi due, direttamente legati a Port-Royal. E Sainte-Beuve, che era il critico letterario più famoso di Francia, dedica a ciascuno di essi delle vere e proprie biografie, racchiuse all'interno dell'opera principale.

La letteratura del monastero ha prodotto almeno due vette della prosa francese: le *Lettere provinciali* e i *Pensieri* di Pascal, prosaici capolavori di un poetico matematico che aveva abbandonato la ragione, e che la ragione aveva abbandonato. Quanto a Racine, che vi era stato allevato, Sainte-Beuve spiega che «fu considerato legato a Port-Royal più per i servizi resi, che per i suoi scritti». Ma il monastero è passato alla storia non tanto per la sua produzione letteraria, quanto per le sue dispute teologiche.

Oggi queste dispute ci appaiono anacronistiche, e ci stupiamo che sia mai stato possibile infervorarsi per argomenti così fantastici e avulsi dalla realtà. Ma tant'è, le clausure servono appunto a chiudersi a questo mondo e aprirsi all'altro. Fra le innumerevoli "cose dell'altro mondo" Port-Royal scelse di aprirsi alla natura della grazia, che secondo san Paolo e sant'Agostino sarebbe necessaria per la salvezza, ma verrebbe concessa da Dio a suo arbitrio: a qualcuno sì, a qualcun altro no.

Su quest'affermazione di predestinazione si consumarono le eresie calvinista prima, e giansenista poi. Anche se a non conformarsi alle fonti era, e rimane, la sedicente ortodossia cattolica. E proprio questo fu il punto sollevato dall'abate di Saint-Cyran e da Giansenio: che gli insegnamenti ufficiali della Chiesa si fermavano agli scolastici, e non risalivano ai Padri e alle Scritture stesse.

I due teologi erano stati compagni nel collegio dei gesuiti a Lovanio, e avevano poi studiato insieme per una dozzina d'anni. Dopo essere andati ciascuno per la propria strada, nel 1621 si erano ritrovati e avevano stilato un piano d'azione. Giansenio avrebbe ristabilito la teoria canonica della grazia in un libro su Agostino, che iniziò a scrivere nel 1627. E Saint-Cyran ne avrebbe curata la diffusione pratica, l'occasione per la quale gli venne nel 1636, con la nomina a direttore spirituale delle suore del monastero di Port-Royal.

Quest'ultimo era stato fondato dai cistercensi nel Duecento, e nel corso dei secoli i suoi costumi erano progressivamente degenerati. Ma nel 1599 entrò a farvi parte, a soli sette anni, la piccola Jacqueline Arnauld, che cambiò il proprio nome in Angélique, e nel 1602 ne divenne badessa. Nel 1608 una predica di un cappuccino la infatuò, e l'anno seguente ella decise di rivoluzionare il convento. Vi istituì il voto di povertà e la clausura, e il 25 settembre 1609 sbatté letteralmente la porta in faccia ai famigliari venuti in visita: un evento che entrò nella leggenda col nome di Giorno dello Sportellino.

Il padre protestò, pretese che fossero almeno liberate le altre due figlie sequestrate nel monastero, ma la volontà di Dio prevalse sulla sua. Durante il Seicento, il monastero che il patriarca aveva restaurato di tasca propria divenne un'istituzione di famiglia degli Arnauld. Come suore, ci finirono la moglie e sei figlie, due delle quali come badesse. E come "solitari", che erano una specie di asceti aggregati esternamente al convento, due figli: il più vecchio, Robert d'Andilly, poeta e consigliere di Stato, e il più giovane, Antoine, soprannominato "il grande Arnauld".

Tornando a madre Angélique e all'abate di Saint-Cyran, il loro sodalizio era evidentemente predestinato, in base al principio che Dio li fa e poi li accoppia, ma dovettero passare trent'anni perché si concretizzasse. All'epoca le suore si erano trasferite nel sobborgo di Saint Jacques, nella sede che fu poi chiamata il Port-Royal di Parigi, e divenne una prigione durante la Rivoluzione Francese. Ma nel 1648 una parte di esse tornò in campagna, e la vita del monastero procedette per un certo periodo su due binari paralleli.

L'intransigenza e il carisma di Saint-Cyran non tardarono a farlo notare, da un lato, e a metterlo nei guai, dall'altro. Una delle gocce che fecero traboccare il vaso fu il suo aver indotto in conversione il giovane e brillante principe del foro Antoine Le Maistre, che nel 1638 abbandonò la professione e divenne il primo dei solitari di Port-Royal. Nel 1638 il cardinale Richelieu decise di far arrestare l'abate, notando che «se Calvino e Lutero fossero stati rinchiusi quando avevano cominciato a dogmatizzare, sarebbero stati risparmiati agli Stati molti problemi».

L'arresto del direttore spirituale di Port-Royal portò alla cosiddetta "prima dispersione" dei solitari, che durò un anno. Ma anche durante la sua detenzione, durata cinque anni, Saint-Cyran continuò il proprio proselitismo. Il più famoso reclutato di questo periodo fu il già citato Antoine Arnauld, brillante studente di teologia della Sorbona, che in seguito sarebbe diventato il grande *defensor fidei* giansenista. E sempre durante la detenzione di Saint-Cyran, nel 1640, apparve postumo l'*Agostino* di Giansenio, che era morto due anni prima.

L'abate fu liberato nel 1643, alla morte di Richelieu, ma non gli sopravvisse che pochi mesi. Sorprendentemente, dunque, tutta la polemica sul giansenismo è posteriore alla scomparsa dei suoi due fondatori. Nel 1653 una bolla di Innocenzo X condannò cinque proposizioni di Giansenio come eretiche. In particolare, quella che afferma che Cristo non è morto per tutti, ma solo per gli eletti "graziati".

La disputa durò mezzo secolo e mise in scena un ridicolo scaricabarile. La Chiesa, infatti, imputava l'eretica dottrina sulla grazia a Giansenio, il quale la imputava ad Agostino, il quale la imputava a san Paolo. A loro volta, i giansenisti imputavano le proposizioni incriminate alla Chiesa, sfidandola a citare le pagine e le righe dell'*Agostino* dov'essa riteneva che fossero. Non a caso, qualcuno dichiarò che «il giansenismo è stato l'eresia più sottile che il diavolo abbia mai tessuto».

Naturalmente, la cosa non avrebbe avuto nulla a che fare con Port-Royal, se le suore non si fossero messe in testa di dover compiacere il loro direttore spirituale anche *post mortem*, prendendo d'ufficio le sue difese e schierandosi contro la bolla papale. La loro strategia fu di dichiarare che le cinque proposizioni sono eretiche, ma non si trovano nell'*Agostino*, stabilendo così la cosiddetta "distinzione tra diritto e fatto".

Nel 1665 le due sedi del monastero si separano: le suore di Parigi capitolano, e da allora rimarranno autonome, mentre quelle di Port-Royal-des-Champs subiscono la "seconda dispersione", e vengono sospese dai sacramenti. Nel 1668 Clemente IX e Luigi XIV raggiungono un accordo, i giansenisti imprigionati vengono liberati e la comunità è reintegrata. La cosiddetta "pace clementina" viene rotta nel 1679, con la "terza dispersione": i solitari sono definitivamente allontanati, e le suore non possono più accogliere novizie. Entro la fine del secolo saranno quasi tutte morte, nel 1706 i loro beni passeranno alla sede di Parigi, e nel 1709 Port-Royal-des-Champs verrà ufficialmente soppresso.

Se le suore appaiono simpatiche nell'impari battaglia contro la Chiesa e il re, risultano patetiche nella taumaturgica mitopoiesi di Port-Royal. Il primo miracolo lo proclamarono nel 1643, alla morte di Saint-Cyran, quando un solitario zoppo baciò i piedi dell'abate ancor caldo e gettò via le proprie grucce. Il più famoso lo inscenarono nel 1656, quando una nipotina di Pascal baciò una spina della corona di Cristo custodita nel convento e fu guarita da un'ulcera lacrimale. L'ultimo lo esibirono nel 1690, quando una bambina toccò il cadavere dell'abate di Pontchâteau e le sparirono dei linfonodi dal collo. Come scrisse al proposito il pur simpatetico Sainte-Beuve, «i giansenisti videro in tutto questo il trionfo della loro causa, ma noi ci vediamo soprattutto l'umiliazione dell'intelletto umano».

Quanto al via vai di nobildonne e nobiluomini nelle due sedi di Port-Royal-des-Champs e di Parigi, e al flusso di denaro da essi convogliato per il mantenimento e l'abbellimento del doppio monastero, noi ci vediamo non tanto il segno della popolarità in un nugolo di ricchi di un drappello di suore e solitari votati alla povertà, quanto un'anticipazione delle mediatiche imprese acchiappadivi e mungisoldi di oggi, dalla meditazione trascendentale dei Beatles alla scientology di Tom Cruise, passando per il buddhismo tibetano di Richard Gere.

Tutto questo, e molto altro ancora, conteneva il monastero di Port-Royal nei pressi di Versailles, che Luigi XIV fece radere al suolo nel 1713, per liberarsi dai molti fantasmi che vi avevano albergato.

Aforismi da cioccolatino
(Pascal)

Nominando il nome di Blaise Pascal, la mente corre subito alla frase: «Il cuore ha le sue ragioni, che la ragione non conosce». O alla distinzione tra lo «spirito di geometria» e lo «spirito di finezza». O all'argomento della scommessa, secondo il quale bisogna credere per convenienza, perché si perde di più se non si crede ma Dio c'è, che se si crede ma Dio non c'è. Tutte queste belle cose provengono dai *Pensieri* (146, 1 e 164), un libro più citato e ammirato che letto e meditato.

E così dev'essere, visto che approfondire la conoscenza del "capolavoro" pascaliano rischia di smascherarne la superficialità e l'inconsistenza. Lo ammise già Pierre Nicole, un discepolo di Pascal che sapeva mantenere il senso delle proporzioni, quando scrisse al marchese di Sévigné:

> Nel libro ho trovato numerose pietre ben tagliate e adatte a ornare un grande edificio, ma il resto mi è sembrato solo un'accozzaglia di materiali indistinti, e non sono riuscito a intuire l'uso che volesse farne l'autore.

Lo stesso Nicole disse poi all'abate di Saint-Pierre che Pascal era stato «un raccoglitore di conchiglie». Oggi, dopo il sistematico uso di queste conchiglie da parte dei Baci Perugina, noi diremmo semplicemente: «uno scrittore di aforismi da cioccolatino».

Quanto all'uso inteso da Pascal, a cui alludeva appunto Nicole, non si può far altro che immaginarlo. Il libro infatti non fu scritto da lui, ma compilato dai suoi eredi legali e intellettuali sulla base di una serie di appunti sparsi, che egli probabilmente avrebbe rimaneggiati e sistemati da par suo, come già gli era riuscito di fare con le diciotto *Lettere provinciali* del 1656 e 1657.

Sembra che l'idea dei *Pensieri* venne a Pascal nel 1656, quando una sua nipote undicenne fu "miracolosamente" guarita a Port-Royal, in seguito al bacio di una sacra spina. Voltaire, che era una persona arguta e di buon senso, dedicò all'avvenimento un paio di osservazioni nel suo capolavoro sul *Secolo di Luigi XIV*. Anzitutto, notando che

> non è cosa agevole rintracciare come la spina della corona che era stata conficcata nel capo di Gesù Cristo fosse stata preservata e trasportata da Gerusalemme al sobborgo di Saint Jacques,

dove stava il monastero. E poi, domandandosi come mai

Iddio, il quale non compie miracoli per condurre alla nostra religione i diciannove ventesimi degli abitanti della Terra, dai quali essa è sconosciuta o aborrita, abbia rotto l'ordine naturale a favore di una ragazzina.

Pascal, invece, di buon senso ne aveva poco. Anzi, si può dire che l'aveva perso del tutto, a giudicare dai disturbi nervosi e mentali che lo assalirono nella primavera del 1658 e non lo abbandonarono più. Da quel momento gli divenne impossibile lavorare in maniera continuativa, e dovette limitarsi a prendere appunti. Anche se riuscì ancora a fare ogni tanto un po' di matematica, come antidoto a una nevralgia che gli tolse il sonno. Nacquero così le quattro *Lettere di Dettonville* del 1658 e 1659, in cui Leibniz trovò poi «un esempio che lo colpì come un lampo di luce» e gli permise di sviluppare il calcolo infinitesimale.

Tra i sintomi manifestati da Pascal c'era la costante visione di un abisso al suo fianco sinistro, che lo costringeva a mettere sempre una sedia da quel lato per rassicurarsi. Di fronte a questo e altro, persino un osservatore simpatetico come Sainte-Beuve non poté che domandarsi, in *Port-Royal* (III, 18):

> Non è che, semplicemente, ci troviamo davanti a un malato, un visionario, un allucinato? Pascal, insomma, non ha, nei suoi ultimi momenti di vita, smarrito la ragione?

E invece di rispondere preferì citare pure lui Voltaire, che in una lettera al vescovo di Grasse del 10 giugno 1738 aveva osservato:

> Anch'io scorgo un abisso, ma lo scorgo nelle cose che Pascal ha creduto di spiegare.

Quali fossero queste cose, e come avrebbe creduto di spiegarle, Pascal l'aveva raccontato a Port-Royal in una conferenza nell'autunno del 1658, di cui ci rimangono alcuni suoi appunti nei *Pensieri* (455). Étienne Périer e Nicolas Filleau de la Chaise ne fecero poi due resoconti di prima mano, nelle loro prefazioni al libro. Da queste testimonianze risulta che lo scopo di Pascal era di offrire un argomento cristologico, invece che razionalistico, per convincere gli atei e gli increduli a credere.

Ridotto all'osso, l'argomento sarebbe che l'uomo è un mostro incomprensibile a se stesso, ma tormentato dalla propria incomprensibilità. Egli cerca inutilmente di comprendersi, mediante le filosofie e le altre religioni. Ma può trovare la comprensione di sé solo nella storia del popolo ebraico e nella religione ebraico-cristiana. La quale è l'unica vera, a causa delle confermate profezie su Gesù e dei miracoli da lui compiuti.

Pascal morì nel 1662, all'età di trentanove anni. In quel momento i giansenisti erano in difficoltà, prigionieri o fuggiaschi. Ma quando nel 1668 la persecuzione si placò, ed essi poterono riunirsi, iniziarono subito a pensare alla pubblicazione dei frammenti dell'opera incompiuta del loro miglior scrittore. I parenti e i confratelli discussero vivacemente cosa togliere o lasciare, e come organizzare il materiale selezionato. Quando il libro uscì agli inizi del 1670, non menzionava né Port-Royal, né la conversione di Pascal, ridimensionando quest'ultima a «un ritiro in campagna».

I *Pensieri* divennero immediatamente popolari e furono unanimemente apprezzati e lodati, fino al 1734. In quell'anno apparvero in Francia le *Lettere filosofiche* di Voltaire, e l'ultima di esse ripagò Pascal con la stessa moneta con cui lui aveva pagato i gesuiti. La lunga lettera decostruiva una sessantina di aforismi rappresentativi. Emetteva questo giudizio impietoso:

> Gli editori dei *Pensieri* dovevano essere persone assai poco versate nelle belle lettere, per pubblicare una riflessione tanto indegna del suo illustre autore.

E concludeva con questo sarcasmo:

> Per uno spirito limitato, è consolatorio constatare che anche gli spiriti più eminenti si sbagliano come le persone comuni.

Per rendere divertenti le critiche ai *Pensieri*, ci volevano ovviamente le doti letterarie di un Voltaire. Ma bastava uno spirito anche limitato, per constatarne i problemi globali e locali. Il primo, e più letale, dei quali è la circolarità del piano d'attacco: Pascal postula la verità della visione cristiana, che assume la miseria dell'uomo senza Dio e la felicità dell'uomo con Dio (119), e pretende di dedurne l'inevitabilità della relativa fede. Non granché, per una supposta *Apologia della religione cristiana*, qual era appunto il titolo originale del progetto.

Oggi gli argomenti apologetici di Pascal, quali «le meraviglie della Sacra Scrittura» o «la santità di un'anima cristiana» (120), provocano l'imbarazzo dei credenti e stimolano la derisione dei non credenti. Dei *Pensieri* ci si limita dunque a considerare gli aforismi da cioccolatino, come quelli citati agli inizi, che non a caso sono stati riuniti nelle prime parti del libro. Caduto dunque il valore teologico dell'opera, che cosa ne rimane dal punto di vista filosofico e letterario?

Come fecero notare gli illuministi, Pascal era da compiangere come uomo e da rifuggire come amico: anche metaforicamente, cioè come autore. Lo stesso si può dire, ovviamente, per coloro che lo seguirono sulla strada dell'esistenzialismo: da Kierkegaard e Nietzsche, a Dostoevskij e Sartre.

In fondo, l'esistenzialismo è una malattia adolescenziale dell'animo, che di solito guarisce con la maturità, ma nei casi più gravi persiste fino alla senilità. E le opere degli esistenzialisti, intrise del mal di vivere e dell'odio di sé tipico degli adolescenti disadattati, dovrebbero essere considerate soprattutto come dei reperti di interesse clinico e psicanalitico.

Naturalmente, esiste un intero filone della letteratura che prospera sulle turbe mentali esibite, direttamente o indirettamente, dagli autori. Da questo punto di vista, i *Pensieri* di Pascal possiedono e mantengono tuttora un interesse, analogo a quello del *Diario di una schizofrenica* di Marguerite Sechehaye (1950). Un parallelo non casuale, quest'ultimo, visto che la mente e l'io di Pascal sembravano effettivamente divisi tra ragione e religione, almeno nei suoi ultimi anni.

Sainte-Beuve si chiese, in *Port-Royal* (III, 17), quale fosse il legame tra i suoi due talenti e i suoi due linguaggi, e il valore relativo dei loro prodotti. Oggi sappiamo che le opere scientifiche, dal giovanile *Trattato sulle coniche* alle mature *Lettere di Dettonville*, rifulgono per originalità e appartengono alla classicità. Mentre le opere umanistiche, dalle *Lettere provinciali* ai *Pensieri*, risentono del passaggio del tempo e del cambiamento delle mode intellettuali, benché le prime rimangano un modello di prosa letteraria in francese.

Quanto ai *Pensieri*, non sono che frammenti dell'abbozzo di un progetto. Forse sarebbe stato meglio non pubblicarli, e certo è meglio non leggerli. In fondo, presentano solo una visione malata e distorta dell'uomo, contrapposta a quella sana e illuminata dei *Saggi* di Montaigne, che Pascal saccheggia continuamente e corrompe sistematicamente. È inutile cercare di rimediare, pubblicando in appendice il *Colloquio con il signor de Saci su Epitteto e Montaigne*: meglio rivolgersi all'originale, e compatire coloro che non sanno quello che scrivono.

Il profeta è nudo
(IMPOSTORI)

Molti anni fa, qualcuno ebbe il coraggio e la genialità di bollare i fondatori delle tre religioni monoteistiche mediorientali, ossia Mosè, Gesù e Maometto, come "tre impostori". Un'espressione fortunata, nella sua concisa verosimiglianza, che attrasse immediatamente il plauso degli spiriti liberi e il disdegno di quelli coatti.

L'identità di quel qualcuno non si conosce con precisione, ma gli indizi convergono (o meglio, divergono) su due sospetti. Che sono il filosofo arabo Averroè e l'imperatore cristiano Federico II, entrambi accusati di eresia e scomunicati: rispettivamente, nel 1195 dal re di Cordoba, al-Mansur, e nel 1227 e 1239 dal papa di Roma, Gregorio IX.

Una delle leggende che fiorirono attorno alla questione dei "tre impostori" fu l'esistenza di un fantomatico libro omonimo, variamente attribuito a ciascuno dei grandi atei e/o razionalisti del mezzo millennio successivo. Partendo dal dantesco Pier delle Vigne, segretario di Federico II. Continuando con i nostri connazionali Giovanni Boccaccio, Pietro Pomponazzi, Niccolò Machiavelli, Pietro Aretino, Giordano Bruno, Tommaso Campanella e Lucilio Vanini. E finendo con l'olandese Baruch Spinoza, radiato dalla comunità ebraica di Amsterdam.

Inutile dire che di tale libro, o di tali libri, non rimangono tracce. Il testo che oggi conosciamo come il *Trattato dei tre impostori* fu pubblicato in francese ad Amsterdam nel 1712, come *La vita e lo spirito del signore Benedetto de Spinoza*, e acquistò il suo attuale e più famoso titolo solo con la seconda edizione del 1721. Secondo il gusto dell'epoca, la prefazione editoriale si presentava come la risposta a una dissertazione che negava l'esistenza di quello stesso libro, e confutava la negazione con una sedicente testimonianza di prima mano sul suo ritrovamento in una libreria di Francoforte nel 1706.

Stando all'improbabile resoconto, il prefatore si era trovato *in loco* quando un ufficiale tedesco era entrato per cercare di vendere una vecchia copia dello *Spaccio de la bestia trionfante* di Bruno e due manoscritti in latino, tutti trafugati dalla Biblioteca dell'Elettore di Sassonia nel sacco di Monaco seguito alla presa della città. Uno dei manoscritti era, manco a dirlo, il *Trattato dei tre impostori*, che il libraio e il prefatore sarebbero riusciti a farsi prestare per un paio di giorni dal venditore, grazie all'aiuto di qualche bottiglia di Mosella, e avrebbero restituito solo dopo averlo copiato e tradotto. E in seguito, ovviamente, pubblicato.

La prefazione attribuisce il testo a un imprecisato membro della corte di Federico II, forse lo stesso Pier delle Vigne, che l'avrebbe scritto per ordine dell'imperatore. Ma non appena il libro fu stampato ci fu subito chi notò che lo stile era invece quello della "nuova filosofia". Lo provavano, e lo provano, non solo la generale struttura argomentativa, ma anche gli specifici richiami a Spinoza nel titolo originale, e a Cartesio nella discussione sull'anima (XIX, 7).

Oggi l'unico indizio favorevole a una possibile retrodatazione sarebbe il ritrovamento di una copia latina del 1598, che però sembra essere semplicemente un falso: dunque, un altro episodio della goliardica vicenda associata a questo libro misterioso. Che sia stato pubblicato cinque secoli dopo la sua composizione, o scritto all'epoca della sua pubblicazione, il trattato vide comunque la luce agli inizi del Settecento.

In un'epoca, cioè, in cui alla massa dei lettori tipici della Bibbia, addormentati in un «sonno dogmatico» e annebbiati dall'«oppio dei popoli», cominciava ormai ad affiancarsi uno sparuto, ma qualificato, drappello di lettori atipici, perché svegli e critici. Essi furono, dapprima, lo Hobbes del *Leviatano* (1651), lo Spinoza del *Trattato teologico-politico* (1670) e il Newton dell'*Esame storico di due notevoli corruzioni delle Scritture* (1690). E poi il Diderot dei *Pensieri filosofici* (1746), il La Mettrie de *L'uomo macchina* (1747) e lo Hume della *Storia naturale della religione* (1757), tanto per citarne alcuni.

Tutte queste opere educavano, in generale, a «pensare ciò che si vuole e dire ciò che si pensa», secondo il motto di Spinoza. E stimolavano, in particolare, a guardare alla religione come a un fenomeno sempre meno divino e sempre più umano.

In quest'opera di decostruzione il *Trattato dei tre impostori* fece la sua parte, più divulgativa che teoretica. E familiarizzò il pubblico con l'idea che non si dovevano considerare le Scritture sacre come se fossero dei "Vangeli", né i sedicenti profeti come se fossero dei veri veggenti. Anzi, i fondatori dei tre monoteismi mediorientali vennero bollati come torbidi impostori, appunto, e le religioni da loro fondate come un proseguimento del controllo politico del popolo con altri mezzi.

Nonostante il suo crudo anticlericalismo, il *Trattato dei tre impostori* è comunque un libro deista, e non ateo. Anzi, rivelando anche in questo la sua collocazione storica, esso distingue nettamente l'idea astratta di Dio nella teologia dalle sue incarnazioni pratiche nelle religioni. E, rivelando anche in questo la sua collocazione filosofica, professa una fede nel *Deus sive natura* di Spinoza, affermando che

> se tutto è in Dio, e se tutto deriva necessariamente dalla sua esistenza, occorre assolutamente che egli sia identico a ciò che contiene (III, 1).

Ovviamente, la cosa non soddisfece molti contemporanei del libro, e continua a non soddisfare molti contemporanei nostri. D'altronde, allora come ora,

> si crede ostinatamente a ciò che i profeti hanno detto, benché questi visionari non fossero tra gli ebrei che quello che gli àuguri e gli indovini erano fra i pagani, e ciò che gli astrologi e i fanatici sono fra noi (III, 2).

Meno ovviamente, la cosa non soddisfece neppure Voltaire, che nel 1768 scrisse una sorprendente *Epistola all'autore del libro dei tre impostori*, in cui si trova la famosa affermazione: «Se Dio non esistesse, bisognerebbe inventarlo». Che si meritò la risposta di Diderot: «E infatti, lo si è inventato».

La lettera mostra un Voltaire inaspettato, che bolla il trattato come un esempio di «ateismo grossolano, senza spirito e senza filosofia». Si rivolge all'autore chiamandolo «insipido scrivano». Lo accusa di essere un «quarto impostore». Lo redarguisce a «correggere il valletto ma rispettare il padrone». Afferma che la religione è «il sacro legame della società, il primo fondamento della santa equità, il freno dello scellerato, la speranza del giusto». Domanda se senza la fede «i bambini sarebbero più docili, gli amici più sicuri, le mogli più oneste, i debitori più solventi». Si vanta di «aver sempre distinto la religione dalla superstizione». E ritiene, con la sua cinquantennale opera, di «aver fatto adorare Dio dopo aver vinto il diavolo».

La posizione di Voltaire e di altri liberi pensatori della sua epoca, compreso l'autore del *Trattato dei tre impostori*, testimonia quanto difficile e graduale sia stato il percorso di liberazione dalle pastoie della religione, che ebbe appunto come sua prima tappa il «deismo, malattia infantile dell'ateismo».

La seconda tappa, o malattia adolescenziale, possiamo individuarla nell'ateismo tormentato, il cui esempio più tipico è l'aforisma di Nietzsche nella *Gaia scienza* (125):

> Dio è morto, e l'abbiamo ucciso noi. Come potremmo sentirci a posto, noi, assassini fra tutti gli assassini? Nulla esisteva di più sacro e grande in tutto il mondo, e ora è sanguinante sotto le nostre ginocchia: chi ci ripulirà dal sangue? Non è forse la grandezza di questa morte troppo grande per noi?

Non c'è da stupirsi che i religiosi contemporanei abbiano nostalgia per quel genere di ateismo, che in fondo concedeva loro l'onore delle armi dopo averli sconfitti. Oggi, invece, l'ateismo maturo e rilassato guarda alla religione senza rimpianti e con compassione, e invece che al motto di Voltaire si rifà a quello di Bakunin in *Dio e lo Stato* (1871): «Se Dio esistesse, bisognerebbe abolirlo».

Quanto a Mosè, Gesù e Maometto, più che limitarsi a considerarli come tre impostori, l'ateismo maturo li declassa a tre pericolosi matti da spedire in manicomio,

> come quelli che noi chiamiamo lunatici, pazzi, furiosi, epilettici, e come quelli che parlavano una lingua sconosciuta (XXI, 7).

Il *Trattato dei tre impostori* è dunque da leggere come un punto di partenza, più che un punto d'arrivo. Ma è da apprezzare storicamente, soprattutto quando prefigura chiaramente il ruolo della ragione e della scienza nel processo di liberazione dal «pregiudizio trasformato in superstizione» (II, 4). Ad esempio, in questo passo:

> Se invece di rimettersi alla propria immaginazione, si consultassero i lumi dell'intelletto e la matematica, e non si superassero i limiti di ciò che si arriva a concepire con l'aiuto dei lumi naturali, tutti converrebbero della verità, e i giudizi sarebbero più unanimi e più ragionevoli di quel che sono (II, 8).

Non si potrebbe esprimerlo meglio. A meno di essere Schopenhauer, che nei *Parerga e paralipomena* (1851) scrisse che

> le religioni sono figlie dell'ignoranza, e non sopravvivono a lungo alla madre.

Dizionario della stupidità religiosa (VOLTAIRE)

Dopo che l'imperatore Teodosio proclamò nel 380 il cristianesimo come religione di Stato, una sorta di ipnotismo teologico soggiogò l'Occidente per circa un millennio e mezzo, e impedì anche alle persone intelligenti e razionali di accorgersi della nebbia di assurdità che aveva avvolto le menti.

L'incantesimo fu gradualmente rotto tra il Seicento e il Settecento. E anche se ora ci sembra che si dovesse essere idioti per non vedere, allora ci vollero dei veri e propri geni per poter ricominciare a vedere. Lo testimonia l'albo d'oro dei pensatori che contribuirono a smantellare, pietra dopo pietra, l'edificio che patriarchi, profeti, predicatori, apostoli, evangelisti, dottori, teologi, vescovi e papi avevano lentamente edificato e imposto.

Fra le prime tappe storiche di questa decostruzione ci furono le *Lettere copernicane* di Galileo Galilei (1613-1615), che rivendicarono l'irrilevanza scientifica delle Scritture. Il *Trattato teologico-politico* di Baruch Spinoza (1670), che ne mise in dubbio la veridicità storica. E l'*Esame storico di due notevoli corruzioni delle Scritture* di Isaac Newton (1690), che ne smascherò addirittura la falsificazione teologica.

A questi ancor timidi inizi seguirono analisi linguistiche, filologiche, storiche, filosofiche e scientifiche, via via più estese e profonde, che non tardarono a far crollare l'intero castello di carte del cristianesimo. Nel giro di un secolo e mezzo i tempi divennero maturi per un'esposizione divulgativa, che mostrasse al pubblico in maniera divertente e scanzonata, ormai affrancata dal rispetto umano e divino che ancora mostravano i primi critici, quante e quali sciocchezze fossero contenute nell'originaria rivelazione biblica e nella successiva elaborazione dogmatica.

Questa esposizione è il *Dizionario filosofico* o *La ragione in ordine alfabetico* di Voltaire (1764-1769), una raccolta di un centinaio di voci spazianti da *Abate* a *Virtù*. Essa fu condannata al rogo dai teologi della Sorbona, benché fingesse di essere una compilazione di «articoli tratti tutti dai migliori autori d'Europa». E fu votata al successo dal pubblico delle librerie, nonostante la prefazione lamentasse che «il popolo non legge: lavora sei giorni la settimana, e il settimo va all'osteria».

Entrambe le reazioni erano pienamente giustificate, perché le voci teologiche del *Dizionario*, riordinate in ordine cronologico invece che alfabetico, forniscono una storia alternativa e non canonica della religione ebraico-cristiana. Il racconto prende le mosse da una lettura dei libri sacri, additati da Voltaire come

> singolari monumenti all'immaginazione umana, dai quali non possiamo apprendere una sola verità, né fisica, né storica.

La cosa vale soprattutto per il *Genesi*, «che per una singolare inversione dell'ordine delle cose, fa creare il Sole e la Luna quattro giorni dopo la luce»: una chiara dimostrazione che «l'autore *ispirato* si conformava ai vaghi e rozzi pregiudizi della sua nazione». In ogni caso, «la separazione della luce e delle tenebre non è una fisica migliore», e nel prosieguo le cose continuano analogamente, «sempre con la stessa ignoranza della Natura».

Lo stesso succede nella teologia successiva, visto che «in tutto il passo del serpente non si fa alcuna menzione del diavolo». Quanto alla storia del *diluvio*,

> sarebbe insensato spiegarla: sono misteri, che si credono per fede, e la fede consiste nel credere quello che la ragione non crede, il che è ancora un altro miracolo.

Le vicende del patriarca *Abramo* e di sua moglie Sara, «sempre giovane e sempre carina» benché fosse sulla novantina, sono qualcosa che «la mente umana comprende a fatica». Quanto a *Mosè*,

> se un uomo che comandava all'intera Natura fosse esistito presso gli Egiziani, avvenimenti così prodigiosi non avrebbero forse costituito la parte principale della storia d'Egitto? Il Nilo sarebbe stato mutato in sangue, un angelo avrebbe sgozzato tutti i primogeniti d'Egitto, il mare si sarebbe aperto, le sue acque sarebbero rimaste sospese a destra e a sinistra, e nessun autore ne avrebbe parlato? Ci sarebbe soltanto un piccolo popolo di schiavi barbari che ci avrebbe raccontato queste storie, migliaia di anni dopo l'avvenimento?

Già questi traballanti inizi bastano ad affermare che

> è un singolare esempio della stupidità umana che noi abbiamo per tanto tempo considerato gli ebrei come una nazione che aveva insegnato ogni cosa agli altri.

E il seguito della storia non fa che confermare il giudizio. Come si può non scandalizzarsi, ad esempio, per le gesta di *Davide*, «che farebbero fremere di orrore se non fossero incredibili»? O non notare, a proposito di *Salomone*, che «Dio gli diede lo spirito di saggezza, ma gli rifiutò quello della giustizia e dell'umanità, così come il dono della continenza»? O, a proposito dei *Libri dei Re* e delle *Cronache*, che «se lo Spirito Santo ha scritto queste storie, non ha scelto un argomento molto edificante»?

Passando al *cristianesimo*, Voltaire domanda come mai non si trovino tracce di un Gesù storico, né dei grandiosi prodigi legati alla sua nascita e alla sua morte, e risponde sornione che «Dio non ha voluto che queste cose sacre fossero scritte da mani profane». Analogamente, nota che

> i dotti trovano non poche difficoltà nella storia dei Vangeli, ma tutte queste critiche sono tacitate dalla fede, che proprio per questo diventa ancora più pura.

Riguardo poi alla mancata rivelazione dei dogmi della cristologia e della mariologia da parte del Gesù evangelico, evidentemente

> l'Onnipotente volle che questi grandi misteri fossero annunciati agli uomini in prosieguo di tempo, da quelli che sarebbero stati illuminati dalla luce dello Spirito Santo.

Forse il più importante di questi dogmi è la *divinità di Gesù*:

> Un'idea mostruosa, perché la distanza da un Dio all'uomo è infinita, ed è impossibile che l'Essere infinito, immenso, eterno sia stato contenuto in un corpo perituro.

D'altronde,

> nemmeno san Paolo chiama mai Gesù Dio, e lo chiama assai spesso uomo. [...] E i cristiani impiegarono tre interi secoli per formare

a poco a poco l'apoteosi di Gesù, elevando questo sorprendente edificio soltanto seguendo l'esempio dei pagani, che avevano divinizzato dei mortali.

Alla già assurda struttura biblica di vuote favole, la metafisica ha sovraimposto un'altrettanto assurda sovrastruttura (cioè, letteralmente, una *superstizione*) teologica di vuote entità. L'*anima*, ad esempio, a proposito della quale Voltaire osserva:

> Se un tulipano potesse parlare, e ti dicesse: «La mia vegetazione ed io siamo due esseri uniti evidentemente insieme», non ti faresti beffe di quel tulipano?

O gli *angeli*, la storia della cui caduta è solo un equivoco basato sul fatto che il profeta *Isaia* (XIV, 12) augurò al re di Babilonia di cadere dal cielo, chiamandolo «stella del mattino». Cioè, *Hellel* in ebraico, ma *Fosforo* in greco e *Lucifero* in latino!

O il *battesimo*, «una strana idea tratta dal bucato», la cui dottrina ha portato a domandarsi «se un cristiano nei deserti d'Arabia potesse venir battezzato con la sabbia». O la *transustanziazione*, che «i protestanti considerano come l'ultimo termine dell'impudenza dei monaci e dell'imbecillità dei laici».

O, più in generale, «tutti i termini che non si trovano nelle Scritture, come Trinità, Persona, Essenza, Ipostasi, Incarnazione, Generazione, Processione, e tanti altri simili e assolutamente privi di senso». Questioni di cui «nessuno ci ha mai capito niente, ed è questa la ragione per cui ci si è scannati».

Molte di queste assurdità sono il vano prodotto dei *concili* ecumenici:

> Tutti infallibili, è indubbio, perché composti da uomini. È infatti impossibile che le passioni, gli intrighi, lo spirito di controversia, l'odio, la gelosia, il pregiudizio e l'ignoranza regnino mai in queste assemblee. E se tanti concili si sono opposti gli uni agli altri, è stato per esercitare la nostra fede: hanno avuto tutti ragione, ciascuno a suo tempo.

Altre assurdità si debbono a singoli padri della Chiesa. Il *peccato originale*, ad esempio, è

> una strana fantasia accreditata da sant'Agostino e degna della testa calda e romanzesca di un africano dissoluto e pentito, manicheo e cristiano, indulgente e persecutore, che passò la vita a contraddire se stesso.

Ma il cristianesimo è anche una pratica, oltre che una teoria. Quella dei *martiri*, ad esempio, le cui agiografie sono «favole che una vecchietta di buon senso non racconterebbe ai suoi nipotini». O dei *miracoli*, che

> secondo la forza della parola sono cose ammirevoli: in tal caso tutto è miracolo. Nel linguaggio comune, invece, chiamiamo miracolo la violazione di quelle leggi divine ed eterne: in questo senso non ci sono miracoli. [...] E perché mai Dio farebbe un miracolo? Sarebbe una confessione di debolezza, non di potenza. È dunque assurdo credere nei miracoli: significa disonorare, in qualche modo, la Divinità.

È su questa tremenda confusione che si fonda la *religione* cristiana:

> Noi rimproveriamo agli antichi i loro oracoli, i loro prodigi, ma se essi tornassero al mondo e si potessero contare i miracoli della Madonna di Loreto e quelli della Madonna di Efeso, in favore di chi peserebbe la bilancia?

Non dimentichiamo che «la religione pagana ha fatto spandere pochissimo sangue, mentre la nostra ne ha coperto la terra». E ricordiamo che «quasi tutto ciò che va oltre l'adorazione di un Essere supremo e la sottomissione del cuore ai suoi ordini eterni, è superstizione».

La sacra famiglia
(MATRIMONIO)

Nel 1859 il re Vittorio Emanuele II concesse con Regio Decreto alla sua amante, la Bela Rosin, il casato di Mirafiori e Fontanafredda, il cui motto era ironicamente «Dio, Patria e Famiglia». Nel 1945 il duce Benito Mussolini fu fucilato dai partigiani insieme alla sua amante, Claretta Petacci, dopo che il fascismo aveva proclamato lo stesso motto per un ventennio. E ancora nel 2007 i leader della destra Silvio Berlusconi, Gianfranco Fini e Pier Ferdinando Casini, tutti regolarmente fedifraghi, divorziati e risposati, hanno partecipato a un *Family Day* ispirato, ancora una volta, ai valori dell'imperituro motto.

Passando dai comportamenti individuali ai pronunciamenti ufficiali, l'articolo 29 della Costituzione recita: «La Repubblica riconosce i diritti della famiglia come società naturale fondata sul matrimonio». Questa formulazione di compromesso fu raggiunta il 22 dicembre 1947 dall'Assemblea Costituente, fra le opposte formulazioni della destra («la famiglia è una società naturale») e della sinistra («la famiglia è un'istituzione morale»).

Dal canto suo, l'articolo 338 del *Compendio del Catechismo* afferma:

> L'unione matrimoniale dell'uomo e della donna, fondata e strutturata con leggi proprie dal Creatore, per sua natura è ordinata alla generazione dei figli ed è indissolubile, secondo l'originario disegno divino.

E l'articolo 502 enumera tra le offese alla dignità del matrimonio

> l'adulterio, il divorzio, la poligamia, l'incesto, la libera unione (convivenza, concubinato) e l'atto sessuale prima o al di fuori del matrimonio.

Naturalmente, se il *matrimonio eterosessuale, monogamico, procreativo e indissolubile* fosse veramente espressione di una volontà divina, anche solo nel senso debole di essere stata enunciata esplicitamente da un testo ritenuto sacro, ci sarebbe poco da discutere, almeno per i fedeli. Il fatto è che questa supposta volontà divina non sembra invece essere altro che l'espressione dei pii desideri delle gerarchie ecclesiastiche.

Almeno per quanto riguarda la monogamia e l'indissolubilità, non si può certo dire che la Bibbia ebraica impedisse la poligamia e il divorzio, come testimoniano le storie di patriarchi come Abramo o Giacobbe, o di re come Davide o Salomone. E il comandamento «Non desiderare la donna d'altri» intendeva semplicemente preservare i beni del prossimo, in un ordine d'importanza in cui la moglie veniva prima degli schiavi e delle bestie, ma dopo la casa!

Coerentemente, gli ebrei rimasero poligami a lungo. Verso l'anno 1000 un decreto del rabbino Gershom di Magonza proibì la poliginia agli Aschenaziti (gli ebrei europei, che vivevano in ambienti cristiani). Ma ancora nel 1578 il vescovo di Feltre rilasciava a un ebreo della sua diocesi il permesso di avere una seconda moglie, «secondo la legge del sacrosanto Antico Testamento». I Sefarditi (gli ebrei della penisola iberica e del Mediterraneo meridionale, che vivevano in ambienti islamici) rimasero invece poligami in teoria, e in molte comunità anche in pratica, fino a che il rabbinato di Israele estese, nel 1950, la proibizione a tutti gli ebrei.

Se anche Dio ha parlato, è chiaro dunque che è stato inteso in maniere diverse da chi l'ha udito. E non solo dagli ebrei e dagli Islamici, ai quali com'è noto il *Corano* (IV, 3) permette fino a quattro mogli, ma anche dai cristiani. Ad esempio, nel 1534 gli Anabattisti fondarono a Münster una comunità protosocialista e poliginica, benché di breve durata. E dal 1830 al 1890 la Chiesa dei Santi dell'Ultimo Giorno, cioè la comunità dei mormoni dello Utah, ha ammesso ufficialmente la poliginia.

Quanto all'indissolubilità del matrimonio, nemmeno il Vangelo è così categorico come il *Catechismo*, visto che Gesù ammette esplicitamente il concubinato come motivo di divorzio nel Discorso della Montagna, e nel suo commento ad esso Agostino fa lo stesso con l'adulterio. In realtà è stato il Concilio di Trento a imporre nel 1563 l'indissolubilità ai cattolici, costringendoli a fare i salti mortali nella rimozione di quel passo evangelico. I protestanti e gli ortodossi, che leggono invece il testo com'è scritto, accettano il divorzio, ed è proprio su questa questione che si consumò nel 1533 lo scisma tra anglicani e cattolici.

Essendo in gravi difficoltà teologiche a proposito della sua dottrina matrimoniale, oggi la Chiesa cerca di difenderla usando un argomento di tipo scientifico, tra l'altro più consono ai tempi moderni. Essa sostiene, cioè, che il matrimonio eterosessuale, monogamico, procreativo e indissolubile è "naturale", nel senso che è la vera espressione della natura dell'uomo. Anzi, arriva più generalmente a sostenere che il cristianesimo è una religione naturale, il che giustificherebbe le pretese di universalità suggerite dal termine "cattolico".

Ma questa nuova strategia è ancora più fallimentare dell'appello ai testi sacri, perché richiede la rinuncia alla proclamazione delle opinioni e l'accettazione della discussione dei fatti. E un antropologo come Francesco Remotti ha facile gioco a snocciolare in *Contro Natura. Una lettera al papa* (Laterza, 2008) l'evidenza contraria di mezzo mondo. E a mostrare che la supposta "famiglia naturale" non è altro che l'espressione di un particolare relativismo culturale limitato nello spazio e nel tempo, che la Chiesa pretende di elevare ad assolutismo universale ed eterno.

L'aspetto forse più interessante di questa confutazione scientifica è la dimostrazione della mutua indipendenza delle varie caratteristiche del matrimonio cattolico, in genere presentate in un pacchetto ritenuto a sua volta indissolubile.

E invece, anzitutto, per la maggioranza delle società al mondo *il matrimonio non richiede la monogamia*, benché la Chiesa aborrisca la poligamia sia sincronica, sia diacronica. Cioè, non solo proibisca di avere più coniugi in parallelo, ma scoraggi anche l'averli in serie (ad esempio, il matrimonio di vedovi), secondo la formula del «dato antropologico originario [*sic*] per cui l'uomo dev'essere unito in modo definitivo a una sola donna e viceversa» (Esortazione apostolica *Sacramentum caritatis*, 13 marzo 2007).

Più interessante del fatto, ovvio, che il matrimonio è compatibile col divorzio, è quello, meno ovvio, che *la poligamia è compatibile con l'indissolubilità*. Lo dimostrano ad esempio gli Inuit dell'Alaska, per i quali i rapporti sessuali tra partner istituiscono legami permanenti, benché temporaneamente disattivabili con una separazione. Essi permettono co-matrimoni intrecciati, in cui più uomini sono sposati con una stessa donna, e più donne con uno stesso uomo.

Diversamente dalla poliginia, la poliandria (diffusa in molte società, dal Congo al Kerala al Tibet) crea problemi per il riconoscimento della paternità, ed è anzi un mezzo di contenimento della popolazione. Spesso essa si realizza quando una stessa donna è sposata da più fratelli, come la Draupadi andata in moglie ai cinque Pandava nel *Mahābhārata*.

A volte, addirittura, come nel caso dei Nayar del Malabar indiano o dei Na dello Yunnan cinese, la società è organizzata su famiglie consanguinee di fratelli e sorelle che convivono e cooperano non solo economicamente, ma anche nell'allevamento e nell'educazione dei figli che le donne concepiscono in rapporti sessuali occasionali. Il che dimostra che *la famiglia procreativa è compatibile con l'assenza sia di coniugi che di genitori*.

Anche in Occidente si verificano situazioni analoghe a quelle discusse. Ad esempio, la poligamia indissolubile si ritrova, benché solo informalmente, negli scambi di coppia duraturi. E l'analogo più vicino alla famiglia senza coniugi è forse quello dei bambini adottati da individui singoli. Ma ci sono anche esempi di famiglie consanguinee, che vanno dalla natolocalità galizia alla famiglia mezzadrile toscana.

Insomma, a chi tiene gli occhi aperti, o anche solo socchiusi, l'antropologia mostra che «paese che vai, famiglia che trovi».

Solo chi tiene gli occhi ben chiusi può illudersi che le proprie usanze siano "naturali", e quelle degli altri "contro Natura".

Soprattutto, chi non vede che *il matrimonio non richiede la procreazione*. Lo dimostrano gli sposalizi tra bambini, diffusi dalla Siberia alla Nuova Guinea all'America del Sud. O i matrimoni vicari, in cui si affida la procreazione a qualcuno che non è il coniuge istituzionale, praticati dai Nuer del Sudan.

Tiene gli occhi ben chiusi anche chi non vede che *l'omosessualità non è contro Natura*. Lo dimostrano gli atteggiamenti degli antichi Greci e Romani. Ma, soprattutto, lo stabilisce il fatto che essa sia praticata in Natura, appunto, da centinaia di specie animali, in un'impressionante molteplicità di forme.

Ironicamente, volendo descrivere la sua memorabile osservazione che non c'è niente di comune fra i vari usi di una parola, il Wittgenstein delle *Ricerche filosofiche* non trovò di meglio di notare che fra essi c'è solo una «somiglianza di famiglia», appunto. Al papa, che dietro le sue vuote frasi a effetto si ostina a credere che ci sia invece un uso naturale della parola "famiglia", non si può dunque far altro che girare il consiglio che lo stesso Wittgenstein diede ai suoi lettori: «Non pensare, ma osserva!». O, come gli suggerisce più apertamente Remotti: «Non pontificare, ma impara!».

Matematicamente irreligiosi
(Ateologia)

È possibile dimostrare l'affermazione che «Dio non esiste»? Certo, e molto facilmente! Consideriamo infatti quest'altra: «Questa affermazione e la precedente sono entrambe false». Se essa fosse vera, dovrebbe essere falsa, insieme alla precedente, perché è appunto ciò che dice. La contraddizione dimostra che la seconda affermazione non può essere vera, e dunque dev'essere falsa. Ma allora è vero il contrario di ciò che dice, e le due affermazioni non possono essere entrambe false. E poiché abbiamo appena dimostrato che la seconda lo è, la prima affermazione dev'essere vera. Dunque, Dio non esiste.

Una volta sistemato il principale, possiamo passare al suo sedicente vicario in Terra. Sostituendo l'affermazione «Dio non esiste» con «il papa non esiste», si può infatti ripetere lo stesso ragionamento e arrivare alla conclusione che anche questa affermazione è vera. Con un colpo di bacchetta magica abbiamo dunque fatto sparire dalla scena anche papa Francesco.

Ripetendo il giochetto, possiamo analogamente eliminare uno a uno, come petali di una gigantesca margherita, non solo i cardinali e i vescovi, ma addirittura tutti i preti di ogni religione e i credenti di ogni fede. Pensate che meraviglia, per noi che rimaniamo: come infatti diceva José Saramago, «il mondo sarebbe molto migliore se fossimo tutti atei».

C'è solo un piccolo, insignificante problema. Basta guardarsi attorno per accorgersi che i credenti non sembrano essere consci di non esistere e, nonostante la nostra inoppugnabile dimostrazione, continuano imperterriti a rendere questo mondo molto peggiore con la loro presenza. Anzi, qualcuno di loro versato in queste cose potrebbe addirittura ritorcerci contro i nostri argomenti: non solo dimostrando che sono i non credenti a non esistere, ma addirittura arrivando a provare che «Dio esiste», esattamente nello stesso modo in cui noi abbiamo provato il contrario.

Come si può dedurre da questo esempio, gli argomenti a favore o contro l'esistenza di Dio sono controvertibili, e controversi. E, soprattutto, lasciano il tempo che trovano, anche perché si appellano al lato sbagliato del cervello. La religione trova infatti la sua ragion d'essere nell'emisfero destro, sede dell'istinto e della visceralità, e non viene minimamente scalfitta dagli attacchi che le vengono sferrati dall'emisfero sinistro, sede della logica e della razionalità.

Non è dunque per convincere i credenti che la loro religione non sta in piedi, che un matematico come John Allen Paulos ha scritto *Irreligion*, tradotto in italiano come *La prova matematica dell'inesistenza di Dio* (Rizzoli, 2008). Semplicemente, come spiega il sottotitolo, il suo libro vuol essere, ed è, «una refutazione matematica degli argomenti per l'esistenza di Dio».

Anche se non eliminerà né i fedeli, né i preti, e meno che mai il papa e Dio, questa decostruzione della teologia non è comunque inutile. È anzi molto utile, per almeno tre motivi. Anzitutto, perché mostra come sia vano cercare di stabilire in maniera puramente teorica un fatto eminentemente pratico, come l'esistenza di qualcosa o di qualcuno. Solo l'osservazione e gli esperimenti possono farlo, e qui passa il confine tra il razionalismo e l'empirismo che divise la filosofia moderna ai suoi albori, separando Cartesio, Spinoza e Leibniz da un lato, e Locke, Berkeley e Hume dall'altro.

Non a caso, è soprattutto nelle opere dei primi, ad esempio nelle *Meditazioni* di Cartesio e nell'*Etica* di Spinoza, che ci si appella agli argomenti intellettuali a favore dell'esistenza di Dio. Ed è soprattutto nelle opere dei secondi, ad esempio nei *Dialoghi sulla religione naturale* e nella *Storia naturale della religione* di Hume, che si smontano le credenze popolari e le religioni istituzionali.

Ma è nelle grandi opere di Kant, la *Critica della ragion pura* e la *Critica della ragion pratica*, che sono coniugate al meglio queste due tendenze. La prima, infatti, fa piazza pulita delle argomentazioni "pure", cioè razionali, per credere nell'esistenza di Dio. E la seconda presenta le motivazioni "pratiche", cioè irrazionali, per continuare a crederci nonostante tutto.

Il secondo motivo per cui una decostruzione della teologia è utile, sta nel fatto che essa richiede comunque una certa sofisticazione intellettuale. In fondo, già seguire l'argomento che abbiamo proposto nel primo paragrafo non è cosa per tutti i dilettanti, e capire dove sta l'inghippo è addirittura cosa da pochi professionisti. Dietro ai supposti argomenti a favore dell'esistenza di Dio si celano infatti sottili problematiche di tipo logico, la cui analisi è un ottimo allenamento al ragionamento, in generale, e un'ottima introduzione alla logica, in particolare.

Prendiamo, ad esempio, quella che Kant individua come «la madre di tutte le dimostrazioni dell'esistenza di Dio»: la cosiddetta *prova ontologica* di Anselmo d'Aosta, di cui sono state date nei secoli varie riformulazioni. La più elegante e apparentemente inconfutabile è quella di Cartesio, che si riduce a definire Dio come l'essere perfettissimo: poiché esistere è meglio che non esistere, l'esistenza è una perfezione, e dunque Dio è perfettamente esistente.

Fine della storia, si potrebbe pensare. E invece no, perché fu proprio Kant a notare che l'esistenza non può essere una proprietà. Altrimenti dovrebbe far parte della definizione esaustiva di qualunque ente esistente, e dunque non ci si potrebbe mai chiedere di nulla se esista, oppure no.

Il terzo motivo, infine, per cui decostruire la teologia è un'attività benemerita, è che in tal modo si smaschera una pessima e diffusa abitudine delle persone: quella di prendere posizione a favore o contro un argomento, senza sapere bene di cosa si stia parlando. Nello specifico, di rispondere «sì» o «no» alla domanda se credono in Dio, senza prima aver domandato a loro volta precisazioni su che cosa si intenda per "Dio".

E invece, poiché la nozione ha molteplici accezioni, le domande sulla sua esistenza possono avere altrettante risposte diverse. Ad esempio, un conto è parlare di un primo motore, e un altro di una causa prima, o di un ente necessario, o di un ente perfetto, o di un fine ultimo. Cioè, delle cinque «vie» che Tommaso d'Aquino discusse nella sua *Summa Theologiae*. Come anticipò filosoficamente Kant nella sua prima *Critica*, e come conferma scientificamente Paulos nel suo libro, esse sono più precisamente delle «vie senza uscita», che non conducono a nulla e da nessuna parte.

Naturalmente, sarebbe comunque un eccesso di stima nei confronti dei credenti pensare che dietro alle motivazioni della loro fede ci siano sempre argomenti sofisticati. Nella maggior parte dei casi, essi si riducono infatti a far appello a banalità che non vale neppure la pena di perder tempo a refutare: dall'impersonale «qualcosa ci dev'essere», al personalissimo «sento che qualcosa c'è».

In fondo, i media prosperano proprio speculando sul fatto che la gente è molto più impressionata dalle sciocchezze che non capisce che dalle cose serie che potrebbe capire. Per questo i giornali e le televisioni eccedono in resoconti di improbabili eventi straordinari, ma difettano di notizie su sicure scoperte scientifiche.

E dire che a volte basterebbe una leggera infarinatura di matematica, per smontare fraintendimenti anche diffusi. Ad esempio, se si pensa che i miracoli siano accadimenti altamente improbabili, allora non c'è bisogno di cercare da nessuna parte per trovarne, perché ne succedono continuamente e dovunque. Tanto per dirne una, qualunque mano di bridge ha una probabilità minima di uscire (una su seicento miliardi), eppure qualcuna esce sempre, e nessuno grida mai al miracolo!

Oppure, se si pensa che siano significativi l'ordine o la complessità che si osservano nell'Universo, allora non c'è bisogno di scomodare un Dio per spiegare né l'uno, né l'altra. Perché, da un lato, l'ordine si genera automaticamente anche nei sistemi casuali. E, dall'altro lato, la complessità si manifesta automaticamente anche nei sistemi banali.

Nonostante il rosario di refutazioni e motivazioni snocciolato da Paulos nel suo denso libro, rimane comunque irrisolto il problema principale: non *se* Dio ci sia, ma *perché* la gente continui a pensare che ci sia. Mistero della fede, ovviamente, anche se il più grande mistero è sicuramente perché mai la gente creda ai misteri. E non è un mistero senza conseguenze perché, come ha detto Voltaire, «chi crede ad assurdità, finisce per commettere atrocità». O, come ha precisato il premio Nobel per la fisica Steven Weinberg, «i buoni fanno il bene e i cattivi il male, ma per far fare il male ai buoni ci vuole la religione».

L'ossimoro degli scienziati credenti (SONDAGGI)

«Quante divisioni ha il papa?» domandò Stalin il 13 maggio 1935 a Pierre Laval, che gli chiedeva di tollerare i cattolici nell'Unione Sovietica. La risposta dipende dal campo di battaglia a cui ci si riferisce. In politica, ad esempio, di divisioni il papa ne ha molte, almeno in Italia.

Ma nella matematica ne ha ben poche, e ben poco agguerrite, almeno a giudicare da quella che «Panorama» del 22 gennaio 2009 presentava come un'«offensiva cattolica», a suo dire rivolta contro di me. Nell'articolo *Odifreddi senza Avvenire* si leggeva infatti che «anche un quotidiano cattolico può perdere la pazienza, e impartire una lezione di bon ton intellettuale a un matematico sempre più proiettato nella titanica impresa di dimostrare la non esistenza di Dio».

Ora, a parte il gradimento per l'aggettivo «titanico», a me non sembra di essere così «proiettato» in nessuna direzione. Perché è vero che ho scritto il precedente capitolo come prefazione al libro di John Allen Paulos *La prova matematica dell'inesistenza di Dio*. Ma è altrettanto vero che ho equanimemente curato, insieme a Gabriele Lolli, il libro di Kurt Gödel *La prova matematica dell'esistenza di Dio* (Bollati Boringhieri, 2006).

Siamo dunque di fronte a un tipico caso di "uomo di paglia". All'inveterata abitudine, cioè, di far dire a qualcuno qualcosa che non ha detto, per poi attaccarlo comodamente su quel terreno. Sia come sia, l'«Avvenire» "ha fatto le cose in grande", con un'inchiesta in dieci puntate condotta tra l'11 dicembre 2008 e il 28 gennaio 2009, e iniziata con l'affermazione che «negli ultimi anni è stato dato troppo spazio a personaggi come Odifreddi, che hanno portato avanti la tesi dell'incompatibilità tra fede e scienza».

Vediamo allora quali argomenti portavano indietro i dieci intervistati, a favore della tesi opposta. Anzitutto, visto che la serie si intitolava *Numeri e fede*, partiamo dalle cifre. Come confessava onestamente nella nona puntata Massimo Buscema, informatico e consulente di New Scotland Yard, «credono in un Dio trascendente il 4% dei biologi, il 7% dei fisici e il 14% dei matematici».

Questi dati vengono da "una ricerca" non meglio identificata. Ma sono consistenti con quelli che risultano dalle inchieste effettuate presso la National Academy of Sciences statunitense e la Royal Society inglese, riportati da me in *Perché non possiamo essere cristiani* (Longanesi, 2007), e da Richard Dawkins in *L'illusione di Dio* (Mondadori, 2008).

Dunque, quando si passa dalle perorazioni astratte ai fatti concreti, risulta che in realtà solo una piccola minoranza degli scienziati mondiali crede genericamente in Dio, il che è appunto ciò che io mi sono limitato ad affermare e reiterare. Se poi si entra nello specifico, ci si accorge anche che la maggioranza di quell'esigua minoranza crede in un Dio astratto e trascendente, appunto, e non in un Dio concreto e personificato come quello del cristianesimo. Su questo non si discute, e si può al massimo cercare di capire perché le cose stiano così.

Per quanto riguarda la schiacciante maggioranza di non credenti fra gli scienziati, la spiegazione è ovvia. I metodi della scienza e della fede sono infatti incompatibili, basandosi la prima su esperimenti e dimostrazioni, e la seconda su rivelazioni e pronunciamenti. E possono essere coniugati solo tenendo le due sfere completamente separate. Cosa che, ovviamente, richiede o una certa dose di schizofrenia intellettuale, o un certo disinteresse per la religione. Paradossalmente, infatti, sono facilitati a credere coloro che non sanno bene cosa questo significhi, e si immaginano la religione molto più razionale e ragionevole di quanto non sia in realtà.

Per quanto riguarda invece la differenza statistica di credenti tra le varie discipline, si può notare che la percentuale decresce nel passaggio dalle aree astratte a quelle concrete. Probabilmente, i biologi negano per ovvie ragioni l'esistenza di un Dio concreto, mentre i matematici sono leggermente più propensi a credere in un Dio astratto.

E qui ci aiutano appunto le dieci interviste dell'«Avvenire», tutte singolarmente rivolte a magnificare la gloria della ragione matematica. Ad esempio, la sua «irragionevole efficacia nelle scienze naturali», secondo l'espressione del premio Nobel per la fisica Eugene Wigner. O l'autocoscienza della propria incompletezza, dimostrata dai teoremi di Gödel. O la sua capacità di comprendere l'infinito: anche se fu proprio l'«Osservatore Romano», il 27 ottobre 1999, a recensire il mio *Il Vangelo secondo la Scienza* (Einaudi, 1999) scrivendo a caratteri cubitali nel titolo che non si può «confondere l'infinito metafisico con l'infinito matematico».

Ma c'era bisogno di scomodare dieci matematici credenti, per far loro ripetere cose che io *da ateo* non solo non ho mai negato, ma ho affermato esplicitamente in entrambi i libri che ho citato? Anzi, rivendico di essere andato ben oltre quello che l'«Avvenire» è riuscito a racimolare! Ad esempio, nella conclusione del mio pamphlet contro il cristianesimo ho usato espressioni quali:

- Il Logos permea l'Universo e si riflette nell'uomo. Nel senso che tutto è razionale, e la razionalità umana è in grado di comprendere, almeno parzialmente, la razionalità cosmica.
- L'Universo è il corpo di Dio, e le leggi dell'Universo i pensieri della sua mente. O, appunto, il suo Logos.
- Dire che «In principio era il Logos» significa che le leggi dell'Universo sono necessarie e precedono la sua esistenza. Così come dire che «il Logos si è incarnato» significa che l'uomo è razionale.

E allora, dove sta il problema? Nel fatto che l'osservazione della Natura scientifica e l'esperienza della Ragione matematica ci portano sì, necessariamente, a credere nell'esistenza del Dio astratto di Spinoza ed Einstein, se uno proprio insiste a volerlo chiamare così. Ma è un ingiustificato *non sequitur* pensarlo come personale, o addirittura incarnato e umano. Anzi, così facendo lo si banalizza in modo scandaloso, alla maniera delle religioni naturalistiche o antropomorfe dell'antichità.

Più che delle pagliuzze negli occhi altrui, i cattolici si preoccupino dunque delle travi nei loro. E «accettino volontariamente l'inevitabile senza desiderare l'impossibile», secondo la massima di quello stoicismo che essi stessi hanno contribuito a far scomparire dalla faccia della Terra, perché offriva al popolo una concorrenza razionale e saggia, e dunque molto più "scientifica", alla loro nuova religione.

Uomini di poca fede (e molta scienza) (COYNE E PENZIAS)

Agli inizi dell'Ottocento William Blake ci ha lasciato una delle più poetiche descrizioni della tensione tra scienza e religione, intitolata *Mock on, mock on*, «Deridete, deridete». Il poeta paragona i sarcasmi di Voltaire e Rousseau alla sabbia, che finisce per accecare gli occhi di chi l'ha gettata controvento. E conclude affermando che «gli atomi di Democrito e le particelle di luce di Newton sono sabbia sulla spiaggia del Mar Rosso, dove splendono lucenti le tende di Israele».

Al romantico la nuova visione razionalistica e scientifica della modernità appare dunque come un polverone sollevato contro la vecchia visione mistica e umanistica dell'antichità, a cui egli rimane disperatamente aggrappato. E l'esempio più evidente di questo conflitto è forse il cambiamento di percezione di ciò che si vede quando si guarda il cielo. Gli antichi credevano, infatti, di ritrovare nelle stelle le componenti statiche di figure mitologiche, e le fucine dinamiche di influssi astrologici. I contemporanei si limitano, invece, a scorgervi gli effetti della cosmologia e le cause dell'astronomia.

Le storie della scienza non sono comunque prive di valore letterario, come dimostra la vicenda della "radiazione cosmica di fondo" scoperta nel 1965 da Arno Penzias e Robert Wilson a Crawford Hill, nel New Jersey. I due radioastronomi cercavano i segni della presenza di molecole interstellari nella Via Lattea, ma trovarono al loro posto un ronzio ubiquo e persistente, che sulle prime scambiarono per un disturbo. Dopo aver speso un anno a scartare tutte le possibili spiegazioni, compresi gli escrementi dei piccioni che si appollaiavano sull'antenna, essi capirono di aver individuato la traccia dell'esplosione originaria del Big Bang, e vinsero per questo il premio Nobel per la fisica nel 1978.

Se per i due scienziati il cielo manifestò la correttezza della fisica, o almeno del modello cosmologico standard, per i religiosi indoeuropei esso ha da sempre cantato la gloria del Signore. Non a caso, l'italiano *dio*, il latino *deus*, il greco *theos* e il sanscrito *dyaus* derivano da un'unica radice che significa "luminoso" o "splendente", e indicavano variamente il giorno (da cui il latino *dies*) e il cielo.

I nomi comuni sono poi stati personificati nei nomi propri Dyaus Pitar indù, Zeus Pater greco, Deus Pater latino e Dio Padre italiano, che significano tutti semplicemente "Padre Cielo". Quello stesso che nel *Rig Veda* era sposato a Prithvi Mata, la "Madre Terra", e aveva come figli il fuoco Agni e la pioggia Indra, in una sorta di Sacra Famiglia naturalistica composta dai quattro elementi classici.

Per quanto la connessione tra Dio Padre e il cielo sia oggi rimossa, e il primo venga ipostatizzato in un più diplomatico "Padre che sei nel cielo", la Chiesa ha manifestato un interesse scientifico per il secondo almeno dal 1576. Da quando, cioè, Gregorio XIII fece costruire la Torre dei Venti per calcolare con esattezza i movimenti degli astri, come preparazione per la riforma del calendario.

Nel 1891 Leone XIII istituì poi la Specola Vaticana, col bellicoso intento di smentire «i figli delle tenebre che sono soliti calunniare la Sposa di Cristo e chiamarla amica dell'oscurantismo, fomentatrice di ignoranza, nemica della scienza e del progresso». Un osservatorio dapprima situato in Vaticano, poi a Castelgandolfo, e infine a Tucson, in Arizona. Esso è affidato per tradizione ai gesuiti, e fu diretto dal 1978 al 2006 da padre George Coyne.

Ed è proprio alle opinioni su scienza e fede dell'ebreo Arno Penzias e del cattolico George Coyne, che Riccardo Chiaberge dedica *La variabile di Dio* (Longanesi, 2008). Un libro che registra le intense conversazioni che i due astronomi hanno avuto per due giorni a Tucson. E le inquadra con racconti e descrizioni che completano l'affascinante testimonianza di queste due menti libere e anticonvenzionali.

Anzi, talmente anticonvenzionali, da non poter affatto essere ritenute rappresentative delle rispettive religioni. Penzias è infatti ebreo per usi e costumi, ma non per credenze. Ammette, cioè, che i rituali giocano un ruolo importante per la sua identità culturale. Ma ritiene «puramente metaforiche» le parti non storiche della Torah, e dichiara di non poter credere in un Dio antropomorfo.

Quanto a padre Coyne, che qualche anno fa ammise scherzosamente con me di essere «un po' eretico», non solo non vede Dio come la spiegazione dei fenomeni naturali. Addirittura, non crede che Egli potesse sapere che sarebbero comparsi gli esseri umani: poteva solo sperarlo, e pregare affinché noi diventassimo realtà.

Le idee di padre Coyne risultano particolarmente interessanti alla luce, o meglio in controluce, della dottrina corrente della Chiesa e della sua rappresentazione mediatica. Ad esempio, nel 1981 Giovanni Paolo II istituì una Commissione Pontificia per lo studio della controversia tolemaico-copernicana. E ne chiuse solennemente i lavori il 31 ottobre 1992, dichiarando salomonicamente che si era trattato di «una tragica incomprensione reciproca».

La percezione comune è che oggi la Chiesa abbia riconosciuto le proprie colpe e riabilitato Galileo. Ma padre Coyne, che faceva parte della Commissione, ritiene invece che «le conclusioni ufficiali siano largamente carenti», e che «la Chiesa debba ancora fare piena ammenda di quel tragico errore».

Possiamo dunque immaginarci cosa egli pensi della controversia a proposito di Darwin, ufficialmente riaperta il 7 luglio 2005 dal cardinal Christoph von Schönborn, estensore del nuovo *Catechismo*. In un articolo sul «New York Times» l'arcivescovo di Vienna bollò l'evoluzionismo come falso, e si schierò apertamente a favore del Disegno Intelligente. Una posizione che Penzias considera apertamente «una forma di idolatria» e «una visione molto limitata della creazione e del suo creatore», assimilato a «un Dio-idraulico in servizio permanente effettivo».

Quanto a padre Coyne, aveva già pubblicamente risposto a Schönborn il 6 agosto 2005 sul «Tablet», e la sua presa di posizione gli era costata il posto. Nell'agosto 2006, infatti, Benedetto XVI l'aveva rimosso dalla Specola Vaticana.

Nel libro di Chiaberge il gesuita ribadisce imperterrito che «il Disegno Intelligente è una proposizione religiosa e non scientifica, un movimento ideologico e con ripercussioni politiche». Aggiunge che «gli insegnamenti morali e dottrinali della Chiesa dovrebbero tenere conto al meglio dei risultati della scienza moderna». Trova difficile «credere che al concepimento Dio immetta un'anima dentro un organismo biologico». E preferisce «pensare che lo spirito sia una proprietà emergente».

Ai non credenti non resta che rammaricarsi che non tutti i cattolici siano come padre Coyne, né tutti gli ebrei come Arno Penzias. Perché le loro sagge e informate opinioni ci mostrano come potrebbero essere l'umanità e il mondo, se solo Dio volesse. O potesse.

L'illusione del teismo
(CREDENZE)

L'illusione dell'ateismo di Roberto Timossi (San Paolo, 2009) è un grosso libro, di più di 500 pagine. Il titolo fa ovviamente il verso a *L'illusione di Dio* di Richard Dawkins. E il sottotitolo precisa che si parlerà del «perché la scienza non nega Dio»: cosa che, ovviamente, la scienza non si è mai sognata di fare. Essa si limita infatti, molto più sensatamente, a dimostrarne la doppia inutilità. Da un lato, perché ciò che la scienza spiega, lo spiega anche senza l'ipotesi di Dio. E, dall'altro lato, perché ciò che la scienza non spiega, non lo spiega neppure l'ipotesi di Dio.

Più precisamente, invocare interventi divini nelle tre grandi discontinuità che identificano i tre grandi problemi aperti della scienza moderna (le origini dell'Universo, della vita e della coscienza), non aggiunge nessun dettaglio concreto alla comprensione di quei fenomeni. E non è altro che un modo diverso di affermare che non sappiamo (ancora) quale sia la soluzione.

Un modo, tra l'altro, che assomiglia pericolosamente a quella vignetta in cui un matematico, che sta spiegando a un collega una formula complicatissima lunga tutta la lavagna, indica con il dito un punto dicendo: «Qui succede un miracolo». E ottiene come risposta: «Ti spiace essere un po' più preciso?».

Non potendo mostrare nessuna ricaduta scientifica oggettiva derivata dall'ipotesi dell'esistenza di Dio, Timossi si rifugia nel soggettivo. E afferma genericamente che la religione aiuta gli scienziati credenti a fare le loro scoperte, senza però riportare mai un solo caso specifico di questo supposto aiuto.

Anche facendolo, non avrebbe comunque dimostrato nulla. Ad esempio, Keplero trovò la sua terza legge (sul rapporto costante tra il quadrato del tempo di rivoluzione di un pianeta e il cubo del raggio medio della sua orbita) in base a un'analogia musicale (con la frazione 3/2 che individua l'intervallo di quinta) assolutamente strampalata. Ma questo non rende affatto la sua metafisica musical-pitagorica corretta, o anche solo sensata.

Dal fatto che gli scienziati procedano in base a visioni metafisiche, come appunto quella di Keplero, Timossi deduce trionfalmente che anche loro hanno credenze e fedi. Una bella scoperta, che non solo nessuno si sognerebbe di negare, ma alla quale ho io stesso dedicato un intero libro, il già citato *Il Vangelo secondo la Scienza*.

Il che non esime le verità scientifiche, intuite nei modi soggettivi più disparati e strampalati, dal dover essere in grado di stare in piedi oggettivamente sulle proprie gambe. La terza legge di Keplero è valida perché si accorda sperimentalmente con le osservazioni, e si deriva matematicamente dalla legge di gravitazione universale di Newton. E non perché (semmai, *nonostante*) sia stata intuita in un modo che interessa soltanto gli storici e gli psicologi.

È dunque tanto inutile andare alla ricerca di grandi scienziati che abbiano avuto in qualche modo una fede religiosa, quanto lo sarebbe cercare quelli che abbiano praticato l'astrologia o l'alchimia, fatto uso di droga o avuto particolari gusti sessuali. Tutti aspetti soggettivamente rilevanti per le biografie, ma oggettivamente irrilevanti per i manuali o i libri di testo.

Particolarmente irrilevanti sono poi i grandi nomi spasmodicamente elencati da Timossi, ciascuno dei quali ha comunque vissuto la propria fede in maniera intelligentemente personale, e non scioccamente ortodossa. Galileo, rivendicando la libertà di un'interpretazione non letterale della Bibbia. Newton, smascherando varie corruzioni delle Scritture. Darwin, trovando nell'evoluzionismo la giustificazione per l'agnosticismo. Einstein, negando la fede in un Dio personale e affermando quella nel Dio di Spinoza: cioè, nella Natura. Eccetera.

Altrettanto inutile è citare statistiche, perché «la verità non si mette ai voti». Ma se lo si fa, bisognerebbe almeno avere l'onestà di citarle correttamente, evitando di affermare vagamente che «alcuni sondaggi ci dicono che gli scienziati credenti sono quantomeno pari agli atei e agli agnostici».

Timossi sa infatti benissimo, perché i dati che noi abbiamo già citati erano stati riportati dall'«Avvenire», che gli scienziati credenti sono quindici volte di meno di quelli non credenti, e si aggirano attorno al 7%, a seconda dei rilevamenti della National Academy of Sciences statunitense, della Royal Society inglese o dell'International Union of Biological Sciences mondiale.

Questa e altre piccole disonestà a parte, l'intero libro è comunque scritto all'insegna di una gran confusione, a partire dal motto di copertina che lo addita come «la risposta di uno scienziato credente alle tesi dell'ateismo scientista». L'autore, infatti, lungi dall'essere uno scienziato, è un filosofo antiscientista, come dimostrano le sue ripetute e ossequiose citazioni dei tre impostori della filosofia della scienza del Novecento (Karl Popper, Thomas Kuhn e Paul Feyerabend), che secondo lui avrebbero «spazzato via una volta per tutte la concezione dogmatica della conoscenza scientifica». Nessuna delle tanto decantate teorie filosofiche di questi parlatori descrive invece correttamente la pratica scientifica dei facitori.

Ad esempio, Popper afferma che un'unica confutazione di una teoria è sufficiente a farla cadere. Ma la meccanica newtoniana è rimasta in piedi per secoli, benché spiegasse soltanto metà della precessione del perielio dell'orbita di Mercurio.

Kuhn indica nel passaggio dal sistema tolemaico a quello copernicano l'esempio archetipico di rivoluzione scientifica. Ma i due sistemi sono perfettamente equivalenti nella teoria e nella pratica, e lo stesso Copernico derivò il suo in maniera teorica da quello di Tolomeo.

Quanto a Feyerabend, era soltanto un provocatore, e la comunità scientifica giustamente ostracizza coloro che hanno l'ardire di citare seriamente le sue parole. Lo imparò a sue spese dai fisici della Sapienza lo stesso Benedetto XVI, che nel 2008 dovette rinunciare a visitare l'ateneo romano proprio a causa di un'improvvida citazione del povero Feyerabend.

Ma poiché il Diavolo sta nei dettagli, più che nelle generalità, non sorprende che faccia cadere il credente Timossi proprio su quelli. Ad esempio, facendogli fraintendere la discontinuità del Big Bang come un punto d'inizio istantaneo della storia dell'Universo, del quale ci si può chiedere cosa ci fosse "prima". Mentre invece è un intervallo, della durata del tempo di Planck, nel quale le leggi della fisica attuale, e con loro le comuni nozioni di spazio e tempo, cessano di essere applicabili.

Un altro dei diabolici dettagli che smascherano Timossi è quello in cui egli assegna al nostro ultimo antenato comune universale (*Last Universal Common Ancestor*, o LUCA) lo status di "fenomeno o evento unico". Mentre invece è soltanto il primo essere i cui discendenti sono sopravvissuti fino ad oggi. Per inciso, la stessa cosa vale per l'Adamo Cromosomico e l'Eva Mitocondriale, che non sono affatto né il primo uomo, né la prima donna, in assoluto.

Nella disperata ricerca di appigli che permettano al Creatore di rimanere appeso per le dita alle pareti dell'evoluzione, prima della sua rovinosa caduta finale, Timossi non disdegna di raschiare il fondo del barile dell'antievoluzionismo. Ad esempio, quando contrappone le teorie dell'evoluzione, al plurale, alla teoria dell'evoluzione, al singolare. Cullandosi, in particolare, nell'illusione di un contrasto tra l'evoluzione graduale di Darwin e l'evoluzione punteggiata di Gould, che invece sono soltanto i rispettivi prodotti di mutazioni in "geni muratore" o in "geni architetto".

Un altro degli appigli a cui cerca di aggrapparsi Timossi è il tentativo di risuscitare i cadaveri di argomenti quali gli anelli mancanti, o i sistemi irriducibilmente complessi (dall'occhio al flagello), già sepolti da Darwin stesso nell'*Origine delle specie*. Essi sono riproponibili soltanto da paria intellettuali come Giuseppe Sermonti, che fa discendere le scimmie dall'uomo, e ciò nonostante viene citato imperterrito da Timossi, all'insegna del motto di Feyerabend: «Tutto fa brodo».

L'illusione dell'ateismo presta dunque attenzione a ogni possibile fuscello nell'occhio della scienza, ma non si preoccupa di nessuna delle travi nell'occhio della teologia. Ad esempio, non spiega perché mai l'ordine dell'Universo, sul quale gli scienziati sono ovviamente tutti d'accordo, dovrebbe avere una natura personale e personificata, sulla quale invece i teologi sono in grande disaccordo.

Soprattutto, il libro non spiega cosa mai c'entri un ordine (personificato o no) dell'universo con il gran circo delle religioni istituzionali, e con una delle più circensi in particolare. Per rispondere a chi afferma che «non possiamo essere cristiani, e meno che mai cattolici» si dovrebbe infatti parlare delle assurdità teoriche e delle superstizioni pratiche del cristianesimo, e più che mai del cattolicesimo, invece di nascondersi dietro il dito delle moderne incarnazioni del deismo.

In particolare, è la teologia a dover dimostrare che si possa credere in quella caricatura di Dio, o addirittura che non si possa non credervi. L'"ateismo scientifico" si limita a constatare la mancanza della prova: lungi dall'essere un'illusione, e dunque una disillusione, o una mancanza di illusione.

STORIA

Gli scienziati del cool
(Divi)

Racconta Voltaire, nelle sue *Lettere filosofiche*, di aver assistito nel 1727 al funerale di Stato di Isaac Newton a Westminster. E di essersi stupito di come gli inglesi, diversamente dai francesi dell'epoca, avessero tributato a uno scienziato gli onori di solito riservati ai potenti. «È stato seppellito come un re che avesse fatto del bene ai suoi sudditi», osservò incredulo il filosofo. Da parte sua, il poeta Alexander Pope celebrò lo scienziato con versi destinati a diventar famosi:

> La Natura e le sue leggi
> stavan nascoste nel blu.
> Dio disse: «Sia fatto Newton»,
> e la luce fu.

Naturalmente, gli inglesi del Settecento erano diversi non solo dai francesi, ma anche, e soprattutto, dagli italiani. Quasi un secolo prima, nel 1642, anche noi avremmo potuto tributare onori analoghi a Galileo, che era uno dei giganti sulle cui spalle Newton si era seduto, per poter vedere lontano. Lungi dal ricevere onori di Stato, invece, il nostro maggior scienziato fu seppellito quasi di nascosto, in una stanzetta sotto il campanile di Santa Croce a Firenze, per non dispiacere al papa che l'aveva processato e costretto ad abiurare.

I due episodi sono sintomatici dell'atteggiamento popolare nei confronti degli scienziati, che può spaziare dal considerarli come eroi al bollarli come infami. E benché i tempi siano cambiati da tre o quattro secoli fa, tra i paesi anglosassoni e quelli latini la forbice dell'apprezzamento risulta ancora molto aperta. È infatti soprattutto negli Stati Uniti e in Inghilterra che i grandi nomi della scienza beneficiano dei (relativi) vantaggi della divizzazione, che è la forma moderna della divinizzazione.

Agli inizi del Novecento il massimo divo scientifico è stato ovviamente Albert Einstein, che divenne un personaggio mediatico nel 1919. Fu in quell'anno che le osservazioni astronomiche confermarono che la materia poteva deflettere la luce, come la sua relatività generale aveva previsto. E fu in quell'anno che i giornali lo sbatterono in prima pagina, e la sua immagine divenne un'icona.

Einstein bucò i media con i suoi atteggiamenti iconoclasti, come la famosa linguaccia, e il suo stile oracolare. Ad esempio, una studentessa era presente quand'egli ricevette il telegramma che annunciava il successo delle osservazioni. Lei gli domandò che cos'avrebbe pensato, se i risultati fossero stati negativi. E lui rispose: «Mi sarebbe dispiaciuto per il buon Dio, perché la mia teoria è corretta».

A metà del Novecento il ruolo pubblico di Einstein fu preso da James Watson, *enfant prodige* della biologia, che a ventiquattro anni scoprì la struttura del DNA insieme a Francis Crick. Quest'ultimo era refrattario ai media, non concedeva interviste, e non appariva in televisione. Watson aveva invece una vocazione a recitare il ruolo di *enfant terrible*. Presto scompigliò la divulgazione scientifica, con un best seller provocatorio e innovativo sulla *Doppia elica* (Garzanti, 1968 e 2004). E poi continuò, e continua, a prendere posizioni scomode e non convenzionali sulle problematiche legate alla biologia e alla genetica.

Nell'ultima parte del Novecento, infine, furono l'intelligenza brillante e la gigioneria feroce di Richard Feynman a conquistare media e pubblico. I giornalisti impararono a conoscerlo fin da quando vinse il premio Nobel, e uno di loro gli chiese di dire in cinque minuti che cosa avesse fatto per meritarselo. La risposta fu: «Giovanotto, se potessi dirglielo in cinque minuti, non sarebbe valso un premio Nobel».

Seguirono poi gli aneddoti mitopoietici del libro *Sta scherzando, Mr. Feynman!* (Zanichelli, 1988). E, soprattutto, l'apparizione televisiva in occasione del disastro dello Space Shuttle Challenger. Come membro della commissione d'inchiesta, lo scienziato spiegò semplicemente, con un pezzo di gomma e un bicchiere d'acqua gelata, le cause dell'incidente. E divenne tardivamente una celebrità anche per il pubblico, dopo esserlo sempre stato per gli addetti ai lavori.

Einstein, Watson e Feynman erano però casi isolati. Si trattava, infatti, di persone in grado di attrarre l'attenzione, nel bene e nel male, per la profondità del loro pensiero e la singolarità del loro carattere. Qualcosa è invece cambiato negli ultimi decenni, e soprattutto negli ultimi anni. Sembra infatti che oggi, a interessare, siano la scienza stessa e gli scienziati. E questa percezione è arrivata a coinvolgere addirittura la matematica, che di tutte le scienze è sempre stata la più ostica e lontana dall'apprezzamento del pubblico.

In parte, la cosa non sorprende, perché il trituramento mediatico è ormai universale e ingurgita tutto ciò che gli capita sotto mano. Dunque, perché non la scienza e gli scienziati? Ma in parte è inaspettato, perché il nostro è pur sempre un mondo che si abbevera all'inesauribile Fonte Cretinusa, e dovrebbe dunque essere impermeabile al rivolo di saggezza che riesce a far breccia nella Roccia delle Ottusità, sacre e profane.

Il momento del cambiamento si può situare storicamente nei primi anni '90. Più precisamente, risale alla dimostrazione nel 1993 dell'ultimo teorema di Fermat da parte di Andrew Wiles, che finì addirittura sulla prima pagina del «New York Times».

E all'assegnazione nel 1994 del premio Nobel per l'economia a John Nash, che conquistò il mondo con la triste storia della sua vita personale. Le vicende dei due matematici ispirarono non solo libri di grande successo, ma anche opere che raggiunsero un pubblico ben più vasto: il musical di Broadway *L'ultimo tango di Fermat* nel primo caso, e il film da Oscar *A Beautiful Mind* nel secondo.

Caduta la barriera che circondava argomenti che erano, fino ad allora, ancora più tabù del sesso, è stato tutto un fiorire di iniziative, locali e globali. La matematica è entrata a pieno titolo tra gli argomenti da film, da *Will Hunting. Genio ribelle* con Matt Damon, vincitore dell'Oscar per la sceneggiatura, a *Proof. La prova* con Gwyneth Paltrow. Alcuni divulgatori-scienziati, dal biologo inglese Richard Dawkins al fisico statunitense Brian Greene, hanno scalato le classifiche dei best seller da mezzo milione o un milione di copie. Le televisioni hanno aperto le braccia agli argomenti scientifici e prodotto opere costosissime e meravigliose, come la serie *Pianeta Terra* di David Attenborough.

Anche da noi, fatte le dovute proporzioni, le cose si sono mosse. I nostri divulgatori hanno incominciato a calcare pure loro le scene dei media, dai giornali alla televisione, anche se i loro nomi sono ancora soltanto un piccolo drappello.

Forse il contributo italiano più originale sta nelle kermesse scientifiche, soprattutto il Festival della Scienza di Genova e il Festival della Matematica a Roma. In entrambi i casi, i big stranieri intervenuti si sono meravigliati dell'affluenza di pubblico, e hanno esportato l'idea a casa propria, ad esempio a New York. Ma i 300.000 partecipanti raggiunti dal primo festival, e i 60.000 dal secondo, sono pur sempre piccoli numeri in confronto ai 2.500.000 che hanno visitato la Sindone a Torino nel 2010, o i 6.000.000 che affluiscono ogni anno da Padre Pio.

Gli scienziati e la scienza sono ormai cool anche da noi, ma per ora sono ancora altri a mantenere il primato del cool. Speriamo, non a lungo, e soprattutto, non per sempre!

Uomini che guardarono il cielo
(Galileo e Keplero)

Il 7 gennaio 1610 Galileo scrisse una lettera ad Antonio de' Medici, in cui raccontava brevemente ciò che aveva incominciato ad osservare in cielo con il cannocchiale, a partire dalla fine dell'estate del 1609. La lettera terminava con una notizia di giornata: «Questa sera ho veduto Giove accompagnato da tre stelle fisse, totalmente invisibili per la loro piccolezza». E notava, con comprensibile e giustificato orgoglio: «Possiamo credere di essere stati i primi al mondo a scoprire da vicino e così distintamente qualche cosa dei corpi celesti».

La scoperta fu annunciata al mondo intero il 12 marzo seguente, nella prima grande opera dello scienziato, il *Sidereus Nuncius*. Galileo assegnò ai satelliti di Giove il nome di Astri Medicei. E capì immediatamente che la loro esistenza confutava definitivamente la centralità della Terra per i moti celesti. E che avrebbe potuto, e dovuto, aprire la via all'accettazione del sistema copernicano.

Egli inviò dunque subito una copia del *Sidereus Nuncius* a Keplero, con la richiesta di un parere. Questi ricevette il libro l'8 aprile 1610, e in soli undici giorni scrisse una *Discussione col Nunzio Sidereo*. In essa lo scienziato tedesco difendeva e appoggiava generosamente il collega italiano, pur criticandolo per aver furbescamente taciuto i nomi di tutti i suoi predecessori, a parte Copernico.

L'ingrato Galileo non si degnò invece di rispondere alla richiesta di Keplero di poter avere uno strumento per confermare personalmente i dati, e questi dovette attendere fino all'agosto 1611 per riuscire a procurarsene uno. Ma non appena l'ebbe, in altri dieci giorni di osservazioni confermò l'esistenza dei pianeti medicei, e scrisse immediatamente una *Relazione sulle proprie osservazioni dei quattro satelliti di Giove* per testimoniarlo.

Già prima della *Relazione* di Keplero, Galileo aveva ottenuto un importante riconoscimento scientifico dai matematici gesuiti del Collegio Romano, presso i quali si era recato nella primavera del 1611. Essi lo ricevettero con tutti gli onori, e lodarono il *Sidereus Nuncius* in un'orazione pubblica. A Roma lo scienziato toscano fu osannato da nobili e prelati. Fu arruolato dal principe Federico Cesi nell'Accademia dei Lincei, da lui fondata nel 1603. E fu esonerato da Paolo V dall'obbligo di rimanere inginocchiato al suo cospetto, durante un'udienza.

Ma non tutti accettarono così entusiasticamente le nuove scoperte. Un tal Ludovico delle Colombe, ad esempio, in una lettera del 27 maggio 1611 a padre Cristoforo Clavio, si arrampicò sui vetri sostenendo che la Luna «sembrava» avere asperità simili a quelle terrestri, ma in realtà queste erano come «figure di smalto bianco dentro una gran palla di cristallo». Al che Galileo si divertì a ribattere, in una lettera del 16 luglio 1611 a Gallanzone Gallanzoni, che se era lecito immaginarsi ciò che faceva comodo, allora anche lui avrebbe accettato di credere a questa sfera trasparente di cristallo. Ma avrebbe sostenuto che non era liscia, bensì con montagne immense e trenta volte più alte di quelle terrestri.

Nel frattempo egli era però già andato oltre il *Sidereus Nuncius* con le sue scoperte. In una lettera del 30 luglio 1610 informò Belisario Vinta che «la stella di Saturno non è una sola, ma un composto di tre, le quali quasi si toccano, né mai tra loro si muovono o mutano». A Giuliano de' Medici e Keplero mascherò invece la notizia di questa "stravaganza" nell'anagramma: *smaismrmilmepoetaleumibunenugttauiras*. Da risolvere come: *altissimum planetam tergeminum observavi*, «ho osservato che il pianeta più alto è triplo».

Galileo era stato indotto a credere che Saturno fosse «trigemino» dalla bassa risoluzione del suo cannocchiale a 20 ingrandimenti. Con uno a 50 ingrandimenti Christiaan Huygens scoprirà poi, dal 1655, che il pianeta ha un anello sottile e piatto, e possiede anch'esso un satellite che chiamò Titano. Dal 1671 Giovanni Cassini scoprirà a sua volta altri satelliti, tra cui

Giapeto e Rea, e capirà che gli anelli sono in realtà più d'uno, concentrici e complanari. Di qui il nome della sonda Cassini-Huygens, entrata in orbita nel 2004 attorno al pianeta.

Tornando a Galileo, nel settembre del 1610 egli si trasferì da Padova a Firenze, dov'era stato assunto come "matematico primario allo Studio di Pisa e Filosofo del Serenissimo Gran Duca", con una cattedra quale sognano tutti i professori: senza dover, cioè, né insegnare, né far esami, e potendosi dedicare a tempo pieno alle proprie ricerche.

Puntualmente, lo scienziato continuò le sue osservazioni. L'11 dicembre 1610 annunziò a Giuliano de' Medici un'ulteriore scoperta, con un ulteriore anagramma: *haec immatura a me iam frustra leguntur oy*, «queste cose immature sono da me raccolte invano». Da risolvere come: *Cynthiae figuras aemulatur mater amorum*, «la madre degli amori [Venere] imita le figure di Cinzia [la Luna]».

Keplero provò a decifrare sia questo balzano annuncio sia il precedente. E propose in entrambi i casi soluzioni sbagliate rispetto alle intenzioni di Galileo, che si rivelarono però fortunosamente corrette alla luce degli sviluppi successivi. La sua soluzione del primo anagramma fu: *salve umbistineum geminatum Martia proles*, «salve, o gemelli furiosi, figli di Marte», e anticipava la scoperta nel 1877 dei due satelliti di Marte (Phobos e Deimos).

La soluzione del secondo anagramma fu invece: *macula rufa in Iove est gyratur mathem etc.*, «c'è una macchia rossa su Giove che gira matematicamente», e anticipava altre due scoperte. Anzitutto, di una "macchia permanente" avvistata da Cassini nel 1665, e visibile fino al 1713. E poi, della Grande Macchia Rossa (ri)avvistata nell'Ottocento, e visibile ancor oggi.

Quanto alle fasi di Venere da lui osservate, Galileo rilevò in una lettera a Giuliano de' Medici del 1° gennaio 1611 che esse non erano tanto una scoperta, quanto un «veder col senso stesso quello di che non dubitava l'intelletto». In base alla teoria eliocentrica, infatti, tutti i pianeti girano intorno al Sole, e devono dunque comportarsi allo stesso modo in cui si comporta la Luna girando attorno alla Terra.

Sia Galileo che Keplero sapevano effettivamente vedere, con l'occhio della mente, ben al di là di quanto permettesse loro di vedere il cannocchiale con l'occhio del corpo. Nessuno dei due poté infatti recarsi sulla Luna di persona per intuire come si sarebbe vista la Terra di là. Ma entrambi descrissero comunque lo spettacolo nei loro libri, rispettivamente nella prima giornata del *Dialogo sopra i due massimi sistemi del mondo*, e nel romanzo di fantascienza *Sogno*.

I variopinti risultati della loro immaginazione, oggi confermati dalle testimonianze oculari e fotografiche degli astronauti, superano ogni sbiadita invenzione poetica. Da un lato, infatti, la Terra ha nel cielo della Luna fasi uguali e contrarie a quelle che la Luna ha nel cielo della Terra. Dall'altro lato, poiché la Luna mostra sempre la stessa faccia alla Terra, quest'ultima si può vedere soltanto dalla faccia a noi visibile della Luna. E, dove si vede, appare fissa nel cielo.

Il che significa che chi si trovi sulla faccia visibile della Luna in un periodo di Terra piena, può osservare «questo globo fatal», immobile nel cielo lunare, ruotare su se stesso nel corso di 24 ore. Una meravigliosa dimostrazione visiva del moto di rotazione terrestre, che potrebbe far esclamare a un autocosciente poeta lunare: «Che fai, tu, Terra, in ciel? dimmi, che fai, silenziosa Terra?».

I terrestri poeti dell'inconscio, invece, della Luna sanno soltanto una cosa: che c'è. Ma anche quelli dilettanti di astronomia non sanno molto di più. Infatti, persino il Leopardi, amante di Galileo, continuava a scrivere ignaro, nel 1819, che la Luna «da nessuno cader fu vista mai se non in sogno» (*Canti*, XXXVII, 28-29).

E invece, fin dal 1687 Isaac Newton aveva composto il verso: «la Luna cade continuamente verso la Terra» (*Principia*, III, 4). E aveva anche calcolato esattamente di quanto essa cade: fatte le debite proporzioni, esattamente della stessa quantità di cui cade una mela nello stesso tempo qui da noi.

Il che dimostra che c'è più poesia sparsa nei libri di scienza, di quanta ne possano raccogliere i letterati nelle loro antologie. E che non basta guardare e cantare il cielo, per vederlo e capirlo.

Il protetto di Namagiri
(RAMANUJAN)

Il 28 gennaio 1913 Godfrey Hardy, famoso professore trentaseienne di Cambridge, riceve una lettera del 16 gennaio di Srinivasa Ramanujan, oscuro contabile ventiseienne di Madras. L'indiano dice di non aver ricevuto un'educazione universitaria, ma acclude undici pagine contenenti centoventi strane formule, senza neppure una dimostrazione. Ad esempio, afferma che il calcolo della somma di 1 più 2 più 3 più 4, fino all'infinito, secondo lui farebbe «meno un dodicesimo».

Una lettera simile era già stata mandata al professor Hill di Londra un paio di mesi prima, e la sua prevedibile risposta era stata che «il signor Ramanujan è evidentemente un uomo dotato per la matematica, ma si è incamminato per una cattiva strada, altrimenti non avrebbe ottenuto i risultati sbagliati che mi ha mandato». In fondo, com'è possibile che sommando tutti gli interi positivi si ottenga come risultato un numero più piccolo di ciascuno di essi, per giunta negativo?

Sulle prime anche Hardy ha una reazione simile, e accantona la lettera. Ma durante la giornata, ripensando alle strane formule che essa contiene, si convince che queste devono essere comunque opera di qualcuno fuori del comune: un genio della matematica, se sono vere, e un genio della truffa, se sono inventate. Dopo cena le mostra al collega John Littlewood, e i due capiscono di trovarsi di fronte a un fenomeno naturale del livello di Eulero o Gauss. Cioè, dei massimi matematici della storia moderna.

Hardy risponde all'indiano l'8 febbraio, dicendogli che alcuni dei risultati che ha ricevuto sono già noti, altri sono solo curiosità, ma alcuni sembrano importanti, a condizione che siano stati dimostrati in maniera corretta. Ramanujan riscrive all'inglese il 27 febbraio, rifiutandosi di rivelargli i suoi metodi per paura di «essere immediatamente indirizzato al manicomio». Che provi lui a dimostrarli alla sua maniera, gli suggerisce, e se ci riesce si convincerà che sono veri.

Hardy e Littlewood decidono allora di far venire in Inghilterra il singolare matematico, per «dargli l'opportunità di sfruttare al meglio le sue doti», ma agli inizi incontrano la resistenza sua e di sua madre. I brahmini indù consideravano infatti un sacrilegio attraversare l'oceano, e i reduci da un simile viaggio diventavano intoccabili.

Ma dopo un sogno propizio del brahmino, nel quale egli riceve dalla dea Namagiri il comando di non opporsi al viaggio, le resistenze vengono superate. Hardy convince sia l'Università di Madras che quella di Cambridge a dare a Ramanujan una doppia borsa di studio, ed egli parte il 17 marzo 1914.

Un mese dopo arriva in Inghilterra, e inizia ad aprire la sua mente a Hardy. Si scopre così che non ha nessuna idea di cosa sia una dimostrazione, perché ha studiato soltanto su un manuale di formule, e i suoi risultati li ottiene in maniera inconscia. Un compagno di scuola ricorderà in seguito di averlo visto spesso alzarsi a metà della notte per scrivere le formule che aveva sognato. Lui stesso precisò che l'ispirazione onirica gli veniva dalla solita dea Namagiri. O che il dio Narasimha gli mostrava nel sonno dei rotoli, dei quali al risveglio egli riusciva a trascrivere soltanto una piccola parte.

Che fosse fuori del comune l'avevano già capito anche in India. Alle elementari, al maestro che aveva appena spiegato che se tre ragazzi si dividono tre banane, ne ottengono una ciascuno, lui aveva chiesto se il risultato era lo stesso anche se nessun ragazzo si divide nessuna banana. Alle superiori aveva vinto vari premi. E alla maturità aveva ricevuto una menzione speciale e una borsa di studio per l'università.

Non aveva passato il primo anno, però, perché studiava solo matematica e non si interessava delle altre materie. Dopo averci riprovato in un'altra università, con lo stesso risultato, era poi andato a lavorare. Anche perché doveva mantenere una moglie sposata nel 1909, quando lei aveva nove anni e lui ventidue.

Ma in Inghilterra il suo genio viene riconosciuto dai suoi pari. Per cinque anni Hardy cerca di incanalarne le energie libere, lo stimola a scrivere una ventina di lavori, gli fa ottenere una laurea nel 1916 e lo fa eleggere alla Royal Society nel 1918. Nel frattempo Ramanujan si consuma: anche per le sue fissazioni alimentari religiose, che presto lo portano a vivere di solo riso, condito con un po' di sale e succo di limone. Nel 1917 tenta il suicidio buttandosi sotto un treno, che riesce a fermarsi miracolosamente prima di investirlo. Nel 1918 gli viene diagnosticata la tubercolosi. Entra ed esce dai sanatori, e nel 1919 torna in India, dove muore l'anno dopo a trentadue anni.

Insomma, una vicenda veramente romanzesca, che è appunto il soggetto del romanzo *Il matematico indiano* di David Leavitt (Mondadori, 2008). Le sue seicento pagine, a dispetto del titolo, narrano però soprattutto la storia di Hardy e della Cambridge di inizio Novecento. E si soffermano a lungo, in particolare, sulle saghe dei Tripos e degli Apostoli. Cioè, dei famosi e perversi esami di ammissione all'università. E dell'altrettanto famosa e pseudosegreta società accademica, che poteva vantare tra i suoi membri personaggi del calibro di Bertrand Russell e John Maynard Keynes.

Purtroppo l'ambiente culturale nel quale Ramanujan viene catapultato nel suo quinquennio di collaborazione con Hardy è rappresentato in maniera quasi caricaturale da Leavitt, evidentemente più compiaciuto nell'esagerarne le banalità omosessuali che in grado di descriverne le complessità intellettuali. Come risultato i protagonisti e i comprimari, fra i quali si annoverano alcune delle migliori menti dell'Europa del tempo, da Ludwig Wittgenstein a David Herbert Lawrence, ci appaiono come uomini vuoti di quella pienezza che, invece, i loro libri testimoniano.

Lo squilibrio è più evidente proprio nel caso di Hardy e Ramanujan, che Leavitt sembra in grado di guardare come uomini, ma non di vedere come matematici. Che senso ha, ad esempio, scrivere decine e decine di pagine su un'immaginaria avventura omosessuale di Hardy con un uomo mai esistito? O su un'immaginaria infatuazione per Ramanujan di una donna veramente esistita? E non provare neppure a penetrare quella che in fondo è stata la loro vita reale, e cioè la loro matematica?

Ad esempio, non sarebbe stato più interessante intellettualmente, oltre che più fedele storicamente e più stimolante letterariamente, cercare di capire le motivazioni per cui Ramanujan pensava che 1 più 2 più 3 più 4, fino all'infinito, facesse appunto «meno un dodicesimo», invece di limitarsi a dire che «un enunciato del genere è pura follia»?

Perché non provare a spiegare, in parole semplici, come questo sia in realtà semplicemente un valore della funzione zeta, sulla quale Bernhard Riemann formulò nel 1859 un'ipotesi che ha preso il suo nome, e che oggi costituisce il più famoso problema aperto della matematica? E che proprio quel valore è responsabile del fatto che la versione originaria (bosonica) della teoria delle stringhe richiedeva che lo spazio-tempo avesse ventisei dimensioni (poi ridotte a dieci in versioni più recenti)?

La stessa cosa si può dire a proposito dell'episodio che Leavitt racconta alla fine del libro, quasi imbarazzato per dover ripetere quella che è forse la più famosa storia a proposito di Ramanujan. Un giorno, cioè, Hardy andò a trovarlo quand'era malato e gli disse di essere arrivato con un taxi dal numero poco interessante, il 1.729. Ma si sentì rispondere che invece era molto interessante, essendo il più piccolo numero che si può scrivere in due modi diversi come somma di due cubi: rispettivamente, di 10 e 9, o di 12 e 1.

Leavitt commenta soltanto: «Qualsiasi speculazione, di ordine matematico e non, su cosa ci fosse dietro questa risposta, la lascio a voi». Eppure, ancora una volta, sarebbe bastato non limitarsi a tenere in mano il manoscritto dei *Quaderni* di Ramanujan, come nelle note al fondo del libro lui dice di aver fatto, ma sfogliarlo per leggerci quella risposta e le sue motivazioni.

Il manoscritto dimostra, fra l'altro, che Ramanujan era certamente un uomo di ottima memoria, ma non era affatto l'*idiot savant* che appare nel romanzo di Leavitt e, più in generale, nell'iconografia corrente. In particolare, in quell'occasione non seppe rispondere su due piedi alla richiesta di Hardy di un numero che si possa scrivere in due modi diversi come somma di due quarte potenze (un esempio del quale era già stato dato da Eulero).

Naturalmente, un romanziere può scrivere cosa gli pare e descrivere più o meno fedelmente i personaggi che lo ispirano. Ma mentre diamo alla letteratura ciò che è della letteratura, non dimentichiamo di dare anche alla storia ciò che è della storia, e alla matematica ciò che è della matematica. Leggiamo, dunque, dapprima la biografia *L'uomo che vide l'infinito* di Robert Kanigel (Rizzoli, 2003). E poi, le dodici lezioni di Hardy su *Ramanujan*, del 1940. Solo così renderemo giustizia a quella che è stata definita la figura più romantica della storia recente della matematica.

Lettere e conversazioni logiche
(GÖDEL)

Per poter godere della musica, basta saper udire. Del cinema, saper vedere. Della letteratura, saper leggere. Della filosofia, saper pensare. Ma per la scienza e la matematica, i sensi e il cervello soggettivi non bastano: ci vuole anche molta conoscenza oggettiva, empirica e teorica.

Dunque, nel mercato culturale i divi della musica riempiono i palasport. Quelli del cinema, le sale cinematografiche. Quelli della letteratura, le classifiche dei libri. Quelli della filosofia, le pagine culturali dei giornali. Ma quelli della scienza e della matematica, non li conosce e non se li fila praticamente nessuno. Anzi, in quei campi non ci sono proprio per nulla i divi, se non in casi eccezionali e per i motivi sbagliati.

Per arginare almeno parzialmente questa singolare inversione qualitativa, anche i più grandi scienziati sono scesi talvolta a compromessi, scrivendo opere divulgative quali il *Dialogo sopra i due massimi sistemi del mondo* di Galileo, il *Sistema del mondo* di Newton, *L'origine delle specie* di Darwin, e *Il significato della relatività* di Einstein.

Ma non l'ha fatto Kurt Gödel, il più grande logico del Novecento e, insieme ad Aristotele, della storia. Le sue *Opere*, pubblicate in Italia da Bollati Boringhieri in tre volumi nel 1999, 2002 e 2006, non contengono compromessi divulgativi di alcun genere, e svelano i loro segreti solo al prezzo di un duro e duraturo sforzo intellettuale.

Nel 2009 è stata però pubblicata la corrispondenza di Gödel, in due volumi che completano la decennale impresa editoriale delle *Opere*. E in essi si possono trovare non solo i raffinati e istruttivi scambi con i grandi logici a lui contemporanei, da Jacques Herbrand e Alfred Tarski a Paul Cohen e Abraham Robinson. Ma anche, e finalmente, i tentativi che Gödel fece per descrivere a un uditorio meno specialistico i risultati che l'hanno reso famoso tra gli addetti ai lavori.

Ad esempio, nel 1970 egli riassunse a Yossef Balas l'idea della dimostrazione del suo più famoso teorema dicendo:

> La dimostrabilità si può definire facilmente, ma la verità non può essere espressa nel linguaggio: quindi, *vero* è diverso da *dimostrabile*.

Nel 1967 spiegò a David Plummer che quel teorema dimostra che

> il genere di ragionamento necessario in matematica non può essere reso del tutto meccanico.

E nel 1962 precisò a Leon Rappaport:

> Non ho dimostrato che vi sono problemi matematici indecidibili per la mente umana, ma solo che non vi è nessuna *macchina* (o *formalismo cieco*) che può decidere tutti i problemi. [...]
>
> E non segue che non vi sono dimostrazioni di coerenza *convincenti* per gli usuali formalismi matematici, ma solo che queste dimostrazioni devono utilizzare modi di ragionamento non contenuti in tali formalismi.

Naturalmente, tra la poesia di queste frasi e la prosa di un'esposizione divulgativa, ci corre parecchio. Il primo tentativo di spiegare i risultati di incompletezza a un pubblico colto fu *La prova di Gödel* di Ernest Nagel e James Newman (Bollati Boringhieri, 1974). E la corrispondenza del grande logico col primo autore, che pure era uno dei più importanti filosofi della scienza della sua epoca, è paradigmatica della tensione esistente fra gli scienziati professionisti e i divulgatori dilettanti.

Da un lato, infatti, Gödel pretende giustamente la correzione di «errori molto spiacevoli» nell'esposizione e invoca un diritto di veto sulla versione finale, scontrandosi contro la prosopopea di Nagel che «riconosce la sua grandezza, ma rifiuta di essere il suo schiavo». Dall'altro lato, e altrettanto giustamente, Gödel rivendica la proprietà intellettuale delle sue idee, e dunque metà dei diritti.

Come risultato, gli autori rinunciarono alla sua collaborazione. E il libro uscì senza i suoi articoli originali e i suoi proposti aggiornamenti, ma con gli errori altrui, che egli aveva inutilmente segnalato. Il che costituisce un esempio da manuale di come l'analisi marxista dello sfruttamento di chi lavora da parte di chi guadagna si applichi anche al mercato culturale, oltre che a quello industriale.

A proposito di industria, *La prova di Gödel* divenne il prototipo di una serie di libri dedicati ai suoi risultati, il cui prodotto più riuscito e fortunato fu *Gödel, Escher, Bach* di Douglas Hofstadter (Adelphi, 1984). La serie divenne poi tanto lunga, da far esclamare a qualcuno qualche tempo fa: «Non se ne può veramente più, di questo Gödel!».

Fortunatamente per lui, egli morì prima che il suo nome incominciasse a venir regolarmente nominato invano. Ma quand'era ancor vivo si premurò di fare il possibile per arginare l'alluvione che stava montando. Lo testimoniano due corpose parti della corrispondenza, a Jean van Heijenoort e Hao Wang. Il primo, ex segretario personale di Trockij negli anni '30, curò nel 1967 la classica antologia *Da Frege a Gödel.* E il secondo, filosofo e logico di origine cinese, pubblicò nel 1974 *Dalla matematica alla filosofia* (Bollati Boringhieri, 1984).

In entrambi i casi Gödel fornì precisazioni storiche, filosofiche e tecniche, che aiutano a comprendere meglio il suo lavoro e a inquadrarlo nella logica del Novecento. E dimostrò che non era affatto restìo a collaborare con chi fosse disposto a collaborare con lui «per la maggior gloria dello spirito umano», e non solo per la propria.

In particolare, negli ultimi anni della sua vita Wang divenne il suo confidente principale. E dopo la sua morte pubblicò *Riflessioni su Gödel*, nel 1987, e *Un percorso logico: da Gödel alla filosofia*, nel 1996. I due libri, oltre a costituire un doppio omaggio di Wang al maestro, riportano i resoconti delle conversazioni dei due logici sulla filosofia della matematica.

Purtroppo non sono state registrate, e si sono dunque perse nel vento, le conversazioni che Gödel ebbe invece per molti anni con Einstein a Princeton. Ma in una lettera del 1955 a Carl Seelig egli ci fa sapere che esse «riguardavano soprattutto la filosofia, la fisica e la politica». E aggiunge modestamente:

> Ho riflettuto spesso sui motivi per i quali Einstein provava piacere a parlare con me, e credo che una delle ragioni si debba ritrovare nel fatto che sovente ero di parere contrario, e non ne facevo mistero.

Nonostante eccezioni come quelle di Einstein e Wang, la corrispondenza di Gödel testimonia che era comunque nel suo carattere tirare la corda dei rapporti personali con abitudini snervanti. Ad esempio, aspettare mesi prima di rispondere alle lettere, dilazionare la consegna dei manoscritti, assillare gli editori con puntigliose questioni di dettaglio, promettere articoli o saggi e non consegnarli, e così via.

I due casi più eclatanti sono forse le sue mancate partecipazioni all'*Intuizionismo* di Arend Heyting, di cui doveva essere coautore, ma che uscì nel 1934 senza nemmeno una sua riga. E alla *Filosofia di Rudolf Carnap* curata da Paul Schilpp (Il Saggiatore, 1974), a cui doveva contribuire un saggio. Ne scrisse sei versioni in sei anni, due delle quali pubblicate postume nel terzo volume delle *Opere*. Ma poiché nessuna lo soddisfaceva, alla fine rinunciò a partecipare, dopo aver fatto inutilmente aspettare tutti.

In parte quest'ultima vicenda riflette la sua presa di distanza dal famoso Circolo di Vienna, a proposito del quale scrisse nel 1975 a Burke Grandjean:

> È vero che il mio interesse per i fondamenti della matematica fu stimolato da esso, ma non c'è niente di positivistico o di empiristico né nelle conseguenze filosofiche dei miei risultati, né nei princìpi euristici che mi ci hanno condotto. [...] Solo Kant ha avuto qualche influenza sul mio pensiero filosofico in generale.

Non stupisce, dunque, che la sua corrispondenza dimostri una certa freddezza, quando non un certo disdegno, per nomi oggi altisonanti quali Russell, Wittgenstein, Carnap e Popper. E contenga invece un lungo scambio con Gotthard Günther sulla formalizzazione logica della filosofia di Hegel.

Fra tutte le lettere, però, le più singolari sono quelle scritte alla madre sulla religione. A proposito della quale, egli dichiarò a Grandjean di «non appartenere ad alcuna congregazione». E di essere «teista ma non panteista, nel solco di Leibniz piuttosto che di Spinoza».

Alla madre non offrì ovviamente niente di formale e profondo, nello stile del suo libretto *La prova matematica dell'esistenza di Dio*. Piuttosto, solo osservazioni generiche sull'ordine razionale del mondo e sulla vita dopo la morte. Con la strana certezza che

> l'apprendimento avverrà in larga misura solo nel prossimo mondo, quando ricorderemo le nostre esperienze di questo e solo allora veramente le capiremo.

Detto altrimenti, Gödel sperava forse che il Paradiso potesse rimediare all'incompletezza da lui scoperta, e rivelargli finalmente i valori di verità delle proposizioni indecidibili.

Un Nobel al Festival di Sanremo (DULBECCO)

Il nome di Renato Dulbecco, il premio Nobel per la medicina scomparso il 20 febbraio 2012 all'età di novantasette anni, era noto al grande pubblico per due motivi apparentemente slegati dalla ricerca che gli aveva fatto vincere nel 1975 l'ambìto riconoscimento: l'apparizione al Festival di Sanremo del 1999, e la sponsorizzazione del referendum del 2005.

A Sanremo Dulbecco non c'era andato come cantante, ovviamente. Anche se di musica un po' se ne intendeva, avendo addirittura suonato il bongo insieme al mitico Richard Feynman, amico e collega di università e di Nobel. Non c'era andato neppure, forse meno ovviamente, come opinionista. Anche se, viste le sue conoscenze, di opinioni sensate ne avrebbe potute dare molte più di tanti altri.

Al Festival Dulbecco c'era andato, invece, come testimonial di una giusta causa: quella del Telethon per la raccolta di fondi a favore della ricerca sulla distrofia muscolare in particolare, e sulle malattie genetiche in generale. Una causa che continuò a difendere fino alla fine, come presidente onorario della commissione per l'assegnazione dei fondi raccolti.

Per il referendum del 2005, invece, Dulbecco era sceso in campo insieme all'altro storico premio Nobel per la medicina, Rita Levi Montalcini. Un'amica per la vita, con la quale aveva diviso l'ufficio a Torino dopo la guerra, e fatto il viaggio per l'America su uno stesso vapore polacco, di nome *Sovietsky*.

I due erano andati a lavorare in università non lontane, a Bloomington lui e Saint Louis lei, ed erano sempre rimasti in contatto e uniti anche in seguito. Anzi, si diceva che Dulbecco fosse stato segretamente innamorato della Montalcini: in un'intervista che le feci qualche anno fa lei stessa confermò l'esistenza della diceria, smentendone la veridicità.

Le voci di Dulbecco e della Montalcini si unirono pubblicamente un'ultima volta nella primavera del 2005, appunto, per invitare gli italiani ad andare a votare a favore dell'abrogazione di alcuni articoli della Legge 40 sulla procreazione assistita. Una legge promulgata dal secondo governo Berlusconi, che era il tipico prodotto di una visione clericale e antiscientifica delle biotecnologie, e che fu poi dichiarata anticostituzionale nel 2014.

L'anacronismo della legge fu dimostrato dal fatto che lo schieramento contrario alla sua abrogazione era guidato dal cardinal Ruini e dal neoeletto papa Benedetto XVI. L'Italia si trovò così divisa a scegliere, su una questione scientifica e medica, tra i fatti enumerati dai due premi Nobel per la medicina, e le opinioni espresse dai due prelati. E scelse di stare dalla parte di questi ultimi, a propria e nostra vergogna.

Un'altra battaglia, forse meno nota, ma non meno importante e di civiltà, Dulbecco l'aveva intrapresa il giorno stesso dell'annuncio della sua vittoria al Nobel. Lui non fumava ed era in contatto con il gruppo di Richard Peto, che aveva dimostrato che il tabacco produce il cancro al polmone. L'occasione dell'assegnazione di un premio Nobel per le ricerche sul cancro non poteva essere sprecata, e la conferenza stampa si tramutò in uno spot di "pubblicità progresso" contro le sigarette.

Molti anni dopo, ebbi l'occasione di chiedere a Dulbecco come mai negli Stati Uniti, mentre c'è il proibizionismo contro le droghe, anche leggere, il commercio del tabacco rimane libero. E lui rispose, candidamente: «Il tabacco lo producono gli Stati Uniti, le droghe no».

Prima di emigrare negli Stati Uniti e iniziare la sua carriera all'estero, Dulbecco aveva studiato a Torino alla scuola di Giuseppe Levi. Una scuola che produsse ben tre premi Nobel: oltre a Dulbecco, nel 1975, e alla Montalcini, nel 1986, anche Salvador Luria, nel 1969. Quest'ultimo era emigrato per primo, e aveva poi invitato Dulbecco nell'Indiana. Di lui, Luria disse semplicemente in seguito: «Il mio più grande contributo alla biologia è stato di avervi portato Dulbecco». Un'affermazione che, proveniente dalla bocca di uno dei padri della biologia molecolare, ha ovviamente il suo peso.

L'ufficio a Bloomington il giovane Dulbecco lo condivise con un ragazzo di nome James Watson, da lui in seguito ricordato come «molto pazzerello, ma intelligentissimo». Quel ragazzo scoprì poco dopo, nel 1953, la struttura a doppia elica del DNA insieme a Francis Crick, e sia la scoperta che gli scopritori divennero delle icone della scienza del Novecento.

Ed è stato proprio Watson a ricordare, in più occasioni, il ruolo avuto da Dulbecco in un altro dei risultati fondamentali della scienza del Novecento: il Progetto Genoma di sequenziazione del DNA umano, da lui proposto tra lo scetticismo generale nel 1985, e portato a termine tra lo stupore generale nel 2000, in soli quindici anni.

Quanto al motivo per cui Dulbecco prese il premio Nobel, lo raccontò lui stesso in un'intervista che gli feci nel 2002 per «Repubblica»:

È per le ricerche sul cancro, iniziate quando Peyton Rous dimostrò l'esistenza del primo virus cancerogeno, in uno studio sul sarcoma dei polli che gli valse il Nobel nel 1966. Due miei allievi, Harry Rubin e Howard Temin, studiarono una leucemia dei polli diversa dal sarcoma di Rous. Per spiegare come facesse il virus ad avere un'azione permanente nella cellula nella quale entra, venne fuori che ci doveva essere un'interazione tra i geni del virus e quelli della cellula.

Il problema era che il genoma del virus era di RNA, e non si capiva come potesse andare a finire nei geni di una cellula il cui genoma era di DNA: naturalmente, non si sapeva allora che c'era un enzima che permette di fare il passo indietro, dall'RNA al DNA. Allora io ho pensato di usare virus che avessero come genoma il DNA: ad esempio, quello appena scoperto del polioma, che causa il tumore nei topi, e anche l'SV40, che agisce su cellule umane. Alla fine siamo riusciti a dimostrare chiaramente che c'è questa interazione.

In quella stessa intervista Dulbecco ribadì la sua contrarietà alle posizioni religiose sulle cellule staminali e gli embrioni sovrannumerari, confermando di essere non soltanto un biologo scientificamente affermato, ma anche un intellettuale civilmente impegnato, di cui l'Italia sente molto la mancanza.

Evitare la gente noiosa (WATSON)

Il 28 febbraio 1953 James Watson e Francis Crick andarono a pranzo al The Eagle, nella Cambridge inglese, e il secondo annunciò ai commensali: «Oggi abbiamo scoperto il segreto della vita». O almeno, questo racconta il primo, che della loro scoperta è diventato lo storico ufficiale, con il suo già citato best seller *La doppia elica*. Un libro che fece scalpore quando uscì, nel 1968, per il modo diretto e franco con cui racconta la corsa alla determinazione della struttura del DNA, ed espone gli stimoli «umani, troppo umani» che la guidarono.

Watson poteva permettersi di parlar chiaro, essendo divenuto a soli ventiquattro anni uno dei due più famosi biologi del mondo, e avendo vinto a soli trentaquattro il premio Nobel per la medicina. In seguito lui e Crick, così come la struttura a doppia elica associata ai loro nomi, sarebbero stati elevati al rango di icone della scienza del secondo Novecento. E avrebbero goduto di una fama rivaleggiata soltanto da quella di Albert Einstein, e della formula $E = mc^2$, nel primo Novecento.

Dopo quel libro Watson ne scrisse vari altri, tutti stimolanti. Alcuni sono più tecnici e ponderosi, come i complementari *Biologia molecolare del gene* e *Biologia molecolare della cellula* (Zanichelli, 1972 e 1984), quest'ultimo addirittura con una copertina originale che fa il verso a quella di *Abbey Road* dei Beatles. Periodicamente aggiornati, essi rimangono i testi di riferimento per gli studenti di biologia di tutto il mondo.

Altri libri di Watson sono più divulgativi, come il meraviglioso *DNA. Il segreto della vita* (Adelphi, 2004), che celebra i cinquant'anni della scoperta della doppia elica raccontandone la storia e le applicazioni: dagli OGM in agricoltura, ai test del DNA in criminologia, alle terapie geniche in medicina.

Altri ancora sono più occasionali, come *Geni buoni, geni cattivi* (Garzanti, 2002), che raccoglie saggi e articoli sparsi sulle implicazioni etiche e sociali della biologia e dell'ingegneria genetica. Ma i suoi libri più popolari e frizzanti sono sicuramente quelli autobiografici, perché combinano scienza pubblica e vita privata in una mistura spesso provocatoria, che puntualmente ha irritato gli accademici e scandalizzato i benpensanti.

Di libri autobiografici, Watson ne ha scritti tre. Il già citato *La doppia elica*. La meno avvincente continuazione *I geni del genio* (Garzanti, 2003). E il conclusivo e provocatorio *Avoid*

Boring People, il cui titolo è un arguto gioco di parole che significa, allo stesso tempo, «Evita la gente noiosa» ed «Evita di annoiare la gente».

La doppia elica si snoda fra due frasi a effetto, in apertura e chiusura: «In vita mia non ho mai visto Francis Crick in vena di modestia», e «Avevo venticinque anni ed ero troppo vecchio, ormai, per permettermi di fare l'eccentrico». Ciò che sta in mezzo è un racconto quasi poliziesco della corsa alla doppia elica, attraverso la competizione tra Watson e Crick a Cambridge, Rosalind Franklin e Maurice Wilkins a Londra, e Linus Pauling a Pasadena.

Quest'ultimo, in seguito vincitore di ben due premi Nobel (nel 1954 per la chimica e nel 1962 per la pace), era il massimo chimico vivente, e dunque il naturale favorito. Quando scese in campo, propose però un modello a tripla elica, che non teneva nel debito conto i dati sperimentali a disposizione. I migliori di questi dati, nella forma di foto a raggi X ad alta risoluzione, li aveva ottenuti la Franklin, che a sua volta si era intestardita a ritenere prematura la costruzione di modelli a elica del DNA.

Gli errori dell'uno e le esitazioni dell'altra permisero a Watson e Crick di battere entrambi e arrivare per primi al traguardo. In che modo, lo racconta appunto il libro di Watson, che nella versione ampliata pubblicata nel trentennale della scoperta contiene anche i punti di vista di molti altri scienziati.

Quello di Crick, ad esempio, che confessa di aver pensato di rispondere a *La doppia elica*, che l'aveva innervosito, con *L'elica svitata*, che poteva iniziare così: «Jim è sempre stato maldestro con le mani, bastava guardarlo mentre sbucciava un'arancia». O quello di Pauling, che spiega col senno di poi perché avrebbe dovuto fare ciò che purtroppo non fece. Non c'è invece il resoconto della Franklin, che morì di cancro alle ovaie nel 1958, a soli trentasette anni, senza poter condividere il premio Nobel che andò invece a Wilkins, per le sue foto a raggi X.

È chiaro che, dopo aver ottenuto così giovane un risultato così fondamentale, dopo la primavera del 1953 Watson dovette capire che cosa fare della propria vita, scientifica e non. I tre anni seguenti non poterono che essere un *anticlimax*, e tali sono anche *I geni del genio* che li raccontano.

Il titolo originale, *Geni, ragazze e Gamow*, sottolinea che uno dei problemi di Watson fu trovare la compagna della vita. Una lunga serie di avventure sentimentali dell'uomo fa dunque da basso continuo alla simultanea ricerca di un nuovo obiettivo scientifico, su cui il ricercatore potesse convogliare le proprie energie da iperattivo. Energie che sono ancor oggi evidenti a chi ha l'avventura di passare anche una sola giornata con l'ultraottantenne scienziato, allietandosi nel suo ufficio per una conversazione attenta all'interlocutore, o preoccupandosi sulla sua Jaguar per una guida disattenta ai semafori.

Nel 1968, lo stesso anno che vide l'uscita del suo primo libro, Watson trovò l'anima gemella in una diciannovenne che aveva meno della metà dei suoi anni, con la quale rimane tuttora felicemente sposato. E trovò anche una nuova missione scientifica nella ricerca sul cancro al laboratorio di Cold Spring Harbor, che nei successivi quarant'anni diresse e presiedette. Come trovò l'una e l'altra, è l'argomento di *Avoid Boring People*, che racconta mezzo secolo di percorso dell'uomo e dello scienziato, e distilla in un centinaio di massime le lezioni che egli ha imparato strada facendo.

La prima fra tutte è, ovviamente, quella duplice del titolo. Egli l'ha accuratamente messa in pratica tutta la vita, frequentando gli esponenti più stimolanti e avvincenti della comunità intellettuale, ed elargendo a profusione idee brillanti e provocazioni intelligenti.

Scorrono così fra le pagine le figure più importanti della biologia dell'ultimo mezzo secolo, tutte doverosamente insignite prima o poi del premio Nobel. François Jacob e Jacques Monod nel 1965, per il meccanismo di regolazione genetica. Max Delbrück e Salvador Luria nel 1969, per lo studio dei batteriofagi. Renato Dulbecco nel 1975, per la ricerca sui virus tumorali. Walter Gilbert nel 1980, per l'invenzione di un metodo di sequenziazione del DNA. E tanti altri compagni di strada in biologia.

Ma anche tanti scienziati di molti campi diversi, compresi due veri miti. Il logico Alan Turing, inventore del computer. E il fisico Richard Feynman, genio mattacchione. Entrambi catturati in fasi diverse della loro vita dalla ricerca biologica, rispettivamente sulla morfogenesi e i fagi.

E addirittura artisti come Salvador Dalí, autore di un grande quadro intitolato *Galacidalacidesoxiribunucleicacid. Omaggio a Crick e Watson*. Dopo averlo visto, Watson volle conoscerne l'autore, e ci riuscì ammaliandolo con una richiesta appropriata: «La seconda persona più intelligente del mondo desidera incontrare la prima». Il quadro non l'ottenne, ovviamente. Ma nel suo ufficio oggi può esibirne con orgoglio uno studio preparatorio, con due piccole foto degli scienziati ritagliate da un giornale e una grande firma dell'artista, nelle dovute proporzioni.

Quanto alle provocazioni, Watson le ha lanciate nel corso di tutta la sua carriera, senza temere di essere politicamente scorretto. Il mancato appoggio all'uso del virus dell'encefalite equina venezuelana come arma chimica gli costò il posto fra i consiglieri scientifici della Casa Bianca nel 1964. E l'opposizione alla brevettazione dei geni, la direzione del Progetto Genoma nel 1992.

Appropriatamente, il libro finisce con una difesa di Lawrence Summers, rettore dell'Università di Harvard, costretto a dimettersi nel 2006 per la dichiarazione, «impopolare ma non infondata», che le donne sono meno atte alla matematica e alla scienza degli uomini.

La giustificazione di Watson, forse discutibile, ma certo non banale, è che la varianza delle donne sembra essere minore di quella degli uomini. Ad esempio, avere più autistici e schizofrenici a un estremo, sarebbe un prezzo che i maschi pagano per avere più geni all'altro. E il genio Watson sa di cosa parla, avendo appunto un figlio schizofrenico.

Naturalmente, non c'è bisogno di accettare tutto ciò che lui dice, per essere stimolati dai suoi libri o dalla sua compagnia. Basta condividere alcuni dei suoi motti. Ad esempio, «anche i più intelligenti possono dire stupidaggini». O «mai essere la persona più furba della brigata». O «meglio gli amici brillanti di quelli popolari». E, soprattutto, «evitare di annoiarsi e di annoiare»!

Un pensatore ribelle (DYSON)

Ogni secolo può vantare solo una manciata di persone come Freeman Dyson, dotate di un'intelligenza luciferina, una cultura enciclopedica, uno stile magistrale e un carattere provocatorio.

Questa miscela esplosiva può portare la stessa persona a vincere nel 2000 il premio Templeton, per i legami fra scienza e religione. Nel 1996 il premio Thomas Lewis, per lo scienziato-poeta. Nel 1981 il premio Wolf, per la fisica. E a mancare nel 1965 il premio Nobel, per la stessa materia, soltanto perché lo si assegna al massimo a tre persone. Lo vinsero dunque Richard Feynman, Julian Schwinger e Sin-Itiro Tomonaga, ma non lui, che a soli ventisei anni aveva dimostrato come i diagrammi del primo e gli operatori degli altri due descrivessero in realtà un'unica e identica teoria: la cosiddetta *elettrodinamica quantistica*, o QED.

Queste onorificenze potrebbero far pensare che Dyson sia un teologo, un letterato o un fisico, in libera uscita nelle altre due discipline. E invece è un matematico. Molto eclettico, naturalmente, all'insegna del motto di Terenzio: *humani nihil a me alienum*, «nulla di umano mi è alieno». E questo eclettismo gli ha permesso di pubblicare libri meravigliosi, in ciascuno dei quali risplendono appunto l'intelligenza, la cultura, lo stile e il carattere.

Nel corso degli anni Dyson ha dunque discusso di armamenti, in *Armi e speranza* (Bollati Boringhieri, 1984). Di teorie biologiche, in *Origini della vita* (Bollati Boringhieri, 1987). Di scienza futurista, in *Infinito in ogni direzione* (Rizzoli, 1989). E della propria vita, in *Turbare l'universo* (Bollati Boringhieri, 1984).

Il suo ultimo libro è *Lo scienziato come ribelle* (Longanesi, 2009). Ultimo, purtroppo, anche perché il quasi novantenne Dyson ha dichiarato che non ne scriverà più di nuovi. Ed è uno dei suoi più vari e affascinanti, in quanto raccoglie gli originali contributi per la «New York Review of Books». Che è un influente periodico culturale, svincolato dall'imposizione mediatica di recensioni immediate, brevi e superficiali. E dedito invece ad affrontare opere e idee in saggi meditati, corposi e approfonditi.

Il titolo del libro, autoreferenziale e ammiccante, descrive perfettamente il credo di Dyson nei confronti della scienza e degli scienziati. Secondo lui ciò che definisce l'una, e accomuna gli altri, è «la ribellione contro le restrizioni imposte dalla cultura localmente dominante, occidentale o orientale che sia». Naturalmente molti scienziati, per non dire la maggioranza di essi, accettano di «servire il popolo», o di asservirsi ad esso, ma questo libro non si cura di loro.

Gli eroi di Dyson sono altri. Ad esempio, l'immaginario professore del film *L'attimo fuggente*, che si scontra con i piani di studio e il preside della scuola. O il reale Lord James di Rusholme, dal quale l'autore da giovane imparò che «non c'è contraddizione fra uno spirito ribelle e un inflessibile perseguimento dell'eccellenza in una disciplina intellettuale rigorosa». In altre parole, e checché ne pensino i dandy del pensiero, la ribellione intellettuale e la competenza professionale possono benissimo andare d'accordo.

Come si può immaginare, gli schizzi biografici del libro si disinteressano degli scienziati che si sono piegati al potere religioso o politico, come il nolente Galileo o il volente John von Neumann. E si interessano invece delle personalità che hanno preferito l'eresia all'abiura, come Isaac Newton. O il pacifismo al collaborazionismo, come Norbert Wiener: egli stesso autore, non a caso, di un manifesto intitolato *Uno scienziato si ribella*.

Ma in alcuni schizzi Dyson non disdegna di affrontare la

complessità umana di colleghi ambigui, come Robert Oppenheimer o Edward Teller. Avendoli conosciuti bene di persona, egli è in grado di tratteggiarli nei colori della biografia, e non solo nel bianco e nero della mitologia.

Il ribelle dei ribelli, al quale va il tributo più emotivo e personale, è però sicuramente Richard Feynman. Il giovane Dyson lo descrisse ai genitori, in una lettera, come «mezzo genio e mezzo buffone». E l'anziano Dyson lo definisce, nel capitolo «Un uomo saggio», come «una volpe», contrapponendolo a «un istrice» alla Albert Einstein. Nel senso che

> le volpi conoscono molti trucchi e gli istrici uno solo, le volpi sono interessate a tutto e gli istrici a poche cose, le volpi corrono in superficie e gli istrici scavano in profondità.

Il Novecento ha visto molti scienziati geniali, ma solo Einstein e Feynman, e forse Stephen Hawking, sono diventati icone pubbliche. Secondo Dyson, perché

> per diventare un'icona non basta che uno scienziato sia un genio, deve anche essere un attore capace di lavorarsi il pubblico, di godere del suo tributo e di annullare la barriera che separa un genio dalla gente comune.

Ma un'icona deve anche saper trasmettere saggezza. E Dyson ritrova quella di Feynman in due libri. *Il senso delle cose* (Adelphi, 1998), che recensisce. E *Il piacere di scoprire* (Adelphi, 1999), nella prefazione per il quale confessa di «aver amato quell'uomo sfiorando l'idolatria».

Nel primo dei due libri Feynman vede, molto apertamente, «un conflitto tra la religione che impone agli studenti di credere senza discutere e l'etica della scienza che impone di mettere tutto in discussione». E ritiene che l'unica soluzione per la coesistenza pacifica sia una religione vaga e senza dogmi precisi: cioè, l'esatto contrario del cattolicesimo.

L'argomento è centrale anche per Dyson, che ha appunto vinto il premio Templeton per la scienza e la religione. Egli dedica a quest'ultima circa un quarto del suo libro. Concorda con l'affermazione del premio Nobel per la fisica Steven Weinberg che «i buoni fanno il bene e i cattivi il male, ma per far fare il male ai buoni ci vuole la religione». Aggiunge, però, che anche «per far fare il bene ai cattivi ci vuole la religione».

La sua opinione sul conflitto tra scienza e religione è netta: «La scienza tratta di cose, la teologia di parole. E le cose si comportano nello stesso modo dovunque, ma le parole no». Quanto ai miracoli, dimostra facilmente la cosiddetta *legge di Littlewood*: se definiamo come miracoloso un evento significativo che accade con frequenza inferiore a uno su un milione, allora a ogni persona normale accadono miracoli al ritmo di uno al mese. Una cifra da paragonare con i miracoli accaduti a Lourdes secondo la Chiesa, che sono stati meno di uno ogni due anni.

Gli argomenti ai quali abbiamo accennato, cioè la storia scientifica e la religione, non esauriscono comunque che una metà del suo densissimo libro. Un altro quarto è dedicato ai problemi di "guerra e pace", ed è la parte meno nuova, perché si limita a salvare il salvabile di *Armi e speranza*, ristampandone i pochi capitoli non resi obsoleti dal crollo dell'Unione Sovietica.

Sparse nel rimanente quarto del libro sono infine alcune delle pagine più stimolanti, in cui Dyson ci offre il meglio di sé. Per quanto riguarda le sue conoscenze non convenzionali, ci fa sapere di una lettera di Newton recentemente ritrovata, che mostra il suo influsso sul pensiero politico di Locke. O dell'altrettanto recente scoperta che nel Cambriano, quando ci fu l'omonima esplosione di forme viventi, l'asse di rotazione terrestre subì una rotazione di novanta gradi che scambiò l'equatore con un meridiano.

Per quanto riguarda invece le sue idee avveniristiche, egli sogna che l'ingegneria genetica riuscirà a produrre organismi artificiali in grado di fornirci materie prime ed eliminare i rifiuti: ad esempio, ostriche in grado di secernere perle d'oro estratte dall'acqua di mare, e animali progettati per digerire automobili usate. O che la vita nello spazio passerà da una cometa all'altra, finché avremo reso verde l'intera galassia con alberi riprogrammati per crescere senza atmosfera.

Lo scienziato come ribelle contiene molti altri argomenti affascinanti, e molte altre pagine memorabili. Ma, soprattutto, costituisce l'appassionata perorazione etica di uno dei grandi scienziati e dei grandi ribelli del Novecento. Un ribelle che ha il coraggio di osservare che

> il mercato giudica le tecnologie in base alla loro efficacia nel raggiungere lo scopo che si sono prefisse, ma il vero problema è chiedersi se tale scopo è degno di essere raggiunto.

E uno scienziato che ha l'ardire di affermare che

> la scienza è malvagia quando produce giocattoli per i ricchi, ed è buona quando supplisce alle necessità dei poveri.

Godiamo dunque della sua brillante intelligenza. Impariamo dalle sue profonde conoscenze. Apprezziamo le sue eloquenti parole. E accettiamo le sue stimolanti provocazioni. Non ci sono molte menti come la sua, né molti libri come i suoi.

Il corpo mistico dello scienziato
(HAWKING)

Una ventina d'anni fa, il premio Nobel per la fisica Steven Weinberg si trovò, in aereo, seduto vicino a uno sconosciuto che stava leggendo un libro. Gli domandò cosa ne pensasse, e la risposta fu:

«Oh, è meraviglioso: si capisce tutto». Al che il famoso fisico commentò: «Lei dice? Io già a pagina tre non ci capivo più niente».

Naturalmente esagerava, ma voleva sottolineare l'improbabilità del successo di quel libro, che con i suoi milioni di copie vendute in tutto il mondo era diventato il maggior best seller scientifico della storia. E, prima dell'avvento di Dan Brown, il libro più venduto degli ultimi anni. Si trattava di *Dal Big Bang ai buchi neri* di Stephen Hawking (Rizzoli, 1988), e doveva parte della sua popolarità all'argomento del titolo. Prima, infatti, di Big Bang e di buchi neri si era parlato poco, anche se dopo se ne sarebbe parlato fin troppo.

Il motivo principale del successo era però dovuto all'autore, un fisico affetto da sclerosi laterale amiotrofica. Questa rara malattia è causata dalla degenerazione progressiva dei motoneuroni, che controllano il movimento volontario dei muscoli, e in genere porta alla morte in pochi anni. Quando gliela diagnosticarono nel 1963, Hawking aveva ventun anni, e i medici gli dissero che sarebbe morto entro due o tre. Ma il suo caso dimostra che una piccola percentuale dei malati può sopravvivere a lungo, e il decorso di Hawking è sicuramente uno dei più lunghi e meglio studiati.

Già durante la stesura del suo libro, nel 1985, lo scienziato aveva subìto una tracheotomia e perso la possibilità di parlare. Ma non di comunicare, grazie a un sofisticato marchingegno dotato di un sintetizzatore computerizzato che da allora gli permette di scrivere e articolare suoni artificiali, oltre che di continuare ad apparire in pubblico.

Il 29 aprile 2010 ho avuto la fortuna di incontrarlo a Londra, in occasione della presentazione del programma televisivo di Discovery Channel *L'universo di Stephen Hawking*. La serata è stata memorabile, e ha coniugato la garrula mondanità della prima di un film alla maestosa solennità di un'udienza pontificia.

L'evento si è svolto nella sede della Royal Society, la più prestigiosa accademia scientifica inglese. I dipinti appesi alle pareti, e le teche con i documenti in mostra, testimoniavano la sua lunga e gloriosa storia. All'entrata una lettera di Leibniz del 1693 e una copia del registro degli ospiti, grondante firme reali, ricordavano l'internazionalità della Società e l'ufficialità della sua istituzione. Dalle pareti, una serie interminabile di ritratti testimoniavano il sommo livello dei suoi membri: Isaac Newton, Michael Faraday, Charles Darwin, Ernest Rutherford, Francis Crick...

E, naturalmente, Stephen Hawking. Anche se non bisogna fare l'errore di scambiare la sua notorietà mediatica con il suo valore scientifico. Hawking è sicuramente un ottimo fisico, come dimostra appunto il fatto che sia diventato Fellow della Royal Society, insieme a circa 1.500 altri scienziati viventi. Ma non è assolutamente «l'erede di Galileo, Newton e Einstein», come proclamano sistematicamente le quarte di copertina dei suoi libri. E tanto meno è «il più grande fisico di tutti i tempi», come sta scritto nel retro di *L'universo in un guscio di noce* (Mondadori, 2002).

Fortunatamente, Discovery Channel si limitò a presentarlo come «il più famoso scienziato vivente», cosa che probabilmente è, e ad usarne il nome per una serie di tre trasmissioni televisive sull'Universo. Si trattava di una produzione che aveva richiesto tre anni di lavoro, era costata molti milioni di euro, e affrontava tre dei cavalli di battaglia di Hawking: gli alieni, il viaggio nel tempo e la storia dell'Universo. Questi temi compaiono in tutti i suoi lavori divulgativi, e costituiscono variazioni del suo primo grande successo, che nell'originale inglese si intitolava appunto *A Brief History of Time*, «Una breve storia del tempo».

Come abbiamo ricordato, durante la stesura di questo libro Hawking perse l'uso della parola, e progressivamente anche della mobilità. Oggi è ancorato alla sua tecnologica sedia a rotelle, provvista di uno schermo di computer al quale egli impartisce comandi con millimetrici spostamenti delle guance e degli occhi. Solo lo sguardo è mobile e vivace, e un dolce sorriso a volte rischiara il suo volto. Il resto del suo corpo è completamente paralizzato e immobile. Ma il suo cervello è vivo e attivo, benché imprigionato. E può rispondere alle domande, benché con un ritardo di lunghi e silenziosi minuti.

In queste condizioni Hawking può pensare, ma la sua capacità di lavoro è gravemente limitata. Non stupisce, dunque, che la maggior parte della sua produzione consista di un *more of the same* del suo primo libro del 1988, in massima parte a cura di altri. Così, nel 1996 ne è uscita una versione illustrata. Nel 1998, una nuova edizione nel decennale della pubblicazione. Nel 2001, il rifacimento citato sopra. E nel 2005, una versione abbreviata dell'originale. Negli ultimi anni sono pure apparsi un paio di libri per ragazzi, nello stile di "*Harry Potter* ma senza magia", scritti "insieme" alla figlia Lucy.

Hawking è un tipo curioso e disposto a giocare, per quanto le sue condizioni glielo permettono. Ad esempio, nel 1993 è apparso come ologramma di se stesso in una puntata di *Star Trek*. In seguito, è diventato un personaggio dei *Simpsons*. Nel 2007 ha volato su un Vomit Comet privato, diventando così il primo tetraplegico a sperimentare gli effetti della mancanza di gravità. E nello stesso anno ha condotto fuori schermo la serie *Maestri della fantascienza* per la ABC.

Ma, soprattutto, Hawking è disponibile a usare il proprio nome come marchio per le iniziative televisive e cinematografiche più disparate, l'ultima delle quali è per ora l'agiografico polpettone del 2014 *La teoria del tutto*.

Alla serata di presentazione della serie di Discovery Channel il produttore esecutivo John Smithson ha ricordato che, quando andò a presentare l'idea della trasmissione allo scienziato, la risposta richiese molti lunghi minuti di elaborazione. E poi, finalmente, la voce del computer dichiarò: «Mi piace, a patto che non mi facciate la faccia gialla come nei *Simpsons*». Anche quella sera la replica di Hawking tardò molto ad arrivare, nel religioso silenzio del pubblico, e fu: «Ho parlato spesso della vita degli alieni, ma è la prima volta che vedo cosa volevo dire».

La prima puntata della trasmissione era infatti dedicata agli alieni: dunque, più alla fantascienza che alla scienza. Così come anche la seconda, dedicata al viaggio nel tempo. In entrambi i casi la realizzazione grafica computerizzata era elaborata e attraente, ma il contenuto scientifico quasi inesistente. Quanto alla fantasia, quella di Hawking sembra ferma a film un po' démodé, come *E.T. L'extra-terrestre* e *Star Trek*.

In particolare, la sua visione degli alieni è quanto di meno alieno si possa immaginare, e si presta alla critica che quasi sempre si può fare a questo genere di immaginazioni. Cioè, che basta sapere un po' di biologia, per accorgersi che già sulla Terra ci sono innumerevoli specie vegetali e animali molto più "aliene" di quanto si sogni la fantascienza. Un buon documentario sulla vita terrestre, ad esempio lo spettacolare *Pianeta Terra*, narrato da David Attenborough e prodotto dalla BBC nel 2006, va enormemente più in là. Per dirla col Primo Levi del *Dialogo* con Tullio Regge: «La fantascienza è in genere povera fantasia e cattiva scienza, e la vera fantascienza oggi è la scienza».

Forse, da uno scienziato ci si sarebbe potuto aspettare di più dell'affermazione che gli alieni dovrebbero avere due gambe, degli occhi e una bocca. E che sarebbe meglio evitarli, perché un incontro ravvicinato del terzo tipo produrrebbe probabilmente gli stessi effetti della scoperta dell'America da parte di Colombo, con noi nella parte dei nativi americani.

Così come ci si sarebbe potuto aspettare qualcosa di più sui viaggi interstellari, oltre alle solite astronavi a propulsione nucleare, in partenza per la colonizzazione dell'intera galassia. Un'idea, questa, portata a conseguenze molto più estreme da Frank Tipler nella *Fisica dell'immortalità* (Mondadori, 1995).

Ma se ci si rivolge a una rock star della scienza, come Hawking è stato giustamente definito da Smithson, poi si deve ascoltare la musica della sua chitarra. Solo nel terzo episodio, dedicato alla vita e morte dell'Universo, il rock della fantascienza cede il passo alla musica da camera della scienza, per narrare un'ennesima volta la storia del primo libro di Hawking, *Dal Big Bang ai buchi neri*.

Egli realizza così un ritorno a un passato ormai remoto, quando la sua mente non era ancora completamente prigioniera del suo corpo. E quando lui non era ancora diventato l'icona mistica e mediatica della fisica moderna, in grado di far accorrere alla presentazione di un suo programma televisivo, alla Royal Society, cinquecento invitati venuti da tutto il mondo, desiderosi soprattutto di vederlo e toccarlo, come un santone o una reliquia.

Matti da legare
(NASH & CO.)

Uno degli stereotipi più diffusi sugli scienziati è che siano un po' fuori di testa. Al massimo, si discute se sono matti perché fanno gli scienziati, o se fanno gli scienziati perché sono matti. Ma, in un caso e nell'altro, si accetta come un fatto assodato che la scienza e la pazzia siano legate a filo doppio e costituiscano un binomio inscindibile.

Questo stereotipo è uno dei tanti effetti perversi del romanticismo, che ha efficacemente propagandato una visione distorta del ricercatore e della ricerca. Anche oggi film come *Il dottor Stranamore* di Stanley Kubrick o *Ritorno al futuro* di Robert Zemeckis hanno pervicacemente presentato lo scienziato come uno svitato senza scrupoli, in preda a un delirio di potenza che lo spinge a imprese insensate e pericolose, che inevitabilmente finiranno di scappargli di mano e dal laboratorio.

Questo stereotipo si basa su un doppio fraintendimento. Anzitutto, si scambia per un sintomo clinico la distrazione dello scienziato nei confronti delle banalità quotidiane, che è soltanto la conseguenza della sua totale concentrazione su difficili problemi. E poi, si scambia per un disadattamento sociale il non conformismo dello scienziato nei confronti dei riti condivisi, che a sua volta è soltanto il prolungamento alle sere e ai weekend dell'abitudine lavorativa all'uso della logica. In sintesi, lo scienziato viene percepito come un matto semplicemente perché non lavora solo in orario d'ufficio, e non usa la ragione solo a ore o a giorni alterni.

Ciò detto, è ovvio che anche tra gli scienziati, come negli altri gruppi sociali, si possono trovare soggetti da internare, e qualcuno a volte in manicomio c'è finito per davvero. Di esempi se ne trovano addirittura nell'albo d'oro dei premi Nobel, benché in numero così esiguo, da poterli contare sulle dita delle mani: a dimostrazione del fatto che, almeno nella grande scienza, la pazzia è più l'eccezione che la regola.

Oggi l'esempio di scienziato pazzo più noto al pubblico è John Nash, perché la sua vita è stata raccontata, e ovviamente distorta, da un film di grande successo: *A Beautiful Mind* di Ron Howard, interpretato da Russell Crowe e vincitore di quattro premi Oscar.

Dopo aver avuto un inizio di carriera folgorante negli anni '50, e aver ottenuto alcuni risultati fondamentali della teoria dei giochi e dell'analisi matematica, negli anni '60 Nash cadde preda di una grave forma di schizofrenia, che lo portò a vari internamenti in cliniche psichiatriche. Negli anni '70 era ormai ridotto a un barbone disoccupato, che si aggirava come un fantasma tra gli edifici dell'Università di Princeton. Ma negli anni '80 ebbe un'inspiegabile e graduale remissione dalla malattia, e nel 1994 vinse il premio Nobel per l'*economia* per le sue ricerche giovanili.

Nash, che di certe cose se ne intende, mi ha detto una volta che «non è un buon segno che uno pensi e dica di sentire voci». Dunque, non dev'essere un buon segno ciò che Kary Mullis, premio Nobel per la *chimica* nel 1993, pensa e dice nella sua autobiografia sul sito della Fondazione Nobel, e nel suo libro *Ballando nudi nel campo della mente* (Baldini e Castoldi, 2000).

Quest'ultimo lo mostra sulla copertina in tuta da surf e

con due conchiglie sugli occhi, narra di incontri con alieni, esperienze con droghe e viaggi astrali, e spazia dall'astrologia alla parapsicologia. Io stesso ho avuto l'occasione di incontrare Mullis un paio di volte, e di sentirlo ad esempio negare il legame tra il virus HIV e l'AIDS, o affermare l'immediata urgenza di un ombrello nucleare contro gli asteroidi giganti in arrivo dallo spazio.

Per i suoi pensieri in libertà, che sembrano spesso provenire da una mente coatta, Mullis è considerato "un imbarazzo" dalla comunità scientifica. Un dubbio onore, che condivide con Brian Josephson, premio Nobel per la *fisica* nel 1973 a soli trentatré anni, per la scoperta del famoso "effetto tunnel", fatta ben undici anni prima.

Subito dopo questa scoperta, però, il genio precoce ebbe un esaurimento nervoso, che ne minò la stabilità mentale. Da allora è divenuto una specie di paladino e difensore d'ufficio delle cause perse della scienza: la fusione fredda, la memoria dell'acqua, la telepatia, il misticismo. E la sua homepage sul sito del Laboratorio Cavendish dell'Università di Cambridge è un delirante tazebao che vale la pena di visitare, per stupirsene e meravigliarsene.

Josephson è la versione fin de siècle di altri due premi Nobel inglesi per la fisica: Lord Rayleigh e Joseph Thomson, rispettivamente scopritori dell'argon e dell'elettrone, e vincitori nel 1904 e 1906. Entrambi si schierarono nel 1876 dalla parte del medium statunitense Henry Slade nel processo per truffa intentato contro di lui da vari scienziati, esasperati dai tentativi di ammantare di scientificità le sedute spiritiche.

Il più acceso sostenitore dello spiritismo fu però William Crookes, scopritore del tallio e inventore del tubo a raggi catodici, che testimoniò di aver assistito all'evocazione dello spirito della figlia del pirata Henry Morgan, di averla fotografata e di essersene innamorato. Naturalmente, fu sommerso dal ridicolo, quando venne arrestata una signora che assomigliava come una goccia d'acqua alle foto della piratessa.

Dagli spiriti profani alle apparizioni sacre il cammino è breve. Lo percorse Alexis Carrel nel suo *Viaggio a Lourdes* del 1903, in cui sostiene di aver assistito alla guarigione miracolosa di una signora. Nel 1910 Carrel tornò sul luogo del delitto e assistette a un'altra guarigione miracolosa, questa volta di un bambino.

In realtà, il vero miracolato fu lui, perché lo scandalo provocato dalle sue dichiarazioni lo costrinse a emigrare dalla Francia al Canada, dove per un po' si dedicò all'agricoltura e all'allevamento. Ricevette poi un'offerta dall'Istituto Rockefeller di New York, dove sviluppò le tecniche chirurgiche che lo condussero al premio Nobel per la *medicina* nel 1912. In seguito divenne un acceso sostenitore dell'eugenetica, che difese in teoria nel libro *L'uomo, questo sconosciuto*, e implementò in pratica da una posizione di potere durante il regime filonazista di Vichy. Il suo collaborazionismo lo portò alla sbarra dopo la fine della guerra, ma morì prima del processo.

A proposito di scienza distorta, però, il caso più imbarazzante è sicuramente quello di Egas Moniz, premio Nobel per la medicina nel 1949 per aver scoperto «il valore terapeutico della lobotomia in certe psicosi»: cioè, una tortura da "medici del lager", più che una cura. Da affiancare, in questo, ai coma insulinici indotti nei malati mentali, di cui fu vittima lo stesso Nash.

Il premio a Moniz è un caso più unico che raro di assegnazione dell'ambìto riconoscimento per ricerche scientifiche che si sono in seguito rivelate imbarazzanti. Da alcuni anni il sito della Fondazione Nobel contiene un articolo di discussioni sul caso, intitolato *Una psicochirurgia controversa ha portato a un premio Nobel.* Ci sono anche stati appelli per radiare retroattivamente Moniz dall'albo d'oro, finora rimasti senza risposta. Anzi, l'articolo citato afferma che le sue ricerche rientravano nello «spirito dei tempi», e che egli meritava il premio anche indipendentemente dalla lobotomia.

Questa è dunque, più o meno, la lista dei premi Nobel

"matti da legare", a cui si potrebbe magari aggiungere qualche altro nome borderline. Ad esempio, quello di Luc Montagnier, premio Nobel francese per la medicina nel 2008, per la scoperta del virus HIV contestato da Mullis. Montagnier di recente si è affiancato proprio a Mullis nel propagandare la «scienza patologica» dell'omeopatia, e al proprio connazionale Carrel nell'affermare che «nei miracoli di Lourdes c'è qualcosa di inspiegabile».

Ma l'aspetto più interessante di questa esigua lista è che essa dimostra come gli unici scienziati veramente matti siano, in fondo, quelli che la pensano come la gente comune sugli argomenti più svariati e sciocchi: gli alieni, i viaggi astrali, l'astrologia, la parapsicologia, la telepatia, l'omeopatia, il misticismo, gli spiriti, i miracoli, e le tante altre amenità che dilettano rotocalchi e talk show. A questo punto, dunque, la domanda su chi siano i veri matti è d'obbligo, ma la risposta sta già nella domanda.

Il gran ballo dei Nobel
(LINDAU)

Una persona normale, non eccezionalmente dotata, ha molti modi per infliggersi del male da sola. Se vuole sentirsi brutta e sgraziata, può andare alle sfilate di moda e contemplare modelle veneree e modelli apollinei. Se vuole sentirsi goffa e impedita, può assistere ai campionati del proprio sport o gioco preferito, e osservare i fuoriclasse in azione. E se vuole sentirsi ignorante e deficiente, in senso letterale, può recarsi a Lindau tra giugno e luglio, e ascoltare i premi Nobel che vi affluiscono a frotte ogni anno.

Dal 1951, infatti, in questa deliziosa cittadina tedesca, situata sull'altrettanto delizioso lago di Costanza, nel punto in cui convergono Germania, Austria e Svizzera, si tengono dei meeting caratterizzati, appunto, da un'inusuale concentrazione di premi Nobel. Tutto nacque nel 1950, quando due medici locali pensarono di organizzare un convegno "con qualche grosso nome", per rompere l'isolamento in cui la regione ancora stagnava dopo la guerra.

I due chiesero una sponsorizzazione al conte Lennart Bernadotte, che sul lago possedeva addirittura un'isola, ma questi fece di meglio. E poté farlo perché era imparentato con la famiglia reale svedese. Anzi, suo nonno era il re Gustavo V, che esattamente cinquant'anni prima aveva personalmente consegnato i primi Nobel della storia. Il conte non ebbe dunque difficoltà a contattare il comitato di Stoccolma, e nel 1951 sette vincitori del premio per la medicina parlarono di fronte a quattrocento medici locali.

Visto il successo dell'iniziativa, Bernadotte decise che si poteva continuare, alternando ogni anno convegni nelle tre discipline scientifiche premiate con il Nobel: fisica, chimica e medicina. L'altra caratteristica dei meeting, e cioè l'inusuale apertura agli studenti, fu introdotta poco dopo, nell'incontro del 1953 dedicato alla fisica.

In seguito l'appuntamento a Lindau divenne una tappa obbligata per i vincitori vecchi e nuovi del più prestigioso premio del mondo. E la lista dei partecipanti ai meeting sul lago è ormai diventata indistinguibile dall'indice dei nomi di un'ipotetica storia della scienza contemporanea.

Nel 2000, per il cinquantesimo anniversario della manifestazione, ci fu il primo convegno interdisciplinare: quella volta i Nobel non furono "solo" una dozzina, come di norma negli anni precedenti, ma alcune decine, in tutte e tre le materie. Un secondo meeting dello stesso genere fu tenuto nel 2005. Il terzo, del 2010, ha naturalmente battuto tutti i record: 59 premi Nobel provenienti da 12 Paesi, e 675 laureandi, dottorandi e dottorati arrivati da 68 nazioni.

La parte del leone la fanno naturalmente gli Stati Uniti, ma molti altri paesi partecipano nelle maniere più svariate. Cioè, attraverso i loro centri di ricerca, le loro accademie e i loro ministeri scientifici. Ministeri che naturalmente bisogna avere, come li hanno dall'Austria al Giappone, prima di poterli far partecipare.

I giovani uditori hanno dovuto superare una dura selezione. Per poter far domanda, dovevano appartenere al 10% superiore delle proprie classi, avere il "supporto inequivocabile" del relatore di tesi o di qualche pezzo da novanta scientifico, e non esser mai stati a precedenti edizioni dei meeting.

Si può immaginare che, tra le decine di migliaia che hanno fatto domanda, abbiano potuto rimanere esclusi anche dei bei cervelli. Il caso più eclatante del passato è Klaus von Klitzing, che si diverte a raccontare di essere stato rifiutato da studente, e aver dovuto aspettare di vincere il Nobel per essere invitato.

Dunque, una persona normale a Lindau si sente una nullità non soltanto nei confronti degli attempati luminari con una folgorante carriera alle spalle, ma anche dei baldanzosi giovani con un radioso futuro scientifico di fronte a sé. L'unica consolazione è che lì nessuno fa il galletto, nemmeno i Nobel. I quali, per una volta, non si trovano sotto i riflettori alla stregua di star solitarie o isolate, come in genere avviene. Bensì sono circondati da propri simili, che non solo non possono permettersi di guardare dall'alto in basso, ma dai quali a volte sono addirittura snobbati!

Anche fra i Nobel, infatti, ci sono graduatorie. Ad esempio, fra chi ha fatto scoperte memorabili di interesse generale, alle quali ha legato il proprio nome, e chi ha risolto problemi tecnici, che solo gli addetti ai lavori conoscono. Fra chi il premio l'ha preso da solo, o giovanissimo, e chi invece l'ha dovuto condividere con altri, o l'ha ricevuto in tarda età. Fra chi è uno specialista, che sa "soltanto" fare il proprio lavoro, e chi è un eclettico, che avrebbe brillato in qualunque campo. Ad esempio, il chimico Manfred Eigen, che è pure un pianista da concerto. O Robert

Horvitz, che prima di diventare biologo si era laureato sia in matematica sia in economia.

Per tutti questi motivi, a Lindau anche i Nobel si siedono modestamente fra gli studenti a sentire i colleghi, e non solo quelli della propria materia. Ovviamente, ne vale la pena! Soprattutto la mattina, quando una serie di conferenze plenarie fa il punto della situazione in fisica, chimica, biologia e medicina. A partire dalle ricerche premiate l'anno precedente, i cui titolari si godono fino a dicembre la felice qualifica di "vincitori in carica".

Mentre la mattina è dedicata a una serie lineare di lezioni, indirizzate a tutti gli uditori di buona volontà, il pomeriggio si ramifica in molte sessioni parallele, riservate a pochi apprendisti di ottima qualità. Ciascuno fa la sua scelta, sulla base della curiosità e dell'interesse, e ce n'è veramente per tutti i gusti.

Sempre nel pomeriggio, oltre alle varie sessioni specialistiche, si tengono anche tavole rotonde con una mezza dozzina di cervelloni, di nuovo sugli argomenti più disparati, ma di più ampio respiro.

Come si può immaginare, dopo giornate così intense, la sera c'è bisogno di un po' di svago. Il che non esenta dall'ascoltare un paio di discorsetti da parte di qualche ministro o della contessina Bettina. Quest'ultima è subentrata nel 2008 alla contessa Sonja, che nel 1987 era subentrata al conte Lennart, perché anche i nobili mecenati che frequentano i Nobel invecchiano e muoiono.

Ma poiché da giovani ballano, la contessina e suo fratello aprono le danze dopo la cena di apertura. Alla quale ogni Nobel siede a un tavolo separato, attorniato dagli studenti che hanno liberamente scelto di sedersi vicino al loro preferito, in base al principio del "primo arrivato, meglio accomodato".

Alla fine delle portate e dei discorsetti, ai lati del salone si formano due lunghe code. Da una parte gli studenti, ciascuno munito di una rosa, e dall'altra le studentesse. Mentre l'orchestra suona una polacca, le code si uniscono ordinatamente, formando accoppiamenti a catena. Visto il background scientifico degli studenti, molti ci vedranno una metafora del meccanismo di replicazione del DNA. E una buona parte certo spererà di concludere fisicamente, chimicamente o biologicamente la serata col proprio complemento.

Ma c'è da scommettere che almeno qualcuno sognerà di poter ballare un giorno un altro gran ballo. Sempre circondato da premi Nobel, ma non più d'estate col sole a Lindau, bensì d'inverno con la neve a Stoccolma.

SCIENZA

Che ci riserva il domani?
(PREVISIONI)

Benché così ce l'abbiano raccontata, non può certo essere stato uno scienziato maya a prevedere che la fine del mondo sarebbe dovuta arrivare il 21 dicembre 2012.

Anzitutto, perché i Maya non usavano i nostri sistemi numerico e astronomico, e per loro il 20.12.2012 era un giorno come gli altri. La scelta di questa data per l'ultimo giorno completo della storia, prima del cataclisma finale, puzza invece fin troppo apertamente di fumo numerologico nostrano.

Ma, soprattutto, perché gli ottimi astronomi maya, che sapevano benissimo prevedere per davvero una varietà di fenomeni celesti, non avrebbero certo abboccato a gossip parascientifici da strapazzo. Che invece sono stati inventati, diffusi e alimentati dai media occidentali, a beneficio del loro stordito pubblico.

Questa sciocca farsa è però almeno servita a smascherare la confusione mentale che alberga nelle teste di coloro che vivono in un mondo dominato dalla tecnologia e dalla scienza, ma rimangono in balìa dell'ignoranza e della superstizione più tribali. Sfoggiare aggeggi elettronici e usarli per seguire quel genere di "notizie" è infatti l'analogo moderno dell'appendersi orgogliosi una sveglia al collo, come facevano appunto i "selvaggi" di una volta.

Qualcuno sostiene che il voler prevedere tutto, compresa la fine del mondo, sia in fondo il sottoprodotto di un atteggiamento scientifico. La colpa sarebbe della scienza, cioè, perché ci avrebbe abituati a pensare che il futuro ormai non abbia più segreti, e che il domani e il dopodomani siano conoscibili già oggi.

Ma le cose non stanno affatto così, per due motivi. Il primo ce lo insegna la storia, ed è che già nell'antichità prescientifica convivevano contrapposti lo spirito apollineo della ragione e quello dionisiaco degli istinti, come li chiamò Nietzsche nella *Nascita della tragedia*. E basta leggere *I Greci e l'irrazionale* di Eric Dodds per venire a conoscere questa faccia dionisiaca, sovraffollata non solo di dèi e demoni, ma anche di sacerdoti, oracoli, sibille e vati. Tutta gente un po' fuori di testa, che di maldestre profezie e divinazioni faceva già allora un business analogo a quello odierno.

Al poeta Coleridge è bastata una frase delle *Conversazioni a tavola*, invece di un intero libro, per descrivere concisamente il 2 luglio 1830 la stessa cosa: cioè, che gli uomini nascono platonici o aristotelici. Ovviamente, i secondi se la ridevano già allora dei miti ai quali abboccavano i primi, a partire dal *dáimōn* socratico. E, naturalmente, continuano a ridersela anche oggi, incapaci di capire come qualcuno possa credere alle *pulp fiction* divinatorie, antiche e moderne.

Sarebbe però ingiusto addossare tutte le colpe solo all'anima nera, dionisiaca o platonica, dell'antica Grecia. La tradizione religiosa giudaico-cristiana ha infatti contribuito, anche più pesantemente, a creare una mentalità irrazionale e antiscientifica. E ha popolato densamente la propria mitologia di profeti, predicatori e veggenti, tutti indaffarati a scrutare negli abissi della propria mente il futuro prossimo e remoto della vita, per non parlare di quello *post mortem*.

È a questa doppia tradizione che bisogna rifarsi per spiegare, senza giustificare, la galassia di previsioni fasulle, sacre e profane, che continuano a imperversare nella società tecnologica. Una galassia a cui i media attingono, riportando "seriamente" le sedicenti profezie di santi, visionari, cartomanti, astrologi, maghi e guaritori. E una galassia che il pubblico frequenta, oltre a giocare "seriamente" con trappole divinatorie mungisoldi quali i casinò, il Totocalcio, il Lotto, le lotterie o i gratta-e-vinci.

Niente di tutto questo ha a che fare con l'indagine scientifica del futuro, la cui vera natura è il secondo motivo per cui la scienza non è responsabile, nemmeno indirettamente, delle pratiche che abbiamo appena enumerato. Le previsioni scientifiche riguardano infatti eventi precisi, e sono verificabili e riproducibili. L'esempio archetipico sono ovviamente le eclissi di Sole o di Luna, le cui regolarità erano già state scoperte dagli apollinei o aristotelici dell'antichità, che tanto vale chiamare col loro vero nome di protoscienziati.

Per poter effettuare previsioni scientifiche, sono necessari due ingredienti. Anzitutto, una legge deterministica che regola un fenomeno astratto: ad esempio, la gravitazione universale, scoperta da Newton. E poi, le condizioni al contorno che specificano un fenomeno concreto: ad esempio, la posizione e la velocità di un corpo celeste in un determinato istante.

È stato usando questi due ingredienti in maniera accurata e sofisticata, che la fisica newtoniana ha potuto ottenere risultati spettacolari. Ad esempio, accorgersi nel 1705 che le tre comete apparse nel 1531, 1607 e 1682 erano in realtà la stessa, oggi chiamata "di Halley", e prevedere che sarebbe tornata nel 1758, come puntualmente fece. O prevedere nel 1843 che doveva esistere un nuovo pianeta, oggi chiamato Nettuno, che fu poi puntualmente osservato tre anni dopo, esattamente dove doveva essere.

Nessuna profezia, nemmeno (anzi, soprattutto) quelle delle Madonne di Lourdes o Fatima, ha mai potuto anche solo lontanamente esibire una simile conoscenza del futuro. Non stupisce, dunque, che Laplace abbia potuto dichiarare, nel *Saggio filosofico sulle probabilità*, che se si fossero conosciute la posizione e la velocità di ogni particella, in linea di principio si sarebbe potuto conoscere esattamente non solo l'intero futuro, ma anche l'intero passato dell'Universo.

La scienza ottocentesca visse dunque questo sogno, che si estese rapidamente anche a campi diversi della fisica. La biologia, ad esempio, dove nel 1862 Darwin poté mettere a frutto la scoperta della legge della selezione naturale, e prevedere l'esistenza di un impollinatore per l'orchidea chiamata Stella del Madagascar. Questa falena notturna, che avrebbe dovuto avere un'inusitata proboscide lunga trenta centimetri, fu scoperta solo nel 1903, ventun anni dopo la sua morte, e venne appunto battezzata col nome di *praedicta*.

Quando si parla di previsioni scientifiche, alla gente comune vengono quasi automaticamente in mente quelle meteorologiche, che sono però diverse dalle precedenti, in un modo interessante. Hanno a che fare, infatti, con un fenomeno scoperto nello scorso secolo, noto come *caos deterministico*. Cioè, con la presenza di una legge deterministica, ma estremamente sensibile alle condizioni iniziali.

Poiché piccoli cambiamenti nelle cause possono portare a grandi cambiamenti negli effetti, come nel famoso *effetto farfalla*, la prevedibilità teorica si scontra in tal caso con un'imprevedibilità pratica. E fa sì che il tempo si possa prevedere bene alla breve, ma diventi imprevedibile alla lunga: il che significa già a distanza di quattro o cinque giorni.

Nel Novecento si è però anche scoperto che molti fenomeni sono in realtà imprevedibili non solo in pratica, ma anche in teoria! In particolare, lo sono tutti quelli che dipendono direttamente dalla meccanica quantistica, le cui equazioni regolano il comportamento delle particelle atomiche e subatomiche soltanto in maniera probabilistica. In questo caso, le uniche previsioni possibili sono di tipo statistico.

Il che non significa che non si possano mettere a frutto, ma fa sì che solo coloro che non sanno di cosa parlano possano guardare, a seconda dei casi con speranza o con timore, alla scienza come a un'onnisciente fabbrica di previsioni sul futuro.

Non lo è, e non potendo esserlo, non lo sarà mai. Dunque, non chiediamole l'impossibile, e accontentiamoci di ciò che può fare: che è già molto, e ben più di quanto meritiamo.

Ma, soprattutto, domandiamoci se veramente vorremmo sapere tutto del futuro, compreso addirittura il momento della nostra fine, individuale o collettiva. James Watson, che è la seconda persona al mondo ad essersi fatto sequenziare il genoma, non ha voluto sapere nulla a proposito dei geni collegati alle malattie senili come l'Alzheimer, per non rovinarsi la vita negli ultimi anni. E si è rivelato più saggio di quegli allocchi che pretendevano di sapere dai Maya quando finirà il mondo.

C'è molto da fare per vincere la battaglia contro la superstizione irrazionale e contro l'ignoranza scientifica, e si dovrà combatterla a lungo. Come cantavano i Beatles, «è facile vivere a occhi chiusi, fraintendendo tutto ciò che si vede». Molto più difficile, e per molti semplicemente impossibile, è tenere gli occhi ben aperti e cercare di capire ciò che si può.

Leggere il Grande Libro
(STRUMENTI)

Quale popolo, o quale cultura, non ha avuto la pretesa di spiegare l'intero Universo? Ma quale popolo, o quale cultura, ha avuto gli strumenti per farlo? Gli antichi si sono dovuti accontentare della poesia, e agli albori del pensiero occidentale gli Ionici e gli Eleatici si cimentarono in diversi poemi, invariabilmente intitolati *Sulla Natura*. La tradizione da loro iniziata continuò con i fisici posteriori, da Empedocle e Anassagora a Democrito ed Epicuro, e culminò nel *De rerum natura* di Lucrezio.

Nonostante le loro grandiose visioni letterarie, indotte dai loro frammenti o dedotte dai loro canti, quei poemi lasciarono la natura delle cose velata come la ninfa Calipso, in attesa di essere svelata da strumenti più perspicaci delle parole. Dal telescopio, ad esempio, che nell'autunno del 1609 Galileo puntò verso il cielo, per ricavarne le visioni annunciate l'anno seguente nel *Sidereus Nuncius*. O dal microscopio, che fu invece Robert Hooke a usare in maniera analoga per ottenere visioni altrettanto sorprendenti del microcosmo, annunciate a loro volta nel 1665 nella *Micrographia*.

Naturalmente, gli strumenti sono necessari per espandere i sensi oltre le loro limitatissime estensioni, e renderli più adeguati all'osservazione dell'Universo in grande e in piccolo. Ma le osservazioni non sono sufficienti per descrivere, e meno che mai per spiegare, ciò che viene osservato. È necessario sostenerle ed esprimerle con un pensiero e un linguaggio adeguati, spesso di nuovo conio.

Un esempio superficiale sono appunto le parole «telescopio» e «microscopio», che suggeriscono direttamente l'osservazione (*skopein*) lontana (*tele*), o in piccolo (*micro*), permessa da quegli strumenti. Le due parole furono inventate da due membri dell'Accademia dei Lincei, rispettivamente Giovanni Demisiani nel 1611 e Johannes Faber nel 1625, per sostituire gli inadeguati termini «cannone» (o «cannocchiale») e «occhiolino» usati da Galileo.

Un esempio profondo sono invece i concetti e i risultati della nuova matematica del Seicento, principalmente la geometria analitica di Cartesio e l'analisi infinitesimale di Leibniz e Newton. Esse permisero a quest'ultimo di organizzare le osservazioni e le intuizioni di Galileo e di Keplero in una coerente teoria meccanica, codificata nel 1687 nei monumentali *Princìpi matematici della filosofia naturale*. E fin dal suo programmatico titolo l'opera affidava al linguaggio matematico il compito di descrivere il pensiero sulla Natura.

L'idea non era nuova, perché già Pitagora aveva intuito il legame fondamentale tra Natura e matematica. Ma per lui questo legame era indiretto e veniva mediato dalla musica, i cui rapporti armonici potevano essere, da un lato, descritti da rapporti numerici e, dall'altro, generati da rapporti fisici. Ad esempio, un intervallo di ottava corrisponde al suono di due corde di lunghezza una doppia dell'altra. Le metafore fondamentali del pitagorismo si rifacevano dunque alla musica, e cantavano l'Armonia del Mondo o la Musica delle Sfere.

Fu Galileo a introdurre nel 1623, in una famosa pagina del *Saggiatore*, una metafora nuova e più consona allo spirito della nuova scienza. L'immagine, cioè, della matematica come linguaggio in cui è scritto «questo grandissimo libro che continuamente ci sta aperto innanzi a gli occhi (io dico l'universo)». Quest'immagine è simmetrica, persino nella struttura grammaticale, a quella altrettanto famosa di Borges nell'apertura del suo racconto *La biblioteca di Babele*: «L'Universo (che altri chiama la Biblioteca)».

Nei suoi quattro secoli di vita, la scienza moderna si è impegnata a fondo nella decifrazione del grande libro della Natura, armata degli strumenti tecnologici e matematici che le permettono di leggerlo e di comprenderlo. E ha raggiunto successi memorabili, coronati nell'Ottocento dall'elettromagnetismo di Maxwell e l'evoluzionismo di Darwin. E, nel Novecento, dalla relatività di Einstein, la meccanica quantistica di Heisenberg, Schrödinger e Dirac, la elettrodinamica quantistica di Feynman, Schwinger e Tomonaga, l'unificazione elettrodebole di Glashow, Salam e Weinberg, la cromodinamica quantistica di Gross e Wilczek, la scoperta della struttura del DNA di Watson e Crick, la decodifica del codice genetico di Nirenberg e la sequenziazione del genoma umano di Collins e Venter.

Anzi, le comprensioni globali e di dettaglio sono state così profonde, e le loro ricadute tecnologiche e culturali così diffuse, che la nostra può a buon diritto esser definita l'Era della Scienza. Semmai, viene da chiedersi che cosa rimanga ancora da decifrare e da capire, prima di poter chiudere il grande libro e riporlo nello scaffale. E la risposta potrebbe essere, in ordine decrescente di grandiosità: i tre grandi problemi dell'origine dell'Universo, della vita e della coscienza.

Non sorprendentemente, questi sono esattamente i tre momenti sui quali si concentra l'interesse degli spiriti religiosi, che si accontentano al riguardo dell'uniforme pseudospiegazione dell'intervento divino. "Pseudo", perché in fondo postulare che Dio è la causa di qualcosa non è altro che un modo diverso di dire che non sappiamo quale ne sia la causa, e non aggiunge nulla di preciso e utile alla sua conoscenza. Anche se, come notò Bertrand Russell nell'*Introduzione alla filosofia matematica*, «postulare ciò che desideriamo ha molti vantaggi: gli stessi del furto nei confronti del lavoro onesto».

La scienza non si accontenta, dunque, e continua il suo onesto lavoro verso la soluzione di quei tre problemi, che appare sempre più a portata di mano. L'origine dell'Universo attende la formulazione definitiva della Teoria del Tutto, in grado di coniugare la cosmologia relativistica e l'atomismo quantistico, e il suo miglior candidato sembra essere la popolare teoria delle stringhe di Edward Witten.

Sull'origine della vita non c'è una proposta che goda di un analogo consenso, ma l'esistenza di molte alternative possibili dimostra che il problema è maturo per una soluzione. Quanto all'origine della coscienza, la relativa novità delle neuroscienze e dell'informatica lascia prevedere un cammino ancora lungo, ma già promettente.

Tutti insieme questi sviluppi permettono agli scienziati di continuare a professare il motto del grande matematico David Hilbert, che sta inciso sulla sua tomba: *Wir müssen wissen, wir werden wissen*, «Dobbiamo sapere, e sapremo».

Il paradosso della freccia
(TEMPO)

Duemilacinquecento anni fa Zenone di Elea decretò che una freccia in volo non può muoversi, visto che in ogni istante è ferma. E ne dedusse che aveva ragione il suo maestro Parmenide, a sostenere che il tempo non esiste. E che allora non esiste neppure il cambiamento, in mancanza di un tempo nel quale le cose possano cambiare.

Oggi il ragionamento di Zenone non ci sorprende più, perché il cinema l'ha reso popolare tra il grande pubblico. Tutti sappiamo, infatti, che nei film in realtà non accade niente. La storia sta già tutta nella pellicola, "anzitempo". E il divenire cinematografico non è altro che un'illusione, riducibile a una successione di istantanee statiche e "compresenti".

Gli spettatori normali non vanno oltre queste ovvie constatazioni, ma i filosofi e gli scienziati sì. E si domandano se le cose stiano così solo al cinema, o anche nella vita al di fuori della sala. In particolare, si domandano se il tempo e il cambiamento esistano per davvero, o se invece non siano soltanto un'illusione analoga a quella cinematografica.

C'è però una specifica illusione temporale, che il cinema *non* riesce a procurarci. Ed è invertire la direzione della freccia del tempo, semplicemente facendo girare la pellicola al contrario. La cosa non funziona, perché un film visto al contrario è completamente paradossale. Nessuno, infatti, ha mai visto una frittata disfarsi nelle uova intere. Del latte versato, rifluire nella tazza. Un tuffatore, uscire dall'acqua per i piedi. La pioggia, cadere all'insù nelle nuvole. Un vecchio, diventare giovane. E un morto, resuscitare.

L'ovvia constatazione è *che* così va il mondo. Ma la scienza non si accontenta delle constatazioni: vuole, e deve, anche capire *perché* il mondo va così. In particolare, vuole, e deve, capire da dove arriva la freccia del tempo, e come si accorda con il resto delle cose che essa ha già capito. Cioè, con il complesso delle leggi fisiche, chimiche e biologiche che formano collettivamente il sapere scientifico.

Benché queste leggi facciano regolarmente intervenire il tempo nelle loro formulazioni, a partire dai concetti basilari della velocità e dell'accelerazione, il problema della freccia del tempo è lungi dall'essere stato risolto in maniera soddisfacente. Ma talmente tanti passi avanti sono stati fatti verso la sua soluzione, che anche solo per enumerarli e illustrarli sarebbero necessari libri interi. Uno recente è *Dall'eternità a qui* di Sean Carroll (Adelphi, 2011), e questa è in breve la storia che racconta.

In principio fu la fisica newtoniana. Essa si interessa del moto di un piccolo numero di particelle isolate, come le palle di un biliardo, o i pianeti di un sistema solare. Il loro moto avviene in una certa direzione, ma non sarebbe affatto paradossale che avvenisse nell'altra. Il film dello scontro fra due palle da biliardo, o di un'orbita planetaria, si può dunque proiettare al contrario, senza provocare nessuna sensazione di straniamento. Detto altrimenti, le leggi della fisica newtoniana sono reversibili, e non prevedono una freccia del tempo.

Quest'ultima interessa invece fenomeni molto diversi da quelli studiati da Newton, come il calore. Benché la freccia del tempo sia stata così battezzata solo nel 1927, dall'astrofisico Arthur Eddington, la sua prima formulazione fu data nel 1850 da Rudolf Clausius, nella forma del cosiddetto *secondo principio della termodinamica*: «Il calore si trasferisce spontaneamente dai corpi caldi a quelli freddi, ma non viceversa».

Cosa sia il calore lo si può intuire dal fatto che, quando si scalda dell'acqua, le sue molecole si muovono più velocemente, fino ad arrivare a un moto turbolento nell'ebollizione. Nel 1859 James Clerk Maxwell precisò questa intuizione, definendo la temperatura di un corpo come una misura dell'energia media delle particelle che lo compongono: più le particelle si muovono, e più sale la temperatura.

In maniera analoga si possono ridurre tutte le proprietà di un gas al comportamento statistico delle particelle che lo compongono, e si scopre che la termodinamica non è altro che l'estensione della fisica newtoniana allo studio di un gran numero di particelle. In particolare, nel 1872 Ludwig Boltzmann adottò questo approccio per definire l'*entropia* di un sistema macroscopico come una misura del suo disordine, calcolato in base al (logaritmo del) numero delle sue configurazioni microscopiche indistinguibili.

Una volta definita l'entropia, Boltzmann la usò per spiegare l'emergenza della freccia del tempo. Il suo famoso *teorema H* dimostrò infatti che «un sistema isolato evolve spontaneamente da stati a bassa entropia a stati ad alta entropia, ma non viceversa». Ma nel 1876 Johann Loschmidt notò che la cosa era paradossale: se le leggi della fisica newtoniana sono reversibili, da esse non dovrebbe essere possibile dedurre l'esistenza di un processo irreversibile, come la crescita dell'entropia.

Per risolvere il dilemma, Boltzmann propose l'ipotesi che il nostro "Universo" non sia altro che una bolla a bassa entropia di un *multiverso* a massima entropia. L'esistenza del multiverso non ha bisogno di giustificazioni, perché il suo stato di completo disordine è a massima probabilità. L'esistenza del nostro Universo si giustifica invece in base a una delle tante fluttuazioni, più o meno ordinate, che alla lunga devono prima o poi accadere. Quanto al perché noi siamo proprio in una di queste fluttuazioni a bassa probabilità, si spiega con il *principio antropico*: in fondo, possiamo essere soltanto nei luoghi che permettono la vita, come appunto quelli a bassa entropia.

Le idee di Boltzmann erano state sviluppate nell'ambito della termodinamica dell'Ottocento, ma sono state recentemente riformulate nell'ambito della cosmologia del Novecento. Il multiverso viene ora interpretato come il vuoto quantistico, e il nostro Universo come una sua fluttuazione, in due possibili modi: o come un *universo bolla*, galleggiante nel vuoto, oppure come un *baby universo*, che se n'è distaccato. In entrambi i casi, come possibile conseguenza dell'inflazione cosmica ipotizzata da Alan Guth nel 1979.

Perché la cosa abbia un senso, bisogna naturalmente che il vuoto sia uno stato di massima entropia. A prima vista sembrerebbe esattamente il contrario, ma Roger Penrose ha notato che effettivamente l'entropia cresce, man mano che la freccia del tempo parte dal Big Bang, passa attraverso la formazione delle strutture galattiche e la loro dissoluzione in buchi neri, e va verso l'evaporazione di questi ultimi.

Nelle vicinanze del Big Bang, infatti, l'Universo era assimilabile a un gas caldo, e la sua entropia era pari al numero delle sue particelle: cioè, circa 10^{88}. Con l'avvento del ruolo della gravità e la formazione delle galassie, l'entropia dell'Universo si concentra gradualmente nei suoi buchi neri supermassivi: all'incirca, uno al centro di ciascuna galassia. Ora, le galassie sono circa 10^{11}, e il problema si riduce a calcolare l'entropia di un buco nero.

Come ha proposto Jacob Bekenstein nel 1972, e ha dimostrato Stephen Hawking nel 1974, l'entropia di un buco nero è proporzionale alla sua superficie, misurata in aree di Planck. Per un buco nero della massa del Sole, essa è di circa 10^{77}. Per uno della massa dell'intero universo, di circa 10^{120}. L'entropia dell'Universo attuale dipende dalla media dell'entropia dei suoi buchi neri supermassivi, e si può stimare a circa 10^{100}.

Quanto all'entropia del vuoto, deriva dall'energia oscura responsabile dell'accelerazione dell'espansione dell'Universo, scoperta nel 1998 da Saul Perlmutter, Brian Schmidt e Adam Riess, e premiata nel 2011 con il premio Nobel per la fisica. Per una qualunque regione del vuoto, l'entropia è quella di un buco nero avente la stessa superficie. E per una regione pari all'Universo osservabile, è di circa 10^{120}.

Come si vede, oggi per parlare del tempo non bastano più banalità come quella di Agostino nelle *Confessioni*: «Se non mi chiedi cos'è, lo so, ma se me lo chiedi, non lo so». O aforismi come quello di Wittgenstein nel *Tractatus*: «Il mondo è tutto ciò che accade», e non «tutto ciò che c'è». Bisogna avere invece una solida informazione scientifica, per procurarsi la quale non ci sono vie regie.

L'abbiccì della chimica
(ELEMENTI)

Agli albori del pensiero greco, quando ancora non si sapeva quasi niente, e si poteva dunque ipotizzare quasi tutto, i filosofi della Natura si divisero tra monisti e pluralisti, a seconda che pensassero che i costituenti semplici (variamente chiamati princìpi, semi, radici o sostanze) ai quali si poteva ridurre la complessità delle cose fossero uno solo, oppure molti.

Tra i monisti, Talete privilegiava l'acqua, Anassimene l'aria, Senofane la terra ed Eraclito il fuoco. Tra i pluralisti, l'ecumenico Empedocle li assumeva e riassumeva tutti e quattro, immaginando romanticamente che essi fossero uniti dall'Amore e separati dall'Odio.

Oggi le teorie dei presocratici fanno sorridere, ma con un po' di buona volontà si possono reinterpretare come primordiali intuizioni di qualcosa di più profondo. Così fecero, ad esempio, i due premi Nobel per la fisica Erwin Schrödinger e Werner Heisenberg nei loro libri *La Natura e i Greci* (1951) e *Fisica e filosofia* (1958).

Essi suggerirono di considerare l'acqua, la terra, l'aria e il fuoco come metafore degli stati liquido, solido e aeriforme, e dell'energia che permette di trasformare gli uni negli altri: in particolare, il ghiaccio in acqua e l'acqua in vapore. Più in generale, proposero di leggere i vagiti dei presocratici come una prima, timida affermazione della riducibilità della complessità della Natura a una, o poche, sostanze fondamentali.

Ma, da questo punto di vista, sono più interessanti le teorie di altri presocratici che ipotizzavano costituenti più sottili, non solo dal punto di vista fisico, ma anche intellettuale. Soprattutto, i numeri di Pitagora e gli atomi (una parola che significa "indivisibili") di Democrito.

La scienza moderna, infatti, descrive la materia (una parola che deriva da *mater*, «madre», e richiama la "generazione" dell'etimologia originaria di *physis*, «Natura») come costituita da atomi di varia natura, tenuti insieme internamente da leggi fisiche, ed esternamente da leggi chimiche, tutte rigorosamente espresse in linguaggio matematico.

Con due differenze essenziali, rispetto ai presocratici. Anzitutto, gli elementi (una parola di origine incerta, che qualcuno fa risalire alle prime tre lettere *el*, *em*, *en* della seconda metà dell'alfabeto fenicio, così come "alfabeto" deriva dalle prime due) sono in realtà più di cento. Anche se i loro atomi sono tutti costituiti da tre soli tipi di mattoni: gli elettroni, i protoni e i neutroni.

Inoltre, nessuno dei quattro elementi dell'antichità ha resistito alla "prova del fuoco". L'acqua è risultata essere un composto di due atomi di idrogeno e uno di ossigeno. La terra e l'aria sono misture di vari elementi: principalmente, ossigeno e silicio in forma di silice (60%) la prima, e azoto (78%) e ossigeno (21%) la seconda. E il fuoco è un processo e non un elemento.

La cosa è ironica, perché già ben prima dei Greci erano invece stati isolati molti *veri* elementi, che a lungo non furono riconosciuti come tali. Primi fra tutti l'oro e il rame, che si estraevano già 5000 anni prima della nostra Era in Anatolia e in Asia. Poi il piombo, fuso dai minerali che lo contengono verso il -3500, e diventato comune un millennio dopo. E lo stagno e il ferro, scoperti rispettivamente in Persia tra il -1800 e il -1600, e in Anatolia verso il -1400.

Insieme all'argento e al mercurio, i precedenti cinque metalli fornirono una lista di sette elementi semplici agli alchimisti, che cercarono di fornire un fondamento teorico alle tecniche della loro fusione e alle possibilità di una loro trasmutazione. È dunque singolare che i quattro "elementi" dell'antichità continuino ad attrarre ancor oggi così tanta attenzione nel campo umanistico, fornendo ad esempio il principio organizzativo ai *Quattro quartetti* di Thomas Eliot (1943).

La corretta visione del mondo rimane, invece, quasi completamente confinata al campo scientifico, benché abbia espresso capolavori che vanno dal *De rerum natura* di Lucrezio alla *Pic-*

cola cosmogonia portatile di Raymond Queneau (1950). Opere, queste, che potrebbero essere adottate come libri di testo in tutte le scuole.

Come la filogenesi della grande chimica possa essere sistematicamente ripercorsa nell'ontogenesi del piccolo chimico, e fungere da metronomo che batte il tempo della maturazione intellettuale di un adolescente, è narrato in maniera memorabile da Oliver Sacks in *Zio Tungsteno* (2001).

Come invece la statica classificazione della chimica possa fornire la chiave a stella per smontare e rimontare la vita di un uomo, assimilando la soggettività degli eventi all'oggettività degli elementi, è narrato in maniera altrettanto memorabile da Primo Levi in *Il sistema periodico* (1975).

Altri due libri, questi, che ancora una volta dovrebbero costituire i piatti forti di qualunque programma scolastico che intendesse nutrire, invece che tenere a dieta, le giovani menti. In entrambi, e in uno addirittura nel titolo, un ruolo centrale è ricoperto da una delle più grandi conquiste del pensiero scientifico di tutti i tempi: la tavola periodica di Mendeleev.

Sacks narra di esserne rimasto folgorato quando la vide da ragazzo illustrata in un museo, con esemplari dei vari elementi. E c'è da credergli, se il film *Risvegli* (1990) mostra che quand'era un giovane medico egli ne teneva un poster in camera da letto. E se ancor oggi ne porta una nel portafogli insieme alle carte di credito, e mostra orgogliosamente ai visitatori del suo studio a Manhattan la sua collezione di elementi. Divertendosi, in particolare, a osservare la sorpresa di chi sollevi ignaro un pezzo di pesantissimo tungsteno.

Ma anche senza andare nei musei, per farsi un'idea (e non solo) della tavola basta leggere due mirabili libretti, *Elementi* di Philip Ball (Codice, 2007) e *Il Regno Periodico* di Peter Atkins (Zanichelli, 2008), che ne illustrano gli elementi con i più svariati riferimenti al quotidiano.

In particolare, l'idrogeno e l'elio del Sole (1 e 2). Il litio delle batterie (3). Il carbonio della grafite, dei diamanti e degli idrocarburi (6). L'azoto e l'ossigeno dell'aria (7 e 8). Il fluoro dei dentifrici (9). Il neon delle omonime lampade (10). L'alluminio di lamiere e lattine (13). Il silicio dei chip dei computer (14). Il fosforo dei fiammiferi (15). Lo zolfo delle solfatare e della polvere da sparo (16). Il cloro delle piscine (17). Il potassio delle banane (19). Il calcio della calce (20). Il titanio delle biciclette (22). Il cromo delle cromature (24). L'ubiquo ferro (26). Il nichel delle monetine (28). Il rame delle vecchie pentole (29). L'arsenico del veleno e dei semiconduttori (33). Il selenio dei porcini (34). Il bromo del bromuro (35). Lo zirconio degli zirconi (40). L'argento delle posate (47). Lo stagno delle saldature (50). Lo iodio della tintura (53). L'oro dei gioielli (79). Il mercurio dei vecchi termometri (80). Il piombo dei vecchi tubi (82). Il torio delle vecchie lampade a gas (90). L'uranio e il plutonio delle due bombe atomiche di Hiroshima e Nagasaki (92 e 94). Eccetera.

Il numero tra parentesi indica la posizione dell'elemento nella tavola, e conta gli elettroni che orbitano attorno al nucleo. O, equivalentemente, i protoni che stanno dentro il nucleo. Ma questo non è che l'inizio della storia, perché la tavola è bidimensionale, e non puramente unidimensionale. Le sue 7 righe corrispondono al numero di "gusci" in cui sono disposti gli elettroni. E le 32 colonne, al numero di elettroni nel guscio più esterno, che determina il comportamento chimico.

Atkins e Ball non si limitano però a spiegare queste e altre leggi che regolano quelli che il primo chiama il Governo e le Istituzioni del Regno degli Elementi. Ne esplorano anche il territorio, suddividendolo in regioni analoghe a deserti, istmi, coste e laghi. E ne illustrano la conformazione e i prodotti tipici, mostrandone modelli in rilievo analoghi ai plastici geografici, che visualizzano le masse, le dimensioni, le densità, le energie di ionizzazione e le affinità elettroniche dei vari elementi.

Essi raccontano anche la storia di come alcuni dei più interessanti abitanti del Regno siano stati scoperti e classificati, da dove provengano, e perché abbiano quegli strani nomi. Ad esempio, perché l'azoto si chiami "privo di vita", l'ossigeno "acidificante", il cloro "verde", il cromo "colorato", il selenio "lunare", il bromo "puzzolente", e così via.

Uno dei capitoli più interessanti di questa storia è la cronaca, narrata da Ball, della scoperta di nuovi elementi "transuranici" nel dopoguerra: o meglio, nel dopobomba. Ultimo, per ora, l'ununoctium (118) nel 2006, che completa la settima riga della tavola.

Non abbiamo però ancora una risposta definitiva alla domanda che assillava i presocratici, e cioè quanti sono gli elementi semplici. Ma almeno una cosa l'abbiamo imparata: che si tratta di una domanda difficile. E che la risposta si trova non nei leggeri frammenti rimasti dei poemi antichi, ma nei pesanti frammenti prodotti dai ciclotroni moderni.

Miniature del Sistema Solare
(Atomi)

Nel 2011 si è celebrato il centenario del modello atomico, che ha cambiato la nostra percezione del mondo ed è entrato a far parte del nostro immaginario. Lo dimostra il fatto che, ancor oggi, dai libri di testo per le scuole ai marchi delle organizzazioni nazionali o internazionali, l'atomo si rappresenta come lo pensò per la prima volta Ernest Rutherford nel 1911. Cioè, come un sistema solare in miniatura, con un nucleo di protoni e neutroni al posto del Sole, e un sistema di elettroni in orbita attorno a esso al posto dei pianeti.

Naturalmente, non è stato Rutherford a inventare l'atomismo. Anzi, non sono stati neppure gli scienziati moderni. L'idea risale agli antichi Greci in generale, e Leucippo e Democrito in particolare. E già un secolo prima della nostra Era il poeta latino Lucrezio l'aveva divulgata nel *De rerum natura*: un meraviglioso poema materialista e razionalista, che farebbe tanto bene agli studenti, se fosse insegnato al posto delle troppe opere idealiste e irrazionaliste che fanno loro invece tanto male.

Tra le molte cose utili e belle che Lucrezio dissemina nei suoi versi, ci sono anche gli argomenti a favore dell'esistenza degli atomi. In particolare, quello che sarà poi ripreso da Kant nella seconda antinomia della *Critica della ragion pura*: «Se non ci fossero gli atomi, ogni corpo consterebbe di infinite parti, e allora quale sarebbe la differenza fra l'intero Universo e un granello di sabbia?».

Soprattutto, Lucrezio suggerisce che le cose possono essere costituite da atomi invisibili alla vista, attraverso una serie di convincenti analogie. Il pulviscolo atmosferico, ad esempio, reso visibile da un raggio di Sole che penetra in una stanza, e la cui danza incessante offre un modello dell'eterno tumulto degli atomi nel grande vuoto. Oppure, le pecore dei greggi che si aggirano saltellando sui prati, e i soldati delle legioni che avanzano tumultuosi nei campi, i cui movimenti individuali appaiono indistinti a un osservatore lontano. E infine, le parole del linguaggio, che pur essendo tutte costituite delle stesse poche lettere dell'alfabeto, «descrivono il cielo, i corpi celesti come il Sole o la Terra, e i corpi terrestri come il mare, i fiumi, gli alberi, i prati, i campi e gli esseri viventi».

Nonostante la divulgazione di Lucrezio, i brillanti argomenti degli atomisti non convinsero affatto gli antichi, così come non li avevano convinti gli altrettanto brillanti argomenti degli eliocentristi. Il risultato fu che entrambe queste verità rimasero ibernate per due millenni, fino a quando vennero scongelate dagli scienziati moderni. Galileo, in particolare, che pagò cara la sua audacia in entrambi in campi.

In *Galileo eretico* (Einaudi, 1983) Pietro Redondi spiega come l'atomismo riesumato dallo scienziato nel *Saggiatore* abbia presentato, per la Chiesa, un problema ben più sostanziale dell'eliocentrismo, perché andava contro l'anacronistica dottrina scolastica della transustanziazione. È solo un'ipotesi, che proprio questo problema sia stato alle origini del processo a Galileo del 1633. Ma è un fatto, che esso scatenò la controversia pisana sull'atomismo, e condusse nel 1691 alla proibizione del suo insegnamento pubblico.

Per sdoganare scientificamente la teoria atomica della materia, si dovettero aspettare le ricerche chimiche intraprese agli inizi dell'Ottocento da John Dalton, che adottò anche il termine greco *atomo*, «indivisibile». Ma ancora agli inizi del Novecento, nonostante la sistematizzazione effettuata nel 1869 da Dmitrij Mendeleev con la sua famosa tavola degli elementi, rimanevano molti scettici. Primo fra tutti Wilhelm Ostwald, premio Nobel per la chimica nel 1909, che riteneva l'atomismo solo un'utile finzione. Una posizione, questa, singolarmente analoga a quella della Chiesa del Seicento nei confronti dell'eliocentrismo.

La prova definitiva dell'esistenza degli atomi venne da un lavoro del 1905 di Albert Einstein. Non quello più famoso sulla relatività speciale, ma uno precedente *Sul moto di piccole particelle in sospensione nei liquidi a riposo*. Il fenomeno, scoperto nel 1828 da Robert Brown e facilmente osservabile al microscopio, a prima vista dà l'impressione che si tratti di una qualche forma di vita. Ma Einstein dimostrò che il movimento è in realtà prodotto dalla vibrazione delle molecole che compongono il liquido.

Secondo un'immagine di Richard Feynman, che possedeva un po' del talento lieve di Lucrezio, è come se noi osservassimo da molto lontano delle enormi palle in uno stadio (le particelle in sospensione), urtate da una folla di persone che vanno e vengono (le molecole del liquido), ma che non riusciamo a distinguere per la distanza. Vedremmo allora soltanto le palle muoversi, con un incessante movimento irregolare (il moto browniano).

Ovviamente, il problema fondamentale dell'atomismo riguarda la struttura stessa degli atomi. Lucrezio li immaginava provvisti di uncini, che permettevano loro di agganciarsi gli uni agli altri. Nel 1696 Nicolaas Hartsoeker sostituì agli uncini degli aculei. Nel 1808 Dalton passò alle palle da biliardo.

Le cose si complicarono nel 1897, quando Joseph Thomson scoprì che gli atomi, nonostante i loro nomi, non erano affatto indivisibili, e risultavano invece composti di particelle positive pesanti (i protoni) e particelle negative leggere (gli elettroni). La scoperta gli fruttò il premio Nobel per la fisica nel 1906, e gli ispirò un modello in cui gli elettroni negativi erano conficcati nella materia positiva come le uvette nel panettone.

Alla fine di questa lunga storia, arrivò finalmente Rutherford. Nel 1908 egli scoprì che, se si sparavano delle particelle alfa leggere contro una sottilissima lamina di un materiale pesante come l'oro, la maggior parte l'attraversava senza deviare la propria traiettoria: dunque, la materia doveva essere in massima parte vuota. Ma, a volte, alcune di quelle particelle rimbalzavano indietro, come se avessero incontrato un ostacolo: dunque, la materia doveva essere in massima parte concentrata in un nucleo pesante. La scoperta valse a Ernest Rutherford il premio Nobel per la chimica quello stesso anno, e un posto all'ombra della tomba di Newton in Westminster quando morì.

Nel 1911 Rutherford propose infine il modello planetario. Un modello che, a onor del vero, oggi è doppiamente sorpassato. Anzitutto perché, come scoprì il suo studente Niels Bohr nel 1913, non è stabile: per renderlo tale, bisogna supporre che gli elettroni non possano stare a qualunque distanza dal nucleo, come i pianeti col Sole, ma solo a particolari distanze fisse. E poi, perché gli elettroni non sono in realtà palline, ma nubi: dunque, risultano più simili a fasce di asteroidi che a pianeti.

Ma tant'è, il modello è troppo bello per essere abbandonato, e noi continuiamo a mostrarlo e amarlo. Così come, d'altronde, facciamo con le foto che ci ricordano i bei tempi andati, quando ci sentivamo tanto più giovani e belli, benché fossimo solo molto più semplici e ingenui.

Un'impresa stimolante
(LASER)

Nel 1917, anno di gloriose rivoluzioni, Albert Einstein ebbe uno di quei pensieri geniali che l'hanno fatto passare alla storia come il più grande scienziato del Novecento, e uno dei due più grandi di sempre.

Vide cadere una mela, e si ricordò che l'altro più grande scienziato, Isaac Newton, aveva "messo a frutto" l'evento, intuendo l'esistenza della forza di gravitazione universale. Cioè, aveva capito che la Terra attrae a sé la mela, facendola cadere, nello stesso modo in cui attrae la Luna, mantenendola in orbita.

Ovviamente era inutile che Einstein traesse la stessa conclusione, perché Newton c'era già arrivato prima di lui. Ma ne trasse un'altra, non meno sorprendente, a dimostrazione del fatto che le mele sono un ottimo soggetto per le storie. Cosa che, d'altronde, già sapevano coloro che hanno raccontato quelle di Eva, Paride, Biancaneve e Guglielmo Tell, ma anche di Alan Turing, i Beatles, Steve Wozniak e Steve Jobs.

La storia di Einstein, invece, è questa. Se si tira una mela in verticale, essa salirà fino a un certo punto e poi tornerà a terra, come un ascensore. Se, però, al punto massimo della sua traiettoria la mela ne tocca un'altra attaccata a un ramo e ne induce il distacco, le due mele cadranno parallelamente in coppia alla stessa velocità. Naturalmente, il contatto deve avvenire nel momento esatto in cui la velocità della mela che sale si annulla. Se no, l'urto è più violento, e le due mele si scontrano comportandosi come palle da biliardo.

Einstein capì che la stessa cosa può accadere quando un fotone passa vicino a un elettrone eccitato, e ne stimola il passaggio a un'orbita di minore energia, producendo l'emissione di un fotone identico che si muove parallelamente a esso, in un fenomeno chiamato «emissione stimolata» di un fotone. L'osservazione rimase una semplice curiosità fino al 1951, quando un altro giovane di nome Charles Townes capì che, in determinate condizioni, il fenomeno scoperto da Einstein può avvenire a catena.

In altre parole, un fotone stimola l'emissione di un altro. Poi i due stimolano l'emissione di altri due. E così via, con una «amplificazione mediante emissione stimolata di radiazione», che in inglese si chiama *Amplification by Stimulated Emission of Radiation* e si abbrevia con l'acronimo ASER. Se a venir amplificate sono delle microonde allora si ottiene un MASER, che Townes riuscì a costruire nel 1954. Dieci anni dopo, per questa scoperta egli vinse il premio Nobel per la fisica insieme a Nikolaj Basov e Aleksandr Prochorov, che avevano fatto cose simili in Russia.

Se a venir amplificata è invece la luce, allora si ottiene un LASER. Cioè, un raggio di luce coerente, che differisce dalla luce normale nello stesso modo in cui la marcia ordinata di una truppa differisce dal movimento caotico di una folla. A costruire il primo laser fu lo stesso Townes, nel 1958, insieme ad Arthur Schawlow, suo studente di allora e cognato di poi. Questa volta, poiché Townes aveva già ricevuto il suo Nobel, fu Schawlow a prenderlo, nel 1981, per l'utilizzo del laser nella spettroscopia, insieme a Nicolaas Bloembergen.

Io ho avuto la fortuna di incontrare Townes alcuni anni fa, a uno dei meeting di Nobel che si tengono a Lindau. E lui mi raccontò come due suoi colleghi di università (per la cronaca, Isidor Rabi e Polykarp Kusch, entrambi premi Nobel pure loro) cercarono di convincerlo a lasciar perdere le sue ricerche, perché la cosa non poteva funzionare. E lui avrebbe solo sprecato i soldi del dipartimento, che loro avrebbero potuto impiegare meglio!

Ma qualche mese dopo, mentre Townes stava facendo lezione, il suo assistente entrò trafelato in aula, gridando: «Funziona, funziona!». La lezione fu sospesa, per permettere a professore e studenti di andare tutti a vedere in anteprima il primo MASER. Questo ebbe subito un grande successo sul mercato, essendo un amplificatore cento volte più potente di quelli realizzati fino ad allora. E in seguito questo campo di ricerca ha prodotto una dozzina di premi Nobel e innumerevoli applicazioni.

Ma il laser potrebbe riservare ben altre sorprese, oltre a quelle tecnologiche, perché c'è un ovvio parallelo tra l'emissione stimolata della luce e la divisione dei batteri, così come fra l'assorbimento della prima e la morte dei secondi. Chissà che un'altra mela, magari marcia, non possa essere uno stimolo per l'emissione di qualche nuova idea sulla frontiera tra fisica e biologia?

Good Vibrations
(ONDE)

Se accendiamo il televisore, ci accorgiamo che spesso va in onda... un'onda. Può essere uno tsunami, che ha portato devastazione su qualche costa. Un'onda anomala, che ha provocato il naufragio di un naviglio. Un'onda hawaiana, che ha permesso a un surfista di cavalcarla. Un'onda di marea, che ha coperto o scoperto un tratto del litorale. Un'onda stazionaria, apparentemente immobile in un fiordo o un fiume. O, più semplicemente, un'innocua e anonima onda che culla un bagnante in vacanza.

La televisione ci mostra queste e altre onde perché l'incessante, variegato e ipnotico spettacolo del loro rifrangersi sulle rive degli specchi d'acqua ha da sempre affascinato gli antichi e i moderni, così come i grandi e piccini. Chi ne è catturato indulge in varie misure nell'attività che in inglese si chiama *wave watching*, come nel titolo di un affascinante e sorprendente libro di Gavin Pretor-Pinney (Guanda, 2011), che si presenta come «una guida illustrata per l'osservatore di onde».

Si tratta della seconda opera del suo singolare autore, un uomo dotato di una straordinaria capacità di osservazione del mondo che ci circonda, coniugata a un'enciclopedica conoscenza dei suoi aspetti più reconditi. Qualche anno prima aveva esordito con *Cloudspotting* (Guanda, 2006), che era invece «una guida illustrata per i contemplatori di nuvole». E aveva sfatato il mito, sciocco come tutti i miti, che stare a guardare le nuvole non sia altro che una perdita di tempo per sognatori sfaccendati.

Al contrario, si tratta di uno dei modi per conoscere il cielo ed essere allertati sulle sue intenzioni. E oltre che il più naturale e immediato, è stato a lungo l'unico metodo a disposizione degli agricoltori e dei navigatori, per cercare di divinare il futuro prossimo del tempo atmosferico. In fondo, le previsioni meteorologiche come le conosciamo oggi sono state introdotte soltanto a metà dell'Ottocento. Per inciso, dal capitano FitzRoy, il comandante della spedizione del *Beagle* che cambiò la storia dell'umanità, grazie alle osservazioni di un passeggero di nome Charles Darwin.

Per interessanti che siano, le nuvole rimangono comunque soltanto un limitato fenomeno terrestre. *Wave watching* mostra, invece, come le onde costituiscano un illimitato spettacolo cosmico, tanto da poter ben dire che esse «per l'universo penetrano e risplendono». Ad esempio, a proposito di cosa va in onda in televisione, una parte della "neve" che si vede sullo schermo quando la tivù non è sintonizzata su una stazione televisiva, non è altro che un effetto dovuto alla radiazione cosmica di fondo, che ci arriva dai primi momenti dell'Universo ed è stata prodotta dall'esplosione del Big Bang.

Ora, tutti i tipi di radiazione sono onde, come testimonia appunto l'espressione "andare in onda" riferita ai programmi televisivi. Che non sta, ovviamente, a significare in maniera metaforica che ciò che la tivù ci propina non è altro che acqua fresca. Bensì che le trasmissioni trasmettono letteralmente, appunto, *onde elettromagnetiche*.

Queste ultime sono onde a tutti gli effetti, anche se non necessitano di un mezzo per diffondersi. Possono quindi anche viaggiare nel vuoto, e lo fanno alla velocità della luce, che è di circa 300.000 chilometri al secondo. E costituiscono una sterminata famiglia, i cui membri non differiscono altro che per la loro lunghezza d'onda.

A un estremo, quello delle *onde corte*, ci sono anzitutto i raggi gamma, impiegati ad esempio in medicina per la tomografia a emissione di positroni (PET). Seguono i raggi X, che si usano invece per le radiografie. E i raggi ultravioletti, che ci ustionano quando ci esponiamo non protetti al Sole.

All'altro estremo, quello delle *onde lunghe*, ci sono invece i raggi infrarossi, usati nei telecomandi e per le comunicazioni senza fili tra apparecchi elettronici. Seguono le microonde, che fanno funzionare i forni moderni. E si finisce con le onde radio (corte, medie e lunghe) che, come dice il nome, sono usate per i programmi radiofonici.

Fra i due estremi dello spettro elettromagnetico sta la banda della *luce visibile*, alla quale reagisce il nostro apparato oculare, percependo le varie lunghezze d'onda come la tavolozza dei colori, dal violetto al rosso.

Il nostro apparato uditivo reagisce invece alle *onde acustiche*, che sono più simili a quelle marine: come queste si propagano nell'acqua, quelle si propagano infatti nell'atmosfera. E sono prodotte dalle vibrazioni degli strumenti più vari: le corde di una chitarra o di un violino, le membrane di un tamburo, le ali di un moscone, lo schiocco di una frusta da cowboy.

Quest'ultimo è un fenomeno particolarmente interessante, una versione casalinga del passaggio del muro del suono effettuato da un aereo che supera la velocità di Mach 1, di circa 1.200 chilometri all'ora. Il movimento impresso dalla mano all'impugnatura larga della frusta si trasmette infatti alla punta sottile a velocità crescente, arrivando appunto a superare quella del suono, e a provocare nell'aria un'onda d'urto che si manifesta con uno scoppio analogo a quello degli aerei supersonici.

L'acqua e l'aria non sono comunque gli unici elementi che trasmettono vibrazioni e onde: anche la terra lo fa, ad esempio nei terremoti. Quelle che percepiamo in superficie come scosse telluriche, sono prodotte dalle *onde sismiche* superficiali, alcune delle quali scuotono la crosta terrestre orizzontalmente, e altre verticalmente. Ma in profondità ci sono ben altri sommovimenti, che provocano onde primarie e secondarie: di compressione e rarefazione longitudinali le prime, e di vibrazione trasversale le seconde.

Neppure "terra, mare e cielo" esauriscono i campi d'azione delle forze ondose, che possono interessare i materiali più disparati, compresi i corpi degli animali. In quelli provvisti di un sistema cardiocircolatorio, ad esempio, la circolazione sanguigna avviene appunto attraverso un moto ondulatorio stimolato dal battito cardiaco. In quelli come i vermi o i serpenti, invece, lo spostamento è prodotto da movimenti ondulatori dell'organismo stesso, rispettivamente longitudinali o trasversali.

Ma l'apparizione più sorprendente e misteriosa delle onde è quella scoperta dalla meccanica quantistica all'inizio del Novecento. Prima di allora si supponeva che la luce fosse un fenomeno puramente ondulatorio. Nel 1801 Thomas Young aveva infatti notato che, se un raggio di luce passa attraverso due fenditure, produce fenomeni di interferenza analoghi a quelli prodotti dalle onde del mare che passano attraverso due aperture di uno stesso molo.

Un secolo dopo, nel 1905, Albert Einstein aveva però scoperto che, se un raggio di luce illumina una piastra carica elettricamente, si comporta invece come una scarica di proiettili sparati da una mitragliatrice. Dunque, stranamente, in determinate condizioni un'onda elettromagnetica si comporta come una particella, rivelando di avere quella che in seguito venne riconosciuta e accettata come una natura duale. Cioè, non si tratta solo di un'onda, né solo di una particella, ma di entrambe le cose insieme.

Nel 1924 un giovane principe francese di nome Louis de Broglie suppose che, per simmetria, la cosa dovesse essere vera pure al contrario. Anche le particelle avrebbero dovuto manifestare una natura duale, manifestandosi in determinate condizioni come onde. Tre anni dopo un esperimento confermò che, quando una scarica di particelle viene sparata contro due fenditure, si comporta come se fosse un'onda e manifesta gli stessi fenomeni di interferenza.

Nel 1929 de Broglie ricevette il premio Nobel per la fisica, per aver così risposto alla domanda che abbiamo posto nel titolo: *tutto* va in onda! Perché a essere onda non è solo ciò che sembra esserlo, ma anche tutto ciò che a prima vista non sembra esserlo per niente. Dunque, il *wave watching* è in realtà un *world watching*, e gli osservatori di onde non sono altro che i veri osservatori del mondo, e i veri conoscitori dell'essenza delle cose.

Cronache dalla colonia
(FORMICHE)

La storia della biologia riposa su alcuni pilastri, che sono gli organismi sui quali ci si è concentrati per studiare le foglie di quello che Darwin chiamò «l'albero della vita». Lo scopo, ovviamente, è arrivare a comprenderne i rami, il tronco e le radici, e magari anche il seme che l'ha generato. Cioè, arrivare a risolvere il problema complementare a quello affrontato da Darwin stesso nel suo capolavoro del 1859, *L'origine delle specie*: non solo come la vita si sia evoluta e diversificata, fino a raggiungere la sua complessità odierna, ma anche, addirittura, come sia nata.

Molti scienziati si sono dedicati allo studio di un particolare organismo, e ne hanno spesso tratto fama e onori. Ad esempio, così è stato nei casi del batterio *Escherichia coli*, del verme *Caenorhabditis elegans* e del moscerino *Drosophila*, che hanno portato al premio Nobel una ventina di studiosi. Salendo nella scala evolutiva, i fringuelli e i piccioni di Darwin appartengono ormai alla storia dell'evoluzionismo.

Fra gli organismi più usati nei laboratori del passato ci sono stati ovviamente i porcellini d'India, non a caso chiamati anche "cavie", che oggi sono stati soppiantati da topi e ratti. Quanto alle api di Karl von Frisch, i pulcini di Nikolaas Tinbergen e le oche di Konrad Lorenz, hanno valso a tutti e tre il premio Nobel nel 1973, per i loro studi sul comportamento animale. Così come i gatti e le scimmie di David Hubel nel 1981, per i suoi studi sul sistema nervoso visivo.

Le mosche da una parte, e le api dall'altra, si situano nella classe degli insetti, a metà strada fra gli estremi dei micro- e dei macro-organismi. E fra gli insetti si trovano anche le formiche, il cui cantore è Edward Wilson. Un titolo meritato, trattandosi di un duplice vincitore del premio Pulitzer per la saggistica: nel 1979, per il saggio filosofico *Sulla natura umana* (Zanichelli, 1980), e nel 1991, per il resoconto scientifico *Formiche* (Adelphi, 1997), scritto insieme a Bert Hölldobler.

Se ci si vuole avvicinare alla mirmecologia, come si chiama in linguaggio tecnico questo studio (dal greco *myrmex*, «formica»), è però forse meglio iniziare da *Anthill*, «Formicaio» (Elliot Edizioni, 2010), che si presenta nel format più abbordabile del romanzo. Un libro strutturato in sei parti, tante quante le zampe degli esapodi che Wilson ha studiato per tutta la vita. E che racconta la storia di un ragazzo molto simile a lui, precocemente appassionatosi alle formiche e al loro mondo.

La quarta parte di *Anthill*, che giustifica il titolo del libro, fornisce una singolare cronaca ravvicinata di ciò che succede in un formicaio, subito dopo la morte della regina. Il momento è scelto ad arte, perché l'evento è destinato a provocare il collasso del sistema, dopo una disperata battaglia persa per la sopravvivenza. Si potrebbe dire che le vicende narrate costituiscono una vera e propria *Iliade* in miniatura, se non fosse vero il contrario. Infatti, i guerrieri guidati da Achille, che combattevano ciecamente fino alla morte, si chiamavano appunto Mirmidoni, "Formiconi", e secondo la leggenda discendevano da formiche trasformate in uomini da Zeus.

Oltre al fare la guerra, con tecniche che spaziano dal lancio di proiettili di pietra ai getti di sostanze chimiche, le formiche assomigliano agli uomini in molti altri aspetti. Anzitutto, per la capacità di comunicare attraverso un linguaggio basato sulla secrezione di feromoni, che vengono "uditi" attraverso l'olfatto e il gusto. E poi, per la perizia architettonica, che permette loro di erigere o scavare nidi complessi e diversificati, provvisti di sistemi di ventilazione e di termoregolazione, e spesso forniti di tappezzerie vegetali e arredamenti minerali.

Quanto alle specificità delle formiche, sono innumerevoli e sorprendenti. Ad esempio, le tagliafoglie praticano l'agricoltura, coltivando un fungo del quale si cibano, che "concimano" con le foglie che tagliano e trasportano. Le mietitrici si nutrono regolarmente di semi, che raccolgono da piante diverse. Le trofobionti mungono la melata, che è una specie di miele formato degli escrementi di afidi e altri insetti. Le schiaviste colonizzano formiche di specie diverse, facendo loro svolgere svariati tipi di lavoro. Le tessitrici cuciono rametti e foglie mediante filamenti di seta prodotti dalle larve, per costruirne dei nidi. Le guerriere razziano sistematicamente il terreno alla maniera degli Unni, avanzando in colonne o in sciami, e bivaccando in accampamenti. Eccetera.

Uno dei motivi di interesse nei confronti delle formiche è che esse forniscono il più noto esempio di insetti altamente sociali. Al punto che si possono considerare come i veri organismi non le formiche individuali, ma i formicai collettivi. Questo aspetto è affrontato in dettaglio da Wilson e Hölldobler nel loro ultimo superlibro, *Il superorganismo* (Adelphi, 2011), benché il concetto fosse stato introdotto già nel 1911 dal loro maestro William Wheeler, nel saggio *La colonia di formiche come superorganismo*.

I superorganismi mirmecologici, però, sono soltanto una particolare organizzazione biologica sovraindividuale. Ce ne sono molti altri esempi, nel regno animale: ad esempio, tra i coralli, le api, le vespe, le termiti, i pesci, gli uccelli, i delfini, gli elefanti, i leoni, i lupi, le scimmie. E, ovviamente, l'uomo. Si arriva così, in maniera naturale, allo studio proposto da Wilson nel 1975, nel suo discusso libro *Sociobiologia* (Zanichelli, 1979). Un termine, questo, che intende indicare una «nuova sintesi» tra sociologia e biologia, che renda conto delle «basi biologiche del comportamento sociale».

Un esempio di cosa la sociobiologia cerchi di dimostrare è la spiegazione fornita nel 1963 da William Hamilton del motivo per cui le formiche, le api e le vespe esibiscano comportamenti altruistici, apparentemente in contrasto con l'interesse individuale. Il fenomeno ha a che vedere con il loro particolare meccanismo di riproduzione, nel quale i maschi si sviluppano da uova non fecondate, e le femmine da uova fecondate. Questo fa sì che una femmina condivida solo metà dei propri geni con le figlie, ma ben tre quarti con le sorelle. Dal punto di vista della trasmissione dei propri geni, per una femmina è dunque più conveniente allevare sorelle, che figlie: cioè, essere membro sterile di una colonia, che madre.

La discussione sulla sociobiologia nasce dal fatto che essa tende a sottolineare ed enfatizzare le radici genetiche e i meccanismi selettivi del comportamento, e in generale i fattori naturali, a scapito e discredito di quelli culturali. Molti scienziati e umanisti hanno dunque reagito duramente alla nuova disciplina, accusandola di determinismo genetico e legittimazione dello *status quo* sociopolitico. Fra essi il genetista Richard Lewontin, il neurobiologo Steven Rose e lo psicologo Leon Kamin, nel libro-manifesto *Il gene e la sua mente. Biologia, ideologia e natura umana* (Mondadori, 1983).

Tra i comportamenti sociali umani che la sociobiologia cerca di ridurre ai geni e alla selezione ci sono il sesso, l'aggressione, il tribalismo, la guerra, il genocidio, la cooperazione, l'altruismo, la competizione, l'intraprendenza, il conformismo, l'indottrinabilità e la religione. Wilson li affronta nel citato saggio *Sulla natura umana*, e identifica nella predisposizione per la religione «la forza più complessa e potente della nostra mente, e probabilmente una parte non eradicabile della nostra natura».

Egli non crede che l'educazione scientifica finirà per farla scomparire. Anzi, porta come ovvio controesempio gli Stati Uniti, che sono allo stesso tempo la nazione scientificamente più avanzata, e la seconda più religiosa, dopo l'India. E indica come motivo il fatto che «gli uomini preferiscono il credere al sapere». Come nel titolo di un bel libro dello psicologo cognitivo Vittorio Girotto, del filosofo della scienza Telmo Pievani e del neuroscienziato Giorgio Vallortigara, tutti noi siamo *Nati per credere* (Codice, 2008). Non possiamo far altro che accettarlo, e cercare di capire il perché.

Lo stesso Wilson non è immune dal morbo della fede, e si dichiara un «teista provvisorio». Nel senso che si è allontanato dalla Chiesa, e non si professa più cristiano, ma non è diventato agnostico o ateo. Nel suo bel libro *La creazione* (Adelphi, 2008) indirizza dunque una lettera a un immaginario pastore della Chiesa battista del Sud degli Stati Uniti, dove lui stesso è nato e cresciuto. E lancia «un appello per salvare la vita sulla Terra» alla scienza e alla religione, identificate come «le due forze più potenti del mondo d'oggi».

Non è necessario concordare con lui sulla necessità di questa nuova Santa Alleanza per condividere la sua diagnosi sul problema con il quale si confronta oggi l'umanità. Il fatto, cioè, che negli ultimi diecimila anni l'avvento della civiltà ha determinato uno sfasamento tra i tempi della storia umana e quelli della storia naturale. Siamo diventati una letterale chimera, provvista di emozioni preistoriche, concezioni medievali e tecnologie avveniristiche. Questa combinazione ci rende insensibili alle forze che contano per la nostra stessa sopravvivenza. E ci lascia purtroppo prevedere che, alla lunga, le formiche e i formicai sopravvivranno, ma gli uomini e le loro società no.

Il palazzo d'inverno della Monarca
(FARFALLE)

Secondo la mitologia greca, i due fratelli gemelli Danao ed Egitto, nipoti di Poseidone, ebbero cinquanta figli ciascuno: femmine il primo, e maschi il secondo. Egitto avrebbe voluto che i figli si sposassero con le nipoti, ma queste rifiutarono e fuggirono con il padre ad Argo, dov'egli divenne re e diede origine alla stirpe dei Greci. I ragazzi però inseguirono le cugine e le costrinsero a sposarli, ma furono poi tutti uccisi dalle mogli. Meno uno, Linceo, che in seguito vendicherà i fratelli.

Nell'antichità la storia delle Danaidi diede a Eschilo lo spunto per la tragedia *Le supplici*, ma ancor oggi la loro memoria è perpetuata da una specie di farfalle, le *Danaus plexippus*. La seconda parte del loro nome ricorda anche uno dei cinquanta figli di Egitto, che partecipò alla caccia al cinghiale di Calidone.

Le farfalle in questione sono più note come Monarca, ed erano già state descritte da Linneo nel 1758. Sono tipiche del Nord America, benché siano presenti in molte parti del mondo, dall'Argentina all'Australia. Le loro ali sono larghe una decina di centimetri, e hanno un caratteristico colore arancione, con un bordo nero punteggiato di pallini bianchi.

La connessione col mito greco sta nel fatto che, da un lato, le Danaidi migrano annualmente. E, dall'altro, l'accoppiamento è costoso per i maschi. Essi trasferiscono infatti nelle femmine non soltanto lo sperma, ma anche nutrimenti, che arrivano fino a un decimo della loro massa corporea. Rimangono così letteralmente svuotati da un rapporto sessuale che dura varie ore e viene effettuato in volo, mentre la femmina rimane passiva e il maschio deve sostenere entrambi con le proprie ali.

Quanto alla migrazione, le farfalle che stanno a Ovest delle Montagne Rocciose vanno a svernare in California, soprattutto a Pacific Grove e Santa Cruz. Quelle che stanno a Est scendono invece in una zona messicana ai confini tra gli stati di Michoacán e del Messico, chiamata appunto Riserva Biosfera delle Farfalle Monarca.

La scoperta che le farfalle del Canada arrivano fino in Messico durante la loro migrazione invernale, compiendo un viaggio di più di quattromila chilometri, è dovuta a una ricerca quasi quarantennale di un biologo canadese di nome Fred Urquhart, che fin dal 1937 iniziò a etichettare le ali delle Monarca, coinvolgendo nel tempo migliaia di volontari.

Una prima scoperta fu che le farfalle non volano di notte, e compiono tappe giornaliere che possono arrivare fino a centotrenta chilometri. Urquhart seguì progressivamente gli sciami fino in Texas, pubblicando nel 1960 la famosa monografia *La farfalla Monarca*, ma non riuscì a ritrovarne le tracce in Messico.

Nel 1973 l'industriale tessile Ken Brugger vide un suo annuncio su un giornale della capitale, e due anni dopo scoprì l'area di ibernazione. Nel 1976 Urquhart poté allora pubblicare, sul «National Geographic», un articolo intitolato trionfalmente: *Trovata la casa invernale delle Monarca*.

Di recente, nel 2005, Francisco Gutiérrez ha poi seguito gli sciami lungo l'intero percorso con un aliante ultraleggero a forma di gigantesca farfalla, appropriatamente battezzato in indigeno *Papalotzin*, «Farfallino». E ha prodotto un video che mostra la storia naturale della Monarca nel suo lungo viaggio di andata e ritorno.

Un viaggio che in teoria sembrerebbe essere impossibile, visto che la farfalla vive solo quattro o cinque settimane, precedute da due settimane come bruco e altre due come crisalide. Ma la Natura provvede in maniera misteriosa, intercalando ogni cinque generazioni normali una "generazione Matusalemme", che vive invece sette o otto mesi. Come se negli uomini, ogni cinque generazioni, ce ne fosse una che vive fino a cinquecento anni.

Questa dilatazione dei tempi, prodotta dal concepimento in zone fredde, ricorda in qualche modo quella prodotta dall'aumento della velocità nella relatività. Grazie a questa dilatazione, una dozzina di milioni di Monarca della generazione Matusalemme può intraprendere l'intero viaggio dal Canada al Messico. Può ibernare sugli abeti *oyamel* di una piccola zona di un paio di ettari di superficie, a più di tremila metri di altitudine, in grappoli così numerosi da piegarne i rami. E può ripartire in primavera per raggiungere il Texas e l'Oklahoma, generando una nuova generazione normale, alla quale passa il testimone.

La staffetta richiederà altre due o tre generazioni, tutte normali e di corta vita, per permettere alle Monarca di raggiungere casa propria e vivere una breve estate felice. Poi nascerà una nuova generazione Matusalemme, pronta a ripartire per l'esilio del Sud.

Parte della "felicità" di queste farfalle sta nel fatto che esse sono relativamente immuni dai predatori, perché le loro uova vengono deposte sulle foglie di piante tossiche della famiglia delle Asclepiadaceae. Anche questo nome ricorda un mito greco, quello di Asclepio o Esculapio, figlio di Apollo e dio della medicina.

Poiché i bruchi si nutrono di queste foglie, ne assimilano le tossine, e le farfalle risultano essere tossiche. I predatori hanno imparato a riconoscere i loro colori come "segnali di pericolo", e a tenersene lontani. E altre specie di farfalle non tossiche hanno imparato a imitarle, per mimetismo, sviluppando gli stessi colori delle Monarca e mescolandosi a esse, per trarre un vantaggio indiretto dalla loro pericolosità.

Ma l'aspetto forse più sorprendente della saga delle Monarca è che nessuna di esse compie un viaggio completo di andata e ritorno. Come possono, dunque, sapere tutte dove andare? E tornare ogni anno esattamente non solo nella stessa zona, ma addirittura sugli stessi alberi?

In parte le farfalle sono guidate dal campo magnetico terrestre, grazie a una piccola quantità di magnetite presente nel loro torace. Ma sono soprattutto i ritmi circadiani, e i "geni periodo" che essi continuamente attivano e disattivano, a guidarne il viaggio attraverso la posizione del Sole. A codificare geneticamente le istruzioni che permettono questo singolare "effetto farfalla". E a concludere scientificamente una storia iniziata mitologicamente, come tanto spesso succede.

Premiata macelleria McHitler's (CARNE)

Il 15 e 16 ottobre 1997 John Coetzee, già allora autore affermato e rispettato, benché non ancora insignito del premio Nobel per la letteratura, fu invitato dall'Università di Princeton a tenere le prestigiose Tanner Lectures. Poteva parlare di ciò che voleva, secondo il regolamento, purché l'argomento riguardasse «la comprensione del comportamento e dei valori umani».

Sorprendendo tutti, egli decise di non fare due lezioni accademiche, ma di leggere due racconti sulla *Vita degli animali* (Adelphi, 2000). La protagonista dei racconti era una scrittrice australiana di nome Elizabeth Costello, che veniva invitata da un'università statunitense a parlare di ciò che voleva. Sorprendendo tutti, ella decise di non fare due lezioni accademiche, ma di discutere della vita degli animali.

I racconti di Coetzee riportavano le conferenze della Costello e le reazioni che esse suscitarono, con un artificio letterario palese: lo scrittore accettava il diritto di poter dire ciò che voleva, ma rifiutava il dovere di essere responsabile di ciò che diceva. E la cosa lo soddisfece, evidentemente, visto che di lezioni di quel genere ne tenne in seguito molte altre, che confluirono poi in un intrigante libro di racconti-saggi intitolato appunto *Elizabeth Costello* (Einaudi, 2004).

Ciò che Coetzee fece concludere al suo doppio immaginario

nelle Tanner Lectures, a proposito dell'uso degli animali come alimentazione e sperimentazione, fu:

> Siamo circondati da un'impresa di degradazione, crudeltà e sterminio in grado di rivaleggiare con ciò di cui è stato capace il Terzo Reich. Anzi, in grado di farlo apparire poca cosa al confronto, poiché la nostra è un'impresa senza fine, capace di autogenerazione, pronta a mettere incessantemente al mondo conigli, topi, polli e bestiame con il solo obiettivo di ammazzarli.

La vita degli animali è un libro potente, che però persevera nel peccato originale di tutta la letteratura: narra storie inventate su esseri immaginari che popolano un mondo di fantasia. Dunque, non può produrre alcun effetto significativo e duraturo sulla vita di persone reali che vivono nel mondo reale.

Naturalmente, gli scrittori amano illudersi e illudere del contrario, e la prefatrice del libro dichiara enfaticamente che «se non sarà la narrativa a estendere la nostra empatia agli animali, non lo farà nemmeno la filosofia». E che «Coetzee usa sapientemente l'arte del linguaggio per indurci a considerare un problema etico che altrimenti non catturerebbe l'attenzione di alcuni di noi».

Altrettanto naturalmente, i veri filosofi sanno che l'attenzione facilmente catturata dal mondo immaginario viene altrettanto facilmente liberata non appena si ritorna nel mondo reale: cioè, non appena si richiude il libro, si spegne il televisore o si esce dal cinema. In altre parole, le storie sono passatempi divertenti ma sterili, perché suscitano sul momento molta partecipazione affettiva, ma in seguito non provocano nessuna azione effettiva. Non per nulla il bioetico Peter Singer, che nel libro fa il controcanto a Coetzee, dichiara esplicitamente: «Dite pure che sono antiquato, ma preferisco tenere verità e finzione ben separate».

La sua dichiarazione è particolarmente rilevante, perché Singer è l'autore del libro-manifesto *Liberazione animale*, uscito per la prima volta nel 1975, e ripubblicato nel 2009 in una nuova edizione aggiornata dal Saggiatore. Un documento-verità, appunto, che lungi dal limitarsi agli effetti soporiferi delle storie-finzioni, ha risvegliato nel mondo intero una concreta sensibilità nei confronti delle sofferenze e dei diritti degli animali.

Da filosofo, Singer inizia analizzando le due tradizioni occidentali. Quella maggioritaria, di sfruttamento e dominio degli animali in nome della supposta superiorità umana, che a partire dal *Genesi* passa attraverso Aristotele e Tommaso d'Aquino, per arrivare fino a Cartesio e Kant. E quella minoritaria, di rispetto ed empatia in nome della comune appartenenza all'albero della vita, che risale a Pitagora e continua con Hume e Voltaire, per arrivare a Bentham e Darwin.

I capitoli fondamentali del libro sono però quelli che buttano in faccia alle anime semplici, che credono che amare gli animali significhi coccolare cani e gatti, o inorridire per le corride e i massacri delle foche, i dati e i fatti relativi all'uso delle bestie nella sperimentazione e nell'alimentazione.

In particolare, Singer racconta in dettaglio le vite, le sofferenze e le morti da lager che *ogni anno* sono costretti a subire i *miliardi* di animali (dieci nei soli Stati Uniti, una volta e mezza la popolazione mondiale!) la cui carne e i cui prodotti finiscono sulla nostra tavola e nelle nostre pance: polli, vitelli, maiali, conigli, tacchini, uccelli e pesci, da un lato, e galline da uova e mucche da latte, dall'altro. Tutti esseri che, anche se non parlano e non pregano, comunque sentono e soffrono, e lo dimostrano in maniera straziante a chiunque si prenda la briga di andare a visitare i luoghi indecenti in cui vengono stipati e allevati industrialmente.

Singer dedica quasi tutta la sua attenzione al problema *etico* sollevato dall'uso degli animali, soprattutto come alimentazione, e tocca solo di sfuggita due aspetti che sono altrettanto importanti. E forse anche più convincenti, per lo meno in un mondo che è insensibile all'etica e alla moralità persino nei riguardi degli uomini: figuriamoci degli animali.

Il primo aspetto è *economico*: affinché noi possiamo mangiare gli animali, questi devono mangiare i vegetali. La maggioranza delle coltivazioni mondiali viene dunque dedicata alla produzione dei mangimi, con un duplice dispendio. Di efficienza, perché l'energia del Sole immagazzinata dalle piante viene utilizzata solo indirettamente, attraverso la carne che l'ha già utilizzata, invece che direttamente, attraverso i vegetali. E di costo, perché gli animali che mangiano i vegetali sono ovviamente più cari dei vegetali stessi. Detto con uno slogan: «La carne vale meno dei vegetali, ma costa di più».

Il secondo aspetto è *biologico*: il nostro intestino è lungo, come quello degli erbivori, e non corto, come quello dei carnivori. Il che significa, anzitutto, che non è la Natura a imporci di mangiar carne, bensì la cultura (se vogliamo chiamarla così). Ma significa anche, e soprattutto, che il nostro intestino non è adatto alla digestione della carne, che infatti vi sosta molto più a lungo, e vi si decompone molto più a fondo, dei vegetali.

Il risultato è un'alta incidenza del cancro al colon nelle società che mangiano molta carne, come le occidentali, e una bassa o nulla incidenza in quelle che ne mangiano poca o niente, come le africane e le orientali. Per legge si dovrebbero dunque avvisare i consumatori, così come già si avvisano i fumatori, apponendo sui prodotti di macelleria l'avviso: «La carne uccide».

Senza il supporto delle testimonianze raccolte nell'esplosivo libro di Singer, i potenti racconti di Coetzee rimarrebbero vuota invenzione letteraria. Alla luce di quelle, acquistano invece un valore di requisitoria processuale. Lasciamo dunque a lui l'ultima parola: quella che disse il 22 febbraio 2007, quando fu invitato al congresso *Sento, dunque sono* organizzato da Voiceless («Senza voce»), un istituto australiano per la protezione degli animali.

Questa volta lo scrittore fece il contrario che alle Tanner Lectures di dieci anni prima: non ci andò, ma mandò un proprio testo, che fu letto in apertura da un suo doppio reale. E la sua conclusione, sulla quale ci farà bene meditare, fu:

Quando abbiamo scoperto che i nazisti ebbero la brillante idea di adattare i metodi dell'allevamento industriale, inventati e perfezionati a Chicago, al macello (che essi preferirono chiamare lavorazione) degli esseri umani, abbiamo naturalmente gridato d'orrore: *Che crimine terribile, trattare esseri umani come bestie!* Ma avremmo fatto meglio a gridare: *Che crimine terribile, trattare esseri umani come ingranaggi di un processo industriale!* E quel grido avrebbe dovuto avere un poscritto: *Che crimine terribile, a ben pensarci, trattare esseri viventi come ingranaggi di un processo industriale!*

MATEMATICA

Il matematico si diverte
(GIOCHI)

La matematica e il matematico formano una strana coppia. Vivono in maniera ritirata e schiva, e praticamente non appaiono mai in società. Quando passano per strada, la gente distoglie lo sguardo e cerca di evitarli. Lei risulta incomprensibile e appare brutta: si mormora che solo lui sia in grado di capirla e apprezzarla. Quanto a lui, è lo stereotipo della persona distratta e sciatta, incurante del prossimo e del mondo, e tutto dedito soltanto alla sua "bella". Insieme costituiscono un enigma che nessuno si cura di risolvere. Anche se tutti percepiscono vagamente che, in qualche maniera misteriosa, il loro lavoro ha a che fare con il nostro modo di vivere.

Succede però che un giorno qualcuno vada a far loro visita, e riceva una grossa sorpresa. I due lo intrattengono nel salotto buono di casa, quello dedicato allo svago e al relax. Gli mostrano alcuni dei loro passatempi e giochi preferiti. Gli raccontano aneddoti e storie sui rami laterali e meno conosciuti della famiglia. E l'ospite capisce che la matematica e il matematico non sono come tutti hanno sempre creduto che fossero. Non solo, infatti, dimostrano delicatezza e sensibilità, ma si rivelano addirittura divertenti e spiritosi! Anzi, decisamente intriganti e coinvolgenti.

Il visitatore esce dalla loro casa nello stato d'animo del prigioniero della caverna platonica. Si è ormai liberato dalle catene che lo legavano a una visione distorta e parziale della matematica e del matematico, e vuole liberare anche il prossimo. Inizia a far circolare alcuni dei giochi che ha visto, e degli aneddoti che ha sentito. Li insegna a scuola da professore non convenzionale, e dunque adorato dagli studenti. Li scrive sul giornale da divulgatore originale, e dunque ammirato dai lettori.

Poco a poco, continuando a frequentare regolarmente la casa dove ha ricevuto l'illuminazione, diventa il massimo e più raffinato esperto nazionale del lato brillante di una materia oscura. E dopo più di trent'anni di frequentazioni e sperimentazioni, finalmente decide di pubblicare una *summa* della visione laterale della matematica e del matematico, sotto la specie del gioco e dell'enigma.

Quel liberto della caverna oscura si chiama Federico Peiretti. Quella *summa* luminosa si intitola *Il matematico si diverte* (Longanesi, 2010). E il divertimento a cui allude il titolo va ascritto non soltanto al matematico generico e collettivo di cui vengono raccontate le storie, ma anche, e soprattutto, al matematico specifico e individuale che le racconta. Perché queste pagine ribollenti di rompicapi, problemi, esercizi e teoremi mostrano al lettore ciò che coloro che conoscono l'autore sapevano da tempo: che, come l'India per Kipling, la matematica per Peiretti è prima di tutto, e sopra di tutto, un «grande gioco», appassionante e sempiterno.

Sembrerebbe una posizione velleitaria e balzana, com'era appunto per Kipling. E invece, quella di Peiretti può vantare come fondamento il massimo capolavoro filosofico del Novecento: le *Ricerche filosofiche* di Ludwig Wittgenstein. Addirittura, per il filosofo austriaco non è "soltanto" la matematica a essere un gioco, ma il linguaggio stesso. Sia l'una che l'altro devono infatti seguire correttamente regole convenzionali, ma condivise, esattamente come bisogna fare per giocare a un qualunque gioco senza barare.

Oltre che in filosofia, la concezione "ludica" della matematica trova una sponda anche in letteratura. O almeno, in quel tipo di letteratura che si caratterizza appunto come un gioco da giocare secondo regole precise, che possono addirittura avere natura matematica. La letteratura, per intenderci, dell'Oulipo fondato dal matematico-letterato François Le Lionnais e dal letterato-matematico Raymond Queneau, che ha prodotto capolavori *à contrainte* come *La vita istruzioni per l'uso* di Georges Perec (1978), o *Se una notte d'inverno un viaggiatore* di Italo Calvino (1979).

Non parliamo poi della musica seria, dove il "divertimento", lo "scherzo", il "dramma giocoso" e l'"opera buffa" costituiscono addirittura delle forme codificate di espressione. Non è un caso che fosse proprio la musica a rappresentare l'esempio archetipico del *Giuoco delle perle di vetro* di Hermann Hesse (1943). Anche se poi, a ben guardare, si scopriva che erano invece la letteratura, e soprattutto la matematica, a star dietro alla metafora.

Insomma, la visione della matematica come divertimento e gioco non guarda affatto ad aspetti secondari, e non riguarda affatto personaggi marginali. Lo comprovano i capitoli più squisitamente matematici de *Il matematico si diverte*, in cui mostri sacri quali Pitagora, Leonhard Euler, Ferdinand Möbius, Roger Penrose e John Conway appaiono nelle loro vesti istituzionali e producono matematica più o meno convenzionale, che risulta divertente *malgré soi*.

Ad esempio, i numeri figurati, di cui rimangono ancor oggi tracce in espressioni come "quadrato" e "cubo". O i grafi, che trovano applicazioni nella distribuzione ottimale delle merci. O i nastri a una sola faccia, oggetto delle sculture di Max Bill. O le piastrellazioni non periodiche del piano, misteriosamente anticipate dalla Natura nei quasicristalli. O il Gioco della Vita, che pur non potendo essere così eccitante e prolifico come il suo omonimo canonico, è comunque la più interessante realizzazione degli automi cellulari e della vita artificiale.

Altri capitoli ci mostrano invece sommi o ottimi matematici

in libera uscita, quali Archimede, Édouard Lucas, Piet Hein e John Nash. Non soddisfatti dei giochi a loro disposizione, essi ne hanno inventati da par loro di nuovi e stimolanti. Ad esempio, lo straordinario puzzle dello Stomachion, che permette di riempire un quadrato in più di cinquecento modi diversi, e di costruire altre forme più disparate in quantità innumerevoli. O il difficile rompicapo della Torre di Hanoi, la cui soluzione richiede l'intuizione di un vero e proprio principio logico. O il contagioso Hex, per il quale il primo giocatore sa di avere una strategia vincente, ma non gli serve a molto saperlo, perché intanto nessuno sa qual è.

I rimanenti capitoli sono dedicati ai veri e letterali «giocolieri» della matematica. Cioè, a dilettanti di grande valore quali Lewis Carroll, Sam Loyd, Henry Dudeney e Martin Gardner. O a grandi espositori quali lo scriba egizio Ahmes, il monaco medievale Alcuino di York e l'avvocato inglese Walter Rouse Ball. Quando si pensa ai giochi matematici, si pensa agli articoli e ai libri di questi autori, che hanno collezionato e tramandato nei secoli, letteralmente, puzzle ed enigmi antichi e nuovi, buoni per tutte le stagioni e tutti i gusti. I gusti, per intenderci, dei lettori che sfogliano le pagine di svago culturale dei quotidiani e dei settimanali, o che leggono riviste di stimolo intellettuale che spaziano dalla «Settimana enigmistica» alle «Scienze».

Fa bene Peiretti a considerare pure questo aspetto, perché in fondo sono proprio gli indovinelli e gli enigmi i modi più indolori e stimolanti di avvicinare ragionamenti in cui la matematica è nascosta dietro le quinte. E non può dunque spaventare o preoccupare, perché non se ne percepisce neppure la presenza. Tanto per fare un esempio, che nel libro appare solo indirettamente, mascherato da problema delle palline bianche e nere di Carroll, immaginiamo un gioco con buste-premio da scegliere, come quelli che si vedono spesso in televisione.

Supponiamo che di buste ce ne siano tre, contenenti premi in denaro: diciamo, un milione di euro una, e mille euro le altre due. Il concorrente sceglie una delle tre buste. Il presentatore apre una delle due rimanenti, che *non* contiene il milione, e offre al concorrente la possibilità di cambiare la sua scelta, o di confermarla. Che cosa gli conviene fare? Pensateci. Discutetene con amici e parenti. Difendete con i denti la vostra soluzione. E non preoccupatevi se sbaglierete la risposta: ci cascò a suo tempo anche Paul Erdös, un altro dei grandi per i quali la matematica era un affascinante e assuefacente gioco.

È proprio questo genere di problemi, che uniscono divertimento e ragionamento, a permettere ai genitori, agli insegnanti e ai divulgatori di salvare capra e cavoli. Cioè, di accalappiare gradevolmente l'attenzione dei figli, degli studenti e del pubblico, e dirottarla sulla matematica di soppiatto, facendoli giocare e divertire.

A proposito, da dove deriva l'espressione "salvare capra e cavoli"? Leggete Peiretti, e lo scoprirete. Buon divertimento!

L'inesistente Via Regia esiste
(DIVULGAZIONE)

Gli *Elementi* di Euclide sono, probabilmente, il più importante e influente testo che sia mai stato pubblicato. Un altro solo, la Bibbia, ha avuto così tante edizioni e ricevuto così tante attenzioni. Ma nessun altro, e meno che mai la Bibbia, è stato così universalmente riconosciuto come la sintesi di un sapere comune a tutti i tempi e tutti i luoghi. Con buoni motivi, perché il testo di Euclide non narra storie superficiali e soggettive, ma espone i profondi e oggettivi fondamenti della geometria.

Purtroppo, gli *Elementi* di Euclide non possono essere letti senza preparazione e senza sforzo, come se fossero letteratura. Già Tolomeo I, il generale di Alessandro Magno che ne ereditò il potere ad Alessandria, e vi fondò la famosa Biblioteca e l'altrettanto famoso Museo, sperava di potersi far insegnare qualche scorciatoia dallo stesso Euclide. Ma, almeno stando a ciò che racconta Proclo nel suo *Commento agli Elementi*, ricevette dal matematico la famosa risposta: «Sire, non ci sono vie regie in geometria».

Da allora, coloro che hanno voluto imparare la saggezza euclidea hanno dovuto piegarsi e passare sotto le forche caudine del suo testo, o di qualche sua versione riveduta e corretta. In particolare, sorbendosi la lunga lista di definizioni, assiomi, dimostrazioni e proposizioni che costituiscono l'impianto dell'opera. Un vero e proprio tour de force di 465 teoremi, che parte dalla costruzione di un triangolo equilatero e finisce con la dimostrazione che esistono solo cinque solidi regolari, passando ovviamente attraverso il teorema di Pitagora e altre meraviglie matematiche.

Eppure, i grandi matematici dell'antichità, da Talete ad Archimede, non hanno certo percorso il cammino formale e rigido tipico di Euclide per arrivare ai risultati che oggi portano il loro nome. Anzi, hanno spesso scoperto quei risultati guardandosi semplicemente attorno, facendo ipotesi e congetture, e ragionando in maniera informale e fluida. Ad esempio, è stato probabilmente osservando il piritoedro, un cristallo di pirite a dodici facce pentagonali quasi regolari, abbastanza diffuso nella Magna Grecia, che i Pitagorici hanno intuito l'esistenza del dodecaedro. Di un solido, cioè, a facce pentagonali regolari.

Una volta scoperto, questo solido fu adottato da Platone nel *Timeo* per descrivere la forma dell'universo, e gli artisti ci si sbizzarrirono. Ad esempio, nel 1509 Leonardo lo illustrò per il trattato *La divina proporzione* di Luca Pacioli. Nel 1527 il Parmigianino lo fece indicare al suo *Diogene*, nell'omonimo ritratto del filosofo. E nel 1955 Salvador Dalí lo adottò come struttura della stanza in cui ambientò *L'ultima cena*.

Quanto alla Natura, non aveva certo dovuto attendere la scoperta dei Pitagorici per usare a suo piacimento il dodecaedro. Ad esempio, ci sono molecole costituite da venti atomi di carbonio, disposti esattamente come i vertici di un dodecaedro. Esse rappresentano il più semplice esempio dei fullereni, che prendono il nome dalle cupole geodesiche dell'architetto Buckminster Fuller. E ci sono minuscoli protozoi presenti nel plancton marino, chiamati radiolari, che hanno esattamente la forma di un dodecaedro.

Come si vede, anche un semplice esempio di figura geometrica, se osservato attentamente, può condurre progressivamente alla filosofia, all'arte, all'architettura, alla chimica e alla biologia. E non stiamo certo parlando di un'eccezione. Praticamente qualunque figura geometrica, piana o solida, può fungere da chiave per aprire una o più porte che conducono, variamente, all'umanesimo, alla scienza o a entrambi.

Ma allora, forse, la via regia di cui Euclide negava l'esistenza esiste! E consiste nell'addentrarsi e nel girovagare nei mondi della Natura e dell'arte per illustrare i concetti della geometria, sfruttando appunto il fatto che essi sono forme pure di un mondo astratto e ideale, ispirate dalle forme impure del mondo concreto e reale.

Una piramide di problemi
(GEOMETRIA)

Nel gennaio del 1962 Michael Atiyah, all'epoca un giovane ricercatore, domandò a un ancor più giovane ricercatore, Isadore Singer, perché una certa quantità geometrica fosse un numero intero. La sorpresa risposta fu: «Perché me lo domandi? Lo sai meglio di me!». Ma ancor più sorprendente fu la controrisposta: «C'è una ragione più profonda!». Il cammino comune iniziato da quello scambio sfociò qualche mese dopo nel famoso *teorema dell'indice di Atiyah-Singer*, che valse al primo la medaglia Fields nel 1966, e a entrambi il premio Abel nel 2004.

La storia è uno degli aneddoti preferiti di Claudio Bartocci, che ne ha raccontato i dettagli nel capitolo «Le ragioni profonde della matematica» del collettaneo *Vite matematiche* (Springer-Verlag Italia, 2007). E la ricerca delle «ragioni profonde», questa volta della costellazione di idee e risultati che hanno portato nell'Ottocento al parricidio di Euclide e alla creazione della geometria non euclidea, costituisce il filo conduttore del suo primo, sapiente e profondo libro da autore: *Una piramide di problemi. Storie di geometria da Gauss a Hilbert* (Cortina, 2012).

Bartocci, come si sarà capito, è un matematico: un geometra algebrico, per la precisione. Ma mai precisione è stata tanto imprecisa quanto questa angusta definizione di un intellettuale che, più di ogni altro che io conosca o di cui sappia, realizza concretamente l'ideale astratto descritto dalle espressioni «uomo di multiforme ingegno», «umanista rinascimentale» e *polymath*. A me non è mai capitato di riuscire a citargli un libro che lui non avesse già letto. La stessa cosa si racconta anche di Borges o di Eco, ma chi li descrive come «lettori universali» ha una visione limitata dell'universalità, ristretta all'umanesimo e non estesa alla scienza.

Bartocci, invece, sembra conoscere tutto in entrambi i campi della cultura, e lo dimostrano due sue opere di curatela. Da un lato, l'originale raccolta di *Racconti matematici* (Einaudi, 2006), che spazia da Borges e Cortázar a Pynchon e Saramago. E, dall'altro lato, l'enciclopedica Grande Opera in quattro volumi *La matematica* (Einaudi, 2007, 2008, 2010 e 2011), di cui ha pazientemente commissionato e personalmente editato il centinaio di contributi, assommanti a 3.467 pagine di testo!

Non stupisce che, con la sua voracità di lettore, un sesto di *Una piramide di problemi* consista di una bibliografia di 60 pagine, modestamente descritta come «senza alcuna pretesa di completezza», e «limitata ai testi consultati». Un apparato così sterminato è giustificato dalla convinzione programmatica di Bartocci che l'evoluzione delle idee matematiche non segua né un cammino lineare e progressivo, né un percorso accidentato attraverso un paesaggio di concezioni universalmente condivise, ma sia al contrario un pulviscolo costituito da una miriade di traiettorie più o meno autonome, vicoli ciechi e piste sotterranee, che si intrecciano in un labirinto pluridimensionale, dalla topologia incerta e mutevole.

All'interno di questo labirinto, Bartocci traccia un percorso diacronico e uno sincronico, rispettivamente di lunga e di breve durata. Il primo, che gli serve a stabilire le colonne d'Ercole temporali della sua "Odissea nello spazio geometrico", parte da un risultato di Euclide che tutti abbiamo imparato a scuola, anche se molti se lo saranno dimenticato: il fatto che due triangoli con la stessa base e la stessa altezza hanno la stessa area.

Con quest'ultima espressione, "avere la stessa area", noi intendiamo di solito che, per i due triangoli in questione, il prodotto della base per l'altezza (diviso per due) è lo stesso. I Greci, invece, intendevano anche che si possono scomporre i due triangoli in uno stesso numero di pezzi uguali. Più precisamente, che si può scomporre uno dei due triangoli in un numero finito di triangolini, che si possono poi ricomporre nell'altro triangolo.

L'analogo tridimensionale dei triangoli sono i tetraedri: cioè, le piramidi a quattro facce triangolari, che Dante chiamava «tetragoni» e usava in senso figurato, come nel verso «tetragono ai colpi di ventura». I Greci sapevano che due tetraedri con la stessa base e la stessa altezza hanno lo stesso volume, ma la dimostrazione di Euclide non è per niente immediata, com'era invece nel caso dei triangoli. Nel 1899 David Hilbert domandò se si può sempre scomporre uno dei due tetraedri in un numero finito di tetraedrini, che si possono poi ricomporre nell'altro tetraedro. La risposta è no, e la diede quello stesso anno Max Dehn.

Il libro di Bartocci si apre con il problema dei triangoli e si chiude con quello dei tetraedri, a indicare che alcuni fili del tessuto della matematica percorrono tutto il suo ordito, dall'antichità alla contemporaneità. Il corpo del suo discorso è però dedicato, nel secondo percorso, a dipanare l'aggrovigliata matassa della geometria dell'Ottocento, da lui stesso definito «il secolo "lungo" nel quale affondano le radici della nostra modernità».

L'aggrovigliamento è duplice. Da un lato, infatti, i fili dei contributi individuali si intrecciano fra loro, completandosi a vicenda come tessere parzialmente sovrapponibili di un grande puzzle. Dall'altro lato, vari fili escono da quel particolare groviglio per penetrare in altri, contribuendo a dare un'impressione non ingenuamente romantica, ma maturamente realistica, della matematica come un «groviglio di grovigli». E Bartocci si dedica, con perizia e acume, a mostrare

> gli avventurosi percorsi di ricerca che conducono ai teoremi, le questioni che in tutto o in parte li motivano, le idee che li innervano, il nugolo di interrogativi che ne scaturiscono.

Scorrono così, nei nove capitoli e nelle 85 pagine di note, le quasi millenarie intuizioni del matematico-poeta 'Omar Khayyām, più noto al mondo per i versi delle *Rubaiyāt*. Le anticipazioni ignare di padre Girolamo Saccheri, che credeva di rifondare Euclide mentre lo stava minando. Quelle semiconsce di Johann Lambert, che come Mosè intravide la Terra Promessa senza riuscire a entrarci. I risultati maturi di Carl Friedrich Gauss, tenuti segreti per «non sollevare le strida dei Beoti». Le uscite allo scoperto di János Bolyai e Nikolaj Lobačevskij, oggi considerati gli scopritori ufficiali della geometria non euclidea. E i modelli di Eugenio Beltrami, alcuni ritrovati per vie traverse da Felix Klein e Henri Poincaré, che permisero di visualizzarla.

Ma le analisi più raffinate Bartocci le dedica ai due veri protagonisti del suo libro: Bernhard Riemann e David Hilbert. Al primo, per le connessioni tra il proprio pensiero matematico e quello filosofico di Johann Herbart: un singolare esempio di un possibile fecondo interscambio tra le due discipline. E al secondo, per i suoi ormai classici *Fondamenti della geometria* del 1899, che aprirono in sequenza la strada alla metamatematica, ai teoremi di Kurt Gödel e Alan Turing, e dunque in ultima analisi all'informatica! A dimostrazione di questo assunto fondamentale di Bartocci:

> La matema tica del passato non è morta e imbalsamata, copia derisoria di se stessa come la triste tigre impagliata di un museo zoologico *d'antan*, ma è al contrario ancora palpitante di vita.

Una data memorabile
(NUMEROLOGIA)

I disfattisti avevano annunciato il giorno del giudizio per il 20 dicembre 2012. Ma un anno prima è sembrato, per un momento, che potessero essersi sbagliati per eccesso di ottimismo! Le calamità naturali, dalla Tailandia all'Italia, e le crisi economiche e politiche mondiali, avevano infatti permesso di sospettare che il momento della resa dei conti potesse essere ormai imminente. E che potesse arrivare, per la precisione, l'11 novembre 2011!

Naturalmente, le previsioni sulla fine del mondo possono solo essere smentite, perché se venissero confermate non rimarrebbe più nessuno a testimoniarle. La saggezza impone dunque di non farle. Ma è comunque interessante domandarsi perché la fine del mondo non venga mai prevista per una data "qualunque", bensì sempre per qualche giorno numerologicamente significativo. Ad esempio, appunto, l'11.11.11.

Cosa c'è, in certi numeri, che ce li rende più attraenti o misteriosi di altri? Da un certo punto di vista, quella data è unica, nel senso che non ce ne sono altre in cui tutte le cifre siano uguali. Anche se, naturalmente, in queste faccende si bara sempre un po': nel caso in questione, sottintendendo il 20 nel 2011. Per non barare, ci si sarebbe dovuti preoccupare del 20.11.2011, nove giorni dopo. O, meglio ancora, dell'11.11.1111, novecento anni prima.

Ma anche così possiamo comunque accontentarci. Preoccupiamoci dunque dell'11.11.11, che per un numerologo è proprio un bel numero! Ad esempio, se lo si moltiplica per se stesso, si ottiene un palindromo composto dalle cifre dall'1 al 6: cioè 12.345.654.321. Viceversa, il 111.111 si ottiene da quelle stesse cifre, moltiplicando 12.345 per 9, e aggiungendo 6.

A dire il vero, non c'è niente di miracoloso in tutto questo. Cose analoghe succedono per tutti i numeri composti di sole unità. Ci si può divertire a verificarlo partendo dall'11, il cui quadrato è uguale a 121, e che si ottiene moltiplicando 1 per 9 e aggiungendo 2. E finendo con il 111.111.111, che fa analogamente intervenire tutte le cifre dall'1 al 9.

Da un altro punto di vista, l'11.11.11 non è un numero primo, e risulta essere il prodotto di 3 per 7 per 11 per 13 per 37. E qui i numerologi fanno festa, perché ciascuno di questi fattori ha interesse di per sé. Ad esempio, 3 enumera le ubique triadi che costellano il pensiero umano, dalle Grazie e le Furie alla Trinità e la Sacra Famiglia.

Sul 7 si potrebbe scrivere un libro intero, che includerebbe le note musicali, i colori dell'arcobaleno, i giorni della settimana, le meraviglie del mondo, i peccati capitali e i sacramenti.

L'11 e il 13 sono invece da prendere con le molle, perché costituiscono il difetto e l'eccesso del 12, che enumera le costellazioni, i mesi dell'anno, le ore del giorno e della notte, le tribù di Israele e gli apostoli di Cristo.

Quanto al 37, a prima vista sembrerebbe un numero non interessante. Ma dev'esserlo per forza, perché *tutti* i numeri sono interessanti! Per dimostrarlo, basta supporre che ci sia qualche numero che non lo è, e considerare il più piccolo di tali numeri. Esso sarebbe il più piccolo non interessante, e questo lo renderebbe automaticamente molto interessante! Dunque, è assurdo che ci siano numeri non interessanti, e tutti devono esserlo, 37 compreso.

Parte del fascino dei numeri sta appunto nella possibilità di giocarci in questa maniera prescientifica e parascientifica, andando a caccia dei supposti segreti magici che essi nasconderebbero e racchiuderebbero. Il condizionale rivela che oggi noi consideriamo la numerologia semplicemente come una malattia infantile dell'aritmetica. Una malattia dello stesso genere dell'astrologia, dell'alchimia o della mitologia, relativamente alla salute matura rappresentata dall'astronomia, dalla chimica o dalla storia.

Ma per potersi vaccinare nei confronti di tutte queste malattie infantili, il pensiero ha dovuto intraprenderne le rispettive strade. Gli antichi non potevano infatti sapere *a priori* quali fossero i percorsi fecondi da percorrere, ed erano dunque giustificati nel provare a seguirli tutti. A essere imperdonabili sono invece i "moderni" che *a posteriori* si avventurano ancora su quelle vie, benché esse abbiano ormai da tempo rivelato di essere sterili e senza uscita.

Tra le patrie della numerologia antica si annoverano l'Egitto, l'India, la Cina, Israele e la Grecia. In quest'ultima, in particolare, Pitagora elaborò una concezione mistica dei numeri che non si limitava a determinarne le proprietà specificamente aritmetiche, ma assegnava loro caratteristiche genericamente numerologiche.

Ad esempio, i pari venivano considerati femminili, perché si potevano dividere, e i dispari maschili, per contrapposizione. Il 6 invece era perfetto, in quanto uguale alla somma dei suoi divisori propri 1, 2 e 3. E nella *Città di Dio* Agostino interpretò questa proprietà come il «motivo» per cui Dio aveva creato il mondo in 6 giorni.

L'ultima osservazione appartiene a un'improbabile «aritmetica della teologia», ma i Pitagorici erano già andati oltre, arrivando a invertire i termini del discorso. *Teologia dell'aritmetica* è infatti il titolo di un'opera di Giamblico, che riassume l'astratta concezione del numero come essenza di tutte le cose, ed esibisce i concreti significati reconditi attribuiti ai numeri da 1 a 10.

Il più noto trattato numerologico non appartiene però alla cultura occidentale, ma a quella orientale. Si tratta infatti di uno dei cinque classici confuciani, l'*I Ching* o «Libro dei mutamenti». Esso presenta una visione binaria del mondo basata sui 64 esagrammi, ottenuti disponendo in tutti i modi possibili sei segmenti interi o spezzati. O, se si preferisce, basata sui numeri da 0 a 63 scritti in base 2, invece che in base 10: cioè, usando soltanto le cifre 0 e 1, come fanno i calcolatori elettronici, invece che le cifre da 0 a 9, come fanno quelli umani.

In questo sistema, 11.11.11 non è altro che la rappresentazione binaria di 63, appunto. E corrisponde all'esagramma *Ch'ien*, «Il Creativo» o «Doppio Cielo», costituito da sei segmenti interi. La sentenza che l'*I Ching* gli associa è: «Il Creativo opera con sublime successo. È propizio essere perseveranti e corretti». E l'immagine relativa è: «Il moto del cielo è vigoroso. Così il nobile rende se stesso forte e instancabile».

Chi si contenta, gode. Carl Gustav Jung, ad esempio, che nel 1949 dedicò una famosa introduzione all'opera. Leibniz invece ne rimase turbato, quando seppe dai missionari gesuiti in Cina di essere stato preceduto di millenni nella sua scoperta del sistema binario. Alla quale egli annetteva una grande importanza numerologica, come dimostrazione del fatto che *omnibus ex nihilo ducendis sufficit unum*, «per generare tutto dal nulla (0) basta l'uno (1)».

Lo stesso Leibniz fece anche un sostanziale passo in avanti rispetto al *Libro dei Numeri* della Bibbia, un altro classico della numerologia. La scrittura ebraica, come d'altronde quella greca, non aveva infatti simboli per i numeri, e li indicava con le lettere dell'alfabeto, ampliato a 27 caratteri: le prime nove lettere per le unità, le seconde nove per le decine, e le terze nove per le centinaia. Ogni parola corrispondeva dunque a un numero, e viceversa.

Su questa base gli ebrei svilupparono un sofisticato sistema di *gematria*, basato su una ricerca dei significati reconditi dei testi, ottenuta sommando le cifre corrispondenti alle lettere delle parole. Nel 1666, nel *De arte combinatoria*, Leibniz comprese che i prodotti erano più fecondi delle somme. Ma bisognò aspettare il lavoro di Gödel del 1931 per capire che una *gematria* sensata e feconda, che permettesse una mutua traduzione tra l'aritmetica e il linguaggio, doveva invece essere fondata sugli esponenziali e sulla decomposizione in fattori primi.

Ma non sempre queste cose funzionano. Anzi, quasi mai! Newton, ad esempio, commentò inutilmente l'*Apocalisse* di Giovanni, il classico cristiano della numerologia, nel tentativo di scoprire il significato recondito del numero 666 della Bestia, che lui credette di identificare nel papa.

Dunque, non ci sono papi, o santi, che tengano. La numerologia è sterile perché pretende di usare la matematica come uno strumento *a priori* di analisi del mondo, mentre la scienza ci ha dimostrato che solo un suo uso *a posteriori* è fecondo. Allora, divertiamoci pure con amenità come l'11.11.11, purché ricordiamo che si tratta appunto soltanto di ameni divertimenti.

Beati i primi, se sono milionari (ARITMETICA)

La complessità del reale rende difficile, se non addirittura impossibile, una sua conoscenza esaustiva e ostensiva. Da sempre, dunque, si è cercato di ridurlo e classificarlo, all'insegna del *divide et impera* dei conquistatori. Ad esempio, Platone insegnava nel *Fedro* che «l'uomo deve necessariamente comprendere in funzione delle idee, procedendo da una molteplicità sensibile a un'unità intellettuale».

In un progressivo percorso di semplificazione e astrazione, la rappresentazione della realtà è stata ridotta dapprima a concetti e ideogrammi, e poi alle lettere dell'alfabeto, che costituiscono un armamentario atto a rappresentare l'intera complessità del linguaggio, se non del pensiero. Naturalmente, il fatto che i simboli alfabetici siano ristretti a poche decine non impedisce loro di essere potenzialmente in grado di generare, combinandosi, una quantità illimitata di parole finite.

Sembra però che non solo la sua rappresentazione, ma la stessa realtà fisica sia riconducibile a un armamentario finito, da cui essa può essere ricostruita, a vari livelli. Due esempi sono ormai entrati a far parte della cassetta degli attrezzi scientifici, a disposizione di qualunque studente delle superiori. Da un lato, il centinaio di elementi atomici che formano la tavola di Mendeleev, le cui combinazioni permettono di ricostruire tutte le molecole della chimica. E, dall'altro lato, le decine di particelle elementari come gli elettroni o i quark, alle quali è stata ridotta l'intera fisica subatomica.

La situazione non è diversa in matematica, dove anche i numeri interi possono essere ricondotti a una serie di mattoni fondamentali che permettono di ricostruirli tutti. Se l'operazione di ricostruzione è l'addizione, allora c'è addirittura un unico mattone: cioè, l'unità. Ogni numero intero, infatti, si può ottenere partendo dallo zero e aggiungendo un'unità, esattamente quel numero di volte. Anzi, benché la cosa possa sembrare circolare, questa è una vera e propria definizione di «numero intero», proposta per la prima volta nel 1921 da Wittgenstein nel suo famoso *Trattato logico-filosofico*.

Se invece l'operazione di ricostruzione è la moltiplicazione, le cose si fanno più complicate, ma anche più interessanti. Anzitutto, non ci vuol molto a capire che anche qui ci devono essere dei mattoni fondamentali, che sono semplicemente i numeri che non possono essere divisi per altri numeri, se non in maniera banale. Cioè, dividendoli per l'unità o per se stessi, cosa che ovviamente si può sempre fare con qualunque numero. Questi mattoni fondamentali si chiamano *numeri primi*, e ne sono esempi non banali (ossia, diversi da 1) i numeri 2, 3, 5, 7, 11, 13, eccetera.

Di nuovo, non ci vuol molto a convincersi che ogni numero si può scomporre in un prodotto di numeri primi. Infatti, può succedere che quel numero non sia divisibile per altri numeri: allora è già primo lui, e la cosa finisce lì. Se così non è, quel numero dev'essere divisibile per altri numeri, ed è dunque il prodotto di due fattori, ciascuno dei quali sarà o primo, o divisibile.

Nel primo caso, si è raggiunto un mattone fondamentale che compone il numero di partenza. Nel secondo caso, si può ripetere la cosa e dividere a sua volta quel fattore in altri due fattori, e così via. A forza di dividere, devono rimanere soltanto mattoni fondamentali, perché a ogni divisione i fattori diventano più piccoli, e prima o poi il procedimento si esaurisce.

Senza quasi accorgercene, abbiamo dimostrato un teorema importante dell'aritmetica: che ogni numero intero si può scomporre nel prodotto di un numero finito di numeri primi. Ma nei classici *Elementi* di Euclide si dimostra ingegnosamente qualcosa di più, che viene addirittura chiamato *teorema fondamentale dell'aritmetica*. Precisamente, che la scomposizione in fattori primi di un numero è unica, nel senso che comunque si proceda si arriva sempre agli stessi fattori primi, a parte l'ordine.

I numeri primi sono dunque veramente i mattoni dell'aritmetica, e la domanda più ovvia che ci si possa fare, dato un numero, è se esso sia appunto primo, oppure no. La risposta si può sempre trovare, se si ha pazienza, perché basta provare a dividerlo per tutti i numeri minori, uno dietro l'altro. Alla fine o se ne trova uno che divide il numero, che allora non è primo, oppure nessuno lo divide, e allora è primo.

Tutto ciò è facile a dirsi, ma farlo richiede un tempo che cresce spaventosamente per numeri via via più grandi. E già per numeri con poche centinaia di cifre diventa impossibile da fare in un tempo inferiore alla durata dell'universo! Secoli, anzi, millenni di tentativi per rendere il procedimento meno lungo e laborioso sono culminati nel 2002 in un metodo veloce e sicuro per determinare se un numero è primo o no. L'hanno trovato i tre matematici indiani Manindra Agrawal, Neeraj Kayal e Nitin Saxena.

Purtroppo, però, il loro risultato non fornisce un metodo altrettanto veloce e sicuro per scomporre in fattori un numero che non è primo. Lo farebbe, invece, una soluzione positiva al cosiddetto *problema P=NP*, il più importante dell'informatica teorica. Esso costituisce anche uno dei sette *Problemi del millennio*, per la soluzione di ciascuno dei quali il miliardario americano Landon Clay ha offerto un premio di un milione di dollari, e all'insieme dei quali Keith Devlin ha dedicato un omonimo libro (Longanesi, 2004).

Il motivo per cui l'informatica si interessa ai numeri primi è che la crittografia ha recentemente incominciato a usarli per produrre metodi di codifica delle informazioni a prova di bomba. O quasi, visto che questi metodi si basano tutti sull'assunzione che sia appunto impossibile trovare un metodo veloce e sicuro per determinare i fattori primi di un numero.

Dopo il risultato dei tre matematici indiani le banche, le industrie, i politici e le spie di tutto il mondo hanno iniziato a tremare. Perché se qualcuno riuscisse a fare il passo successivo salterebbero i sistemi crittografici del mondo intero, usati dai bancomat alle carte di credito, e dai telefoni alle e-mail. Nel 1994 un metodo del genere era già stato trovato da Peter Shor per i computer quantistici. Dunque, un altro modo di risolvere il problema sarebbe di riuscire a costruirli, questi computer, che per ora esistono ancora soltanto sulla carta.

Se il problema della fattorizzazione è tipicamente pratico e informatico, quello di capire come sono distribuiti i numeri primi è altrettanto tipicamente teorico e matematico. Il primo grande passo lo fecero, o almeno lo riportano, i soliti *Elementi* di Euclide, nei quali si trova la risposta alla domanda se i numeri primi siano finiti oppure no.

Alla domanda si potrebbe pensare di rispondere: «Ovviamente sì, visto che i numeri interi sono infiniti». Ma l'esempio delle infinite parole generate da un numero finito di lettere dimostra che il motivo non può essere così banale. La risposta di Euclide è: «Sì, ma non ovviamente». Anzi, la sua dimostrazione è uno dei gioielli della matematica. E consiste nel notare che, comunque si prenda un insieme finito di numeri primi, ce n'è sempre un altro che non sta fra loro.

L'idea di Euclide è di moltiplicare tutti quei primi fra loro, e aggiungere 1. Si ottiene così un numero che o è primo, o non lo è. Se lo è, abbiamo costruito un nuovo numero primo. Se non lo è, deve avere un fattore primo che non può essere nessuno di quelli di partenza. Altrimenti, dividerebbe sia il loro prodotto sia il loro prodotto più 1, e dunque la loro differenza, mentre invece nessun numero non banale può dividere 1.

Benché infiniti, i numeri primi non sono distribuiti uniformemente, e si diradano sempre più. Ce ne sono 25 fra i primi 100 numeri, 168 fino a 1.000, 1.229 fino a 10.000, 9.592 fino a 100.000, eccetera. Determinare esattamente la loro distribuzione, costruendo un analogo della tavola di Mendeleev per gli elementi chimici, costituisce un altro dei problemi del millennio da un milione di dollari, la cosiddetta *ipotesi di Riemann*.

Insieme al citato problema *P=NP*, l'ipotesi di Riemann mostra come i due problemi più importanti e difficili della matematica e dell'informatica moderna riguardino, in realtà, oggetti e concetti già introdotti e affrontati dai Greci. Oggetti e concetti facili da capire, ma difficili da dominare. Su di essi il pensiero si arrovella da millenni senza posa, a dimostrazione della sua insuperabile limitatezza, ma anche della sua indomita audacia.

Cosa offriva il convento
(LOGICA)

Se c'era un luogo, nel Seicento, dove la logica sicuramente non stava di casa, e anzi sembrava essere stata rigorosamente e ufficialmente bandita, quello era il monastero di Port-Royal. A confermarlo basterebbero le vicende personali e le opere letterarie legate al nome di Pascal, che di quel luogo fu il più noto frequentatore e il più illustre fiancheggiatore.

È dunque singolare che, nel campo scientifico, il monastero sia passato alla storia per quella che viene comunemente chiamata la *Logica di Port-Royal*, anche se in origine si intitolava *La logica, o l'arte di pensare*. La pubblicarono anonima nel 1662 Antoine Arnauld e Pierre Nicole, due degli intellettuali più in vista del convento.

Arnauld era salito alla ribalta una ventina di anni prima, nel 1643, quando aveva scritto il primo pamphlet giansenista, *La comunione frequente*. I suoi contenuti avevano surriscaldato i gesuiti, che la pensavano all'opposto riguardo al pentimento, la confessione, l'assoluzione, la penitenza e la comunione. Ma a noi interessano maggiormente i suoi metodi, che consistevano nel porre all'inizio di ogni capitolo un'affermazione gesuita da contestare, e nel procedere alla confutazione mediante una serrata dimostrazione logica in stile quasi matematico.

Irritati dall'eresia e/o dalla logica, i gesuiti radunarono una *claque* di simpatizzanti e chiesero al cardinal Mazzarino di spedire Arnauld all'inquisizione di Roma. Dagli inizi del 1644 quest'ultimo sparì saggiamente dalla circolazione, e passò alla macchia trenta dei successivi cinquant'anni, uscendo allo scoperto solo negli intermittenti periodi di tregua nella lotta al giansenismo. Persino l'ubicazione della sua tomba rimase segreta per qualche tempo, quando fu seppellito a Bruxelles, dove morì nel 1694.

Il momento di maggior visibilità Arnauld lo ebbe tra il 1655 e il 1656, quando le sue *Lettere a un duca e pari*, sui metodi gesuiti di confessione, gli procurarono un processo pubblico alla Sorbona. In sua difesa scese in campo Pascal, le cui *Lettere provinciali* divertirono il pubblico ma insultarono i gesuiti, che vi venivano messi alla berlina. Il cardinal Mazzarino dichiarò che bisognava chiudere il caso, perché «le donne non facevano che parlarne, benché non ci capissero nulla, come egli stesso del resto». Arnauld sparì di nuovo, fu condannato in contumacia e gli fu addirittura revocata la laurea.

Questo non gli impedì di continuare a scrivere, semmai lo istigò a farlo. Le sue *Opere complete* arrivarono a contare ben 42 volumi, in massima parte dedicati a quelle che Leibniz definì le «creduloneriе» di Arnauld. Quasi tutte queste opere sono ovviamente state dimenticate, e l'unica che si continua a leggere è la Quarta Obiezione alle *Meditazioni metafisiche* di Cartesio, che viene tuttora ristampata con esse.

Molte delle ricerche per le sue opere Arnauld le fece fare a Nicole, che fu a lungo il suo braccio destro: a volte inutilmente recalcitrante, se è vero che in un'occasione si lamentò di essere stanco, ma si sentì rispondere che avrebbe avuto tutta l'eternità per riposare. Certo non sembra che leggere lo stancasse: ci si chiedeva, addirittura, che cosa mai non avesse letto! E non lo stancava nemmeno scrivere: oltre alle proprie opere, tra le quali spiccano i tredici volumi di *Saggi di morale*, lodati da Voltaire, sono sue anche alcune di quelle attribuite ad Arnauld, come i tre volumi della grande *Perpetuità della fede*.

Tanto Arnauld era focoso e impulsivo, quanto Nicole era pacato e riflessivo. Del giansenismo pensava che fosse un'eresia immaginaria, su cui si era fatto troppo rumore per nulla. Tradusse le *Lettere provinciali* in latino nello stile di Terenzio, e per questo venne chiamato Pascalino, ma di Pascal pensava che fosse solo un «raccoglitore di conchiglie». Quanto ai supposti miracoli avvenuti nel monastero, uno dei quali aveva folgorato Pascal, confessò di non sapere se fossero veri, ma che comunque sarebbe stato meglio non farci sopra tanto baccano.

Tornando alla *Logica di Port-Royal*, le storie personali dei suoi autori lasciano prevedere che il suo stile sia un po' pretesco, ma il suo approccio non è scolastico. Anzi, nelle intenzioni teoriche, l'opera si schiera dalla parte dei moderni. Anche se, nello sviluppo pratico, si tiene alla larga dall'induzione, e dunque dal metodo scientifico e sperimentale, concentrandosi completamente sulla deduzione, e in particolare sul metodo geometrico e cartesiano.

L'influsso di Cartesio è evidente, nel bene e nel male. Il bene sta nell'aver capito che i sillogismi erano solo una parte della logica: la più arida, sterile e scolastica. Il male sta nell'aver sottovalutato l'importanza e la fecondità del formalismo, a favore dell'intuizione e delle «idee chiare e distinte». La *Logica di Port-Royal* si situa dunque a metà del guado che dalla logica filosofica di Aristotele condurrà a quella matematica di Leibniz, Boole, Frege e Russell.

Ispirandosi alle anticipazioni di Pascal, e dei suoi due misconosciuti trattati *Lo spirito geometrico* e *L'arte di persuadere*, Arnauld e Nicole enunciano otto regole metodologiche, che mantengono ancor oggi inalterato il loro valore. Esse mostrano come il metodo logico consista nel

> definire chiaramente i termini di cui ci si deve servire, postulare assiomi evidenti per provare le affermazioni, e sostituire mentalmente nelle dimostrazioni le definizioni al posto dei termini definiti.

Come già il titolo originario lasciava presagire, lo scopo della *Logica di Port-Royal* è ambizioso: si proponeva infatti di studiare non le regole della grammatica o gli stratagemmi della dialettica, ma nientemeno che *Le leggi del pensiero*. Si trattava, cioè, dello stesso programma che intraprenderà George Boole nel 1854, fin dal titolo del suo omonimo capolavoro, ma con un approccio algebrico che gli permetterà di aprire le porte alla logica moderna.

Arnauld e Nicole si fermarono fuori della soglia, invece, e nelle quattro parti della loro opera si limitarono a discutere le «quattro operazioni principali dello spirito: concepire, giudicare, ragionare e ordinare». Più che forzare a rigorose dimostrazioni di tipo algebrico o geometrico, le loro ricette permettevano dunque ancora di cucinare pseudodimostrazioni filosofiche: come quelle scodellate da Spinoza nella sua *Etica*, che rimase «*ordine geometrico demonstrata*» solo nelle pie intenzioni dell'autore.

Un elemento di vera novità, comunque, la *Logica di Port-Royal* riuscì a introdurlo, ed è la distinzione fra le "intensioni" e le "estensioni" dei concetti: cioè, fra *come* essi sono enunciati, e *ciò* che essi esprimono. Si tratta della stessa distinzione fra "senso" e "significato" che Gottlob Frege riprenderà nel 1892, nel suo classico articolo *Senso e denotazione*.

Effettivamente, Port-Royal era il luogo più adatto per scoprire questa distinzione. Infatti, il monastero fu l'epicentro di un'interminabile disputa sulla grazia che non aveva nessun significato oggettivo, benché avesse molto senso soggettivo per i gesuiti e i giansenisti. Essa generò innumerevoli discussioni, piene forse di buone intenzioni, e certo di cattive "intensioni", ma tutte prive di qualunque "estensione".

Era anche per educare a queste vuote dispute, oltre che per divertire il giovane duca di Chevreuse, che la *Logica di Port-Royal* fu scritta. Essa venne adottata come testo nelle "piccole scuole" gianseniste, che costituirono comunque un interessante esperimento d'avanguardia educativa. Le classi erano ridotte a una mezza dozzina di studenti, l'emulazione era bandita, il silenzio privilegiato al gioco, gli indisciplinati espulsi senza punizioni, il latino svalutato e il ragionamento esaltato. Il fatto che, dopo tre secoli e mezzo, queste proposte allora avveniristiche suonino oggi anacronistiche, la dice lunga sulla direzione in cui sono rotolate l'educazione e l'istruzione, dalle vette di Pascal agli abissi della Buona Scuola.

I sing the body electric (ARTIFICIALE)

I sing the body electric, cantava Walt Whitman nel 1867. Il verso era un'aggiunta tarda alle sue *Foglie d'erba*, uscite una dozzina di anni prima, e pagava un tributo di facciata all'elettricità. Come, d'altronde, aveva già fatto nel 1818 Mary Shelley in *Frankenstein*, infondendo la vita al suo innominato mostro attraverso una scossa elettrica, appunto.

Un secolo dopo, il verso di Whitman ha raggiunto una certa popolarità grazie a due opere omonime: un racconto di fantascienza di Ray Bradbury del 1969, e un album di *jazz fusion* dei Weather Report del 1972. In quegli stessi anni la metafora del "corpo elettrico" fu adottata da Thelma Moss, una psicologa un po' psicotica, in un omonimo libro dedicato a «un viaggio personale nei misteri della ricerca parapsicologica, la bioenergia e la fotografia kirliana».

Oggi l'espressione "corpo elettrico" rimanda immediatamente ai progetti e alle realizzazioni della Robotica da un lato, e dell'Intelligenza Artificiale dall'altro. Cioè, alle due imprese scientifiche che mirano a riprodurre, rispettivamente, il corpo e la mente umana. Quest'ultima, ovviamente, intesa non in senso dualista e cartesiano, come sostanza immateriale, bensì in senso materialista e funzionalista, come fenomeno collegato all'attività cerebrale.

Più precisamente, il fresco contributo informatico alla stantia discussione filosofica riguardante la relazione fra la mente e il corpo consiste nel proporne un'analogia con il software e l'hardware. Formalmente l'analogia è stata enunciata nel 1960 da Hilary Putnam in *Menti e macchine*, e consiste nell'affermare che la mente starebbe al corpo come i programmi stanno al computer. Ma sostanzialmente l'analogia risale a uno storico lavoro del 1936 sui *Numeri computabili*, nel quale un ventiquattrenne di nome Alan Turing progettò quello che in seguito venne chiamato, non a caso, "cervello elettronico".

Anzi, storicamente il progetto risale addirittura al 1837, quando un misconosciuto Charles Babbage inventò quello che si potrebbe chiamare un "computer a vapore". Benché basata sulla tecnologia termodinamica dell'epoca, invece che su quella elettronica moderna, la macchina di Babbage era equivalente a quella di Turing. E si poteva programmare mediante schede perforate simili a quelle usate nei telai Jacquard, impiegati per la tessitura meccanizzata fin dai primi anni dell'Ottocento.

Per arrivare al progetto del computer, Turing effettuò un'analisi dei processi coinvolti nelle tipiche operazioni del calcolo umano. Egli immaginò una "scatola nera" provvista di una rudimentale capacità di memoria interna, e in grado di eseguire alcuni compiti elementari quali leggere, scrivere e cancellare simboli su fogli a quadretti. E mostrò che bastavano istruzioni molto semplici, relative a questi compiti e dipendenti dallo stato attuale della macchina, per sintetizzare una cosiddetta "macchina universale". Una macchina in grado di eseguire non soltanto i compiti per i quali è stata esplicitamente costruita, ma *qualunque* compito implicitamente codificabile mediante un insieme finito di istruzioni.

Naturalmente, fino a quando la "scatola nera" rimaneva tale, il modello di Turing restava sulla carta. Per realizzarlo bisognava riuscire a costruire la "scatola" stessa, e l'idea per farlo venne al neurofisiologo Warren McCulloch nel 1943. Insieme al matematico Walter Pitts, egli notò che bastava una versione semplificata del sistema nervoso centrale, o "rete neurale", consistente di fili elettrici e interruttori in grado di far passare la corrente in modo da simulare le più semplici operazioni logiche. Quelle, cioè, già studiate nell'antichità dagli stoici, e appartenenti alla grammatica proposizionale: la negazione ("non"), la congiunzione ("e") e la disgiunzione ("o").

Fu quasi imbarazzante scoprire che molte complessità del pensiero logico non erano, in realtà, maggiori di quelle dei circuiti elettrici. E che questi ultimi erano in grado di realizzare fisicamente le teorie più disparate, dai sillogismi dell'*Organon* di Aristotele alle algebre delle *Leggi del pensiero* di Boole. Tutto confluiva dunque, in maniera elettrizzante, a riempire di significati il verso di Whitman e la metafora del "corpo elettrico", fino ad allora rimasta confinata nel vuoto delle belle espressioni poetiche.

Questi significati sono stati esplorati sistematicamente nel corso dell'era informatica, a partire dal primo dopoguerra. Anzitutto, dallo stesso Turing, che negli articoli raccolti nel libro *Intelligenza meccanica* (Bollati Boringhieri, 1994) si è domandato fino a che punto la simulazione artificiale potesse arrivare. Se soltanto all'*intelligenza militare*, che non va oltre la comprensione formale e la cieca esecuzione degli ordini meccanici, appunto. Oppure all'*intelligenza animale*, che permette di riconoscere oggetti o esseri, e di discriminare fra comportamenti alternativi. O, addirittura, alle profondità dell'*intelligenza umana*, che spazia dalle partite a scacchi alle dimostrazioni dei teoremi.

Il lavoro di Babbage e Turing aveva dimostrato qualcosa di insospettato: che un'unica macchina era in grado di compiere, da sola, tutti i compiti meccanici che macchine diverse potevano compiere collettivamente. Ma l'Intelligenza Artificiale si propose l'obiettivo di scoprire quanto quell'unica macchina fosse confinata ai compiti meccanici, appunto, e quanto invece potesse trascenderli.

L'aspettativa era che sarebbe stato più o meno facile simulare le attività degli animali, che Cartesio considerava solo degli automi. E più o meno difficile simulare le attività dell'uomo, che la Bibbia credeva fatto a immagine e somiglianza di Dio. La sorprendente scoperta di mezzo secolo di ricerche è stata l'esatto contrario.

Oggi i computer battono senza problemi gli uomini a scacchi, e hanno cominciato a dimostrare nuovi teoremi indipendentemente da loro. Ma continuano ad avere grandi difficoltà nell'eseguire compiti che qualunque animale sa fare benissimo, come riconoscere facce o voci. Il che ha portato a una rivalutazione dell'animalità e a una svalutazione della razionalità, che costituivano le due facce della definizione stoica dell'uomo come "animale razionale". Oggi, forse, potremmo e dovremmo limitarci a dire che l'uomo è un "animale computerizzato".

Uno dei primi successi dell'Intelligenza Artificiale furono i cosiddetti "sistemi esperti", che codificano le conoscenze degli esperti di certe aree specifiche, fino ad arrivare a simularne il processo di decisione. Il più noto prototipo fu il *Mycin*, sviluppato a Stanford negli anni '70 dal genetista Stanley Cohen. Il sistema risultò essere in grado di far meglio degli specialisti nell'identificare le cause batteriche delle infezioni e nel prescrivere le cure a base di antibiotici.

La cosa fu abbastanza imbarazzante, ma non tanto quanto il programma *Eliza* sviluppato da Joseph Weizenbaum nel 1966. Ispirato alla protagonista del *Pigmalione* di Bernard Shaw, esso era in grado di simulare meglio dell'originale la "terapia non direttiva" o "rogersiana". I pazienti ne furono rapidamente e profondamente coinvolti. Gli psicologi arrivarono a considerarlo una forma autonoma di terapia. E il suo programmatore ne rimase sconvolto, tanto da abbandonare la ricerca e diventare un critico dell'Intelligenza Artificiale.

Nei pochi decenni trascorsi dalla sua progettazione e dalla sua realizzazione, il computer ha già fornito modelli per la Programmazione Logica, la Cibernetica, l'Intelligenza Artificiale, il Connessionismo e la Robotica, che cercano rispettivamente di realizzare versioni artificiali del pensiero, della comunicazione, della mente, del cervello e del corpo. E di affrontare, di passaggio, problematiche che vanno dal sogno alla memoria.

Ma l'interesse per l'artificiale non è rimasto confinato all'uomo, e si è esteso al mondo intero. La Vita Artificiale è stata inaugurata con le spiegazioni informatiche del meccanismo di riproduzione cellulare offerte nel 1948 da von Neumann, precedenti di cinque anni la scoperta biologica dello stesso meccanismo da parte di Watson e Crick. E la Realtà Virtuale e la Rete hanno ormai trasformato il computer nella porta d'accesso a veri e propri mondi alternativi. Per questo un Whitman moderno, invece di limitarsi a cantare il "corpo elettrico", oggi dovrebbe intonare più globalmente: *I sing the world electric.*

Roubaud, o della poesia
(BOURBAKISMO)

Gli *Elementi di matematica* del «collettivo o policefalo» Nicolas Bourbaki, dieci libri di circa settemila pagine complessive, usciti tra il 1939 e il 1998, costituiscono il monumento della matematica moderna. Così come i tredici libri degli *Elementi* di Euclide, che d'altronde essi intendevano emulare fin dal titolo, lo furono della matematica antica.

La loro influenza ha trasceso l'ambito strettamente matematico, per ispirare lo strutturalismo nelle scienze più disparate. Ad esempio, l'antropologia di Lévi-Strauss, che nel 1949 appose al suo famoso libro sulle *Strutture elementari della parentela* un'appendice matematica del bourbakista André Weil.

O la psicologia di Jean Piaget, che nel 1952 incontrò il bourbakista Jean Dieudonné a una conferenza sulle *Strutture matematiche e strutture mentali.* E in seguito sviluppò un parallelo tra lo sviluppo biologico delle nozioni aritmetiche e geometriche nel bambino, e lo sviluppo logico delle stesse nozioni negli *Elementi di matematica.*

Che il bourbakismo abbia avuto inaspettate relazioni addirittura con la letteratura, oltre che con le scienze, lo scopriamo invece nelle pagine di *Matematica* (1997) e *Poesia* (2000). Che sono, rispettivamente, il terzo e il quarto volume della sterminata opera autobiografica in sette tomi dell'oulipiano Jacques Roubaud, iniziata nel 1989 con *Il grande incendio di Londra* e terminata nel 2008 con *La dissoluzione*. E le relazioni non sono a senso unico: vanno infatti dagli aspetti letterari, e più propriamente poetici, dell'opera di Bourbaki a quelli matematici, e più propriamente bourbakisti, dell'opera di Roubaud.

Per partire da Bourbaki, la sua visione teleologica della storia della matematica appare anzitutto come una conferma del motto di Mallarmé che «tutto finisce in un libro»: nel caso in questione, appunto, gli *Elementi*. Questa visione è espressa in brani letterari quali il paragone della matematica con

> una grande città, i cui sobborghi non cessano di progredire, a volte in maniera un po' caotica, sul terreno circostante, mentre il centro viene periodicamente ricostruito, ogni volta con un piano più chiaro e un ordinamento più maestoso, buttando giù i vecchi quartieri e i loro dedali di viuzze, per indirizzare verso la periferia corsi sempre più diretti, larghi e comodi.

Ma è stata la lingua che Bourbaki adottava nelle parti matematiche del suo trattato ad affascinare Roubaud e i due fondatori dell'Oulipo, Le Lionnais e Queneau. Perché un'opera

> redatta secondo le norme stilistiche inimitabili del gruppo, applicate dal redattore Dieudonné in maniera esacerbata, frenetica (ad esempio nella notazione di paragrafi e capoversi, divenuta quasi tanto carica quanto quella del *Trattato* di Wittgenstein), cola nel cervello come un miele, un nettare, un'ambrosia intellettuale.

Inoltre

> la locomotiva Dieudonné, come una di quelle grandi e vertiginose macchine lanciate in altri tempi dagli ingegneri vittoriani sulla rete ferrata britannica, nell'età d'oro della propulsione a vapore, progredisce sui binari della deduzione con una padronanza abbagliante, con un disdegno sovrano per le fanfaluche delle illustrazioni immaginate, delle metafore, dei richiami alle origini storiche dei

problemi, dei lunghi tentennamenti che avevano preparato lo sbocciare della teoria.

Passando dalle generalità alle specificità, Roubaud considera anzitutto l'introduzione alla *Topologia generale*, terzo libro degli *Elementi di matematica*. In cui si legge, ad esempio:

> Per far comprendere cosa c'è d'essenziale nelle nozioni di limite, di continuità e di intorno, incominceremo con l'analizzare quella di intorno, benché sia storicamente più recente delle altre. Questo ci porterà alla concezione generale di spazio topologico, concezione indipendente da qualsiasi teoria dei numeri reali. E la branca della matematica che studia le strutture topologiche si chiama topologia (etimologicamente, "scienza del luogo"), nome poco espressivo di per sé, ma oggi preferito a quello di *Analysis situs* che ne è il sinonimo.

Con un'operazione tipicamente oulipiana, Roubaud sostituisce i termini matematici con altri affini, presi dal linguaggio comune. E fa così affiorare la struttura letteraria soggiacente alla prosa matematica:

> Per far comprendere cosa c'è d'essenziale nelle nozioni di orizzonte, di lettura e di visibilità, incominceremo con l'analizzare quella di visibilità, benché sia storicamente più recente delle altre. Questo ci porterà alla concezione generale di paesaggio leggibile, concezione indipendente da qualsiasi teoria del tempo. E la branca della scrittura che studia la lettura del paesaggio si chiama scienza del luogo (etimologicamente, "pittura"), nome poco espressivo di per sé, ma oggi preferito a quello di drammaturgia che ne è il sinonimo.

Benché letteraria, quella di Bourbaki è comunque una scrittura che non permette la lettura rapida e lineare tipica della prosa, e richiede piuttosto la lentezza riflessiva e circolare tipica della poesia. I testi di matematica non si divorano come i romanzi, dunque, ma si centellinano come i poemi, e non si possiedono veramente fino a quando non si conoscono quasi a memoria. Con una differenza, però: che la poesia non è parafrasabile, e la matematica sì. Anzi, secondo Roubaud,

> la parafrasi dei suoi concetti, dei suoi enunciati, dei suoi stati, è una delle sue attività essenziali, molto più essenziale di quanto si immaginino i suoi adepti, che assegnano a questa attività solo un ruolo ancillare, minore, didattico (o, peggio, introduttorio, pedagogico).

E poiché il parafrasare serve non soltanto alla comprensione, ma anche all'avanzamento della matematica,

> in questo senso la matematica è una grande *arte del linguaggio.*

C'è dunque, in fondo e per principio, una grande affinità tra il matematico e il poeta, che ha permesso a Roubaud di scivolare da un'attività all'altra. In particolare, di prendere un dottorato in matematica e uno in letteratura, il primo con una tesi su *Morfismi razionali e algebrici nei tipi di algebre discrete a una dimensione*, e il secondo con un'altra tesi su *La forma del sonetto francese da Marot a Malherbe*. E di intitolare $\in$ la sua prima raccolta di poesie, adottando cioè

> un segno relazionale di peso 2 che in matematica indica la relazione d'appartenenza di un elemento a un insieme, e per estensione simboleggia l'appartenenza al mondo e lo stare al mondo.

Inutile dire che $\in$ si propone come una sorta di *Elementi di poesia* di ispirazione dichiaratamente bourbakista, in cui gli insiemi, le strutture e le trasformazioni degli *Elementi di matematica* vengono rimpiazzati dalle poesie, dalle forme poetiche e dalle loro variazioni. Più precisamente, Roubaud ama talmente i sonetti da averne letti più di centocinquantamila e imparati a memoria migliaia. E la sua opera è una collezione di poesie, la struttura di ciascuna delle quali può essere considerata una variazione del sonetto, all'interno di un vasto campo di possibilità.

Le più banali riguardano le *rime*, che si possono permutare non solo verticalmente, in un numero enorme di modi, ma anche orizzontalmente, facendo ad esempio rimare le prime parole dei versi, invece che le ultime. Altre riguardano i *versi*, come nei "sonetti cortati" di Gerald Hopkins, che invece di averne 8 + 6 ne hanno 6 + 4, più un altro mezzo alla fine. O nei "sonetti caudati" di Giambattista Marino, che aggiungono una strofa alla fine. O nei "sonetti troncati", che invece ne tolgono una.

E così via, fino ad arrivare più liberamente ai "sonetti in prosa", nella direzione della dissoluzione. O ai "sonetti di sonetti", in quella dell'iterazione. Idea, quest'ultima, che Roubaud riprenderà poi nel suo ciclo di romanzi di Ortensia, che ha la struttura di una "sestina di sestine": cioè, sei romanzi, di sei parti ciascuno, di sei capitoli ciascuna.

Il campo delle possibilità, dunque, più che vasto appare illimitato, e invoca un principio di delimitazione: soprattutto per un oulipiano, che deve «costruirsi da sé un labirinto nel quale rinchiudersi». Roubaud lo trovò guardando al di fuori della matematica, e organizzando il suo libro come una partita di Go.

Questa però è un'altra storia, che non ha più a che vedere con Bourbaki. Benché abbia ancora a che vedere con un bourbakista, Claude Chevalley, il quale aveva imparato il Go in Giappone, e l'aveva importato in Francia. Dove a pubblicizzarlo ci pensarono, alcuni anni dopo, lo stesso Roubaud e l'altro grande oulipiano Georges Perec pubblicando con Pierre Lusson, nel 1967, un *Breve trattato sulla sottile arte del Go*.

È una storia che dimostra come la matematica non sia soltanto legata alla poesia, ma anche al gioco. E più in generale, come ormai si può facilmente intuire, alla vita intera.

Lezioni italo-americane
(CALVINISMO)

Nel suo celebre e surreale racconto *Pierre Menard, autore del Chisciotte* Borges proponeva di ravvivare la letteratura basandosi sulla tecnica dell'anacronismo deliberato e delle attribuzioni erronee:

> Questa tecnica, di applicazione infinita, ci invita a scorrere l'*Odissea* come se fosse posteriore all'*Eneide*, e il libro *Le jardin du Centaure* di Madame Henri Bachelier come se fosse di Madame Henri Bachelier. Questa tecnica popola di avventura i libri più calmi. Attribuire a Louis Ferdinand Céline o a James Joyce l'*Imitazione di Cristo*, non sarebbe un sufficiente rinnovo di quei tenui consigli spirituali?

Borges va sempre preso seriamente, soprattutto quando sembra scherzare. Ha fatto dunque bene Gabriele Lolli a seguirne, consciamente o inconsciamente, il consiglio. E a proporre nel bellissimo *Discorso sulla matematica* (Bollati Boringhieri, 2011) «una rilettura delle *Lezioni americane* di Italo Calvino». Lo dichiara esplicitamente nel sottotitolo. E lo mostra fin da subito nella prima pagina, che riproduce l'indice autografo delle *Sei proposte per il prossimo millennio* del grande scrittore, scomparso proprio mentre stava portandole a termine.

L'occasione di scriverle era stata fornita a Calvino dall'Università di Harvard, che l'aveva invitato nel 1984 a tenere le prestigiose Norton Lectures: una serie di sei conferenze distribuite nel corso dell'anno accademico, e dedicate in senso lato alla "poesia". Lo scrittore interpretò il termine liberamente, come "comunicazione poetica", e scelse come argomenti delle sue sei lezioni la leggerezza, la rapidità, l'esattezza, la visibilità, la molteplicità e la consistenza. Riuscì a completare le prime cinque, ma morì prima di poter scrivere la sesta. Le lezioni non furono dunque mai tenute e apparvero postume nel 1988, curate dalla moglie.

Ora, Calvino era uno scrittore particolarmente sensibile alla scienza e alla matematica. Negli anni '60 si era trasferito a Parigi, aveva incontrato Queneau ed era entrato a far parte dell'Oulipo che questi aveva fondato. La singolare confraternita di letterati-matematici e matematici-letterati perseguiva il triplice obiettivo di una scrittura che possedesse ed esibisse immaginazione scientifica, linguaggio logico e struttura matematica. Caratteristiche che si ritrovano in tutta la produzione matura di Calvino: quella, cioè, delle cosmicomiche, dei racconti deduttivi e della letteratura combinatoria.

Le *Lezioni americane* isolano, in particolare, gli aspetti essenziali di questa produzione letteraria: la leggerezza di *Palomar* (1983), la rapidità delle *Città invisibili* (1972), l'esattezza del *Castello dei destini incrociati* (1973), la visibilità delle *Cosmicomiche* (1965), e la molteplicità di *Se una notte d'inverno un viaggiatore* (1979). Ma lo fanno tessendo una trama di riferimenti e di connessioni che individuano le stesse caratteristiche in autori parascientifici appartenenti a quella che Calvino stesso definì «una linea di forza della letteratura», che va da Lucrezio a Borges passando per Ariosto, Galileo e Leopardi.

È dunque perfettamente sensato che Lolli abbia voluto rileggere Calvino alla Borges, andando a ricercare quegli stessi aspetti nella matematica, invece che nella letteratura. Il risultato è un pezzo di bravura, che intreccia le due discipline come i fili di un tappeto persiano. Un fuoco d'artificio variopinto e scoppiettante, che mostra con citazioni ed esempi come esse siano in realtà due facce di una stessa medaglia, e si prestino perfettamente ad analisi strutturali ed estetiche parallele.

Il *Discorso sulla matematica* è un'opera sostanzialmente oulipiana, che soggiace alla costrizione formale di rileggere un libro di critica letteraria come se fosse un testo di filosofia della matematica. È sicuro che l'autore si sarà divertito molto a scriverlo, com'è appunto tipico di questo genere di imprese. Ed è probabile che verrà cooptato di diritto nell'Oplepo, che dell'Oulipo costituisce la versione italiana.

Quanto al lettore, si divertirà anch'esso a leggerlo. E, se è un matematico, si morderà le dita per non aver pensato di fare la stessa cosa anche lui, prima dell'autore. Naturalmente niente gli impedisce di farlo ora, consultando la propria biblioteca mentale per trovare le citazioni e gli esempi che avrebbe usato al suo posto. In fondo, come aveva già previsto Borges, questa tecnica è di applicazione infinita.

Oltre che alla lettera, il sentiero aperto da Lolli si può però ripercorrere anche nello spirito, costeggiandolo o allontanandosene a piacere. Ad esempio, si può ricordare che Calvino non fu né il primo, né l'ultimo italiano a ricevere l'onore di tenere le Norton Lectures. Prima di lui queste erano state assegnate nel 1961-62 all'architetto Pier Luigi Nervi, che le tenne su *Estetica e tecnologia delle costruzioni*.

E nel 1992-93 fu il turno di Umberto Eco, che aprì con un doveroso omaggio a Calvino le sue *Sei passeggiate nei boschi narrativi* (1994), dedicate a entrate e indugi nel bosco, esplorazioni di vari boschi reali o possibili, e indagini di strani casi e fittizi protocolli. Volendo borgesizzare Eco, invece che Calvino, le cose si fanno però più complicate.

Anzitutto, perché l'interesse del primo per la scienza e la matematica è meno esplicito di quello del secondo, benché affiori in saggi e romanzi che vanno dall'*Opera aperta* (1962) al *Pendolo di Foucault* (1988). E poi, perché gli argomenti da lui scelti richiamano la matematica in maniera meno diretta di quanto facessero quelli scelti da Calvino, primi fra tutti l'esattezza e la consistenza. Ma è lo stesso Eco a suggerirci la via, scegliendo come uno dei boschi possibili un classico della divulgazione matematica quale *Flatlandia* di Edwin Abbott Abbott.

Essendo in vena di imborgesimenti, però, tanto vale andare direttamente alla fonte. A Borges stesso, cioè, omaggiato sia da Calvino che da Eco, e pure lui autore di uno splendido ciclo di Norton Lectures nel 1967-68, su *L'invenzione della poesia*. I suoi argomenti, che vanno dal mistero alla metafora, dal racconto alla traduzione, dal pensiero al credo del poeta, sembrano fatti apposta per l'esercizio di rilettura matematica della letteratura proposto da Lolli.

Ad esempio, non si adatta forse a entrambe le discipline l'affermazione che «la scoperta di un nuovo problema è tanto importante quanto la scoperta della soluzione di uno vecchio»? Che «non ci si deve preoccupare troppo delle definizioni»? Che «si usano parole comuni e le si rendono non comuni estraendone la magia»? Che «le parole sono un'algebra di simboli»?

Ma, a questo punto, perché mai dovremmo limitarci a rileggere solo la letteratura, in maniera matematica? Perché non farlo anche con altre discipline, prima fra tutte la musica? In fondo, già Pitagora parlava dell'Armonia del Mondo e della Musica delle Sfere. Volendo restare nell'ambito delle Norton Lectures, che sono state tenute da musicisti che vanno da Igor Stravinskij nel 1939-40, a Luciano Berio nel 1993-94, il ciclo che forse più attira l'attenzione è quello di Leonard Bernstein nel 1973-74.

Già il titolo, *La domanda senza risposta*, è una metafora del teorema di Gödel e rimanda direttamente ai suoi enunciati indecidibili. Ma il resto non è da meno. Non sorprendentemente, visto che l'intero ciclo di conferenze di Bernstein era già, a sua volta, una borgesizzazione di *Il linguaggio e la mente* di Noam Chomsky (1968).

Le prime tre conferenze, sulla fonologia, la sintassi e la semantica, corrispondono semplicemente alle tre divisioni logiche del linguaggio. Le due successive, sull'ambiguità e la crisi del ventesimo secolo, richiamano i paradossi e la crisi dei fondamenti. L'ultima, infine, sulla poesia della Terra, non è altro che una riformulazione dei motti pitagorici.

Volendo, dunque, il ciclo di Bernstein potrebbe costituire una base per una rilettura dell'intera logica. Chissà, forse questo potrebbe essere il prossimo libro di Lolli, che è appunto uno dei più titolati logici italiani. Per ora, godiamoci il suo *Discorso sulla matematica* e rendiamo onore al suo merito, di aver saputo rinnovare mirabilmente i consigli letterari di Calvino in chiave matematica.

Attacco al cuore della matematica (INCONSISTENZA)

Il 26 settembre 2011, mentre il mondo scientifico era rumorosamente in subbuglio per la faccenda dei supposti neutrini superluminali, quello matematico tremava silenziosamente per una possibile tragedia. Edward Nelson aveva infatti annunciato, nel forum di discussione FOM sui Fondamenti della Matematica, la messa in rete di un libro intitolato *Elementi*, che iniziava così: «Scopo di questo lavoro è dimostrare l'inconsistenza della matematica contemporanea, e costruire una solida fondazione per la matematica stessa».

Tradotto in termini più terra terra, Nelson annunciava di aver trovato una contraddizione nella matematica: cioè, di aver dimostrato, allo stesso tempo, un teorema e la sua negazione. Cosa che non avrebbe turbato i sonni dogmatici dei filosofi hegeliani, per i quali le contraddizioni sono come l'aria che respirano. Ma che suonava come un vero e proprio incubo per i matematici, che rifuggono dalle contraddizioni come il diavolo dall'acqua santa. O meglio, come gli angeli dal peccato mortale.

L'annuncio coronava una ricerca decennale dell'ottantenne matematico di Princeton, noto per la sua ecletticità scientifica e per il suo conservatorismo filosofico. Da un lato, i suoi lavori hanno infatti spaziato dalle fluttuazioni quantistiche e il moto browniano all'analisi tensoriale e la probabilità. Dall'altro lato, la sua posizione riguardo alla matematica accetta l'esistenza dei numeri che si possono costruire concretamente, con operazioni esplicite e attuali, ma rifiuta l'esistenza di quelli che si possono definire soltanto formalmente, in maniera astratta e ipotetica.

Non si trattava dunque di una delle solite teste calde, che dall'abisso della loro ignoranza pretendono di contestare gli scalatori delle vette del pensiero matematico, da Kurt Gödel a Andrew Wiles. La minaccia proveniva invece da un fior di matematico di una delle migliori università del mondo, che pareva aver coronato il suo sogno di bandire dalla matematica, una volta per tutte, i metodi astratti introdotti nell'Ottocento da Georg Cantor, Richard Dedekind, Giuseppe Peano e David Hilbert.

Per poter anche solo tentare di buttar giù dal piedestallo tutte queste statue dorate in un colpo solo, bisognava avere naturalmente la bella e incrollabile sicurezza che soltanto la fede può dare. E infatti, Nelson è stato acclamato un paio di volte ai meeting di Rimini di Comunione e Liberazione. E l'esergo del suo libro consisteva di una citazione poetica, che rendeva «Gloria a Dio» per una lunga serie di motivi.

Sia questa moderna invocazione alle muse, sia l'antico titolo euclideo degli *Elementi*, erano congegnati a bella posta per far pensare che ci si trovava di fronte a «un cambio di paradigma nella matematica», secondo una terminologia che Nelson mutuava da Thomas Kuhn. Un cambio di paradigma che richiedeva di accettare soltanto i numeri che si possono raggiungere a partire dallo 0, procedendo un passo alla volta mediante successive aggiunte di 1. E di dimostrare che la considerazione di quelli che, ad esempio, si potrebbero raggiungere con salti "superesponenziali", portava invece a una contraddizione.

Per pararsi le spalle, Nelson aveva fatto controllare le sue dimostrazioni a un programma di computer denominato QEA (*quod est absurdum*, «il che è assurdo»), perché tutte quelle dimostrazioni erano indirette. O, come si dice in matematica, procedevano "per ipotesi assurda", e si concludevano confutando l'ipotesi mediante una contraddizione.

Naturalmente, l'acronimo era apertamente contrapposto al classico QED (*quod erat demonstrandum*, «come volevasi dimostrare»). E intendeva sottolineare il fatto che la conseguenza finale dell'intero lavoro doveva appunto essere la prova dell'esistenza di una vera e propria contraddizione attuale, non più ipotetica, all'interno della matematica stessa.

La notizia del post di Nelson si diffuse come un fulmine nella comunità matematica, e il relativo tuono annunciò come un lugubre rullo di tamburi la caduta dell'intero edificio della matematica moderna. Non a caso, lo stesso Nelson aveva già messo le mani avanti e proceduto a salvare il salvabile, preoccupandosi di sottolineare cosa sarebbe rimasto in piedi se avesse avuto ragione, come credeva.

Ma il 27 settembre un post di Terence Tao denunciò la presenza di un errore nei novelli *Elementi*. A smentire l'anziano professore era un giovane matematico dell'Università della California di Los Angeles, molto più famoso di lui. Vincitore delle Olimpiadi di Matematica a tredici anni, nel 1988, e della medaglia Fields a trentuno, nel 2006, Tao è considerato uno dei più veloci e brillanti matematici viventi. E anche questa volta gli sono bastati un giorno e una notte per leggere il lavoro incriminato, trovarne il punto debole e scriverne una refutazione.

Nelson dev'essersi sentito come il vecchio Gottlob Frege nel 1902, quando finì la stesura del secondo volume dei *Princìpi dell'aritmetica*, che credeva sarebbero stati il proprio *opus magnum*. Mentre correggeva le bozze, ricevette invece una famosa lettera che il giovane Bertrand Russell gli aveva inviato il 16 giugno, in cui si annunciava che il sistema di Frege conteneva appunto una contraddizione.

Questa volta, però, la situazione appariva ribaltata. Era Nelson ad aver finito la stesura degli *Elementi*, che dovevano farlo passare alla storia dimostrando che il sistema di Frege, anche nella versione riveduta e corretta da Peano, e finora ritenuta esente da guai, conteneva una contraddizione. E a Tao era toccato il compito di rivendicare la correttezza del venerabile sistema, e di mostrare che era invece sbagliata la refutazione proposta.

Sempre in parallelo con il dibattito sui fondamenti degli anni '30 del Novecento, il programma di Nelson era una versione riveduta e corretta di quello di Luitzen Brouwer. Il quale, come lui, aveva attaccato la matematica classica dal di dentro, cercando di «cacciare i matematici dal paradiso che Cantor aveva creato per loro». L'espressione era di Hilbert, e stava a indicare il tentativo di impedire l'uso, ormai entrato nella pratica comune, dei metodi astratti considerati inaccettabili e pericolosi da Brouwer allora, e da Nelson ora.

Conformemente allo spirito dei propri tempi, Nelson si era però spinto molto più in là di Brouwer, pur conservandone i toni misticheggianti e profetici. Anzitutto, perché non si era limitato a opporre il costruttivismo all'astrattismo, ma aveva assunto posizioni ultracostruttiviste: ad esempio, arrivando a dubitare della fondatezza addirittura di operazioni come l'elevamento a potenza. E poi, perché non si era limitato a predicare filosoficamente contro la matematica classica, ma aveva cercato di dimostrarne matematicamente l'inconsistenza.

Dopo uno scambio di messaggi con Tao, e un meditabondo silenzio di due giorni, il 1° ottobre Nelson ha riconosciuto la propria sconfitta, scrivendogli: «Hai ragione, la mia risposta originale era sbagliata. Grazie di aver trovato il mio errore. Ritratto il mio annuncio».

Tirando un sospiro di sollievo, la comunità matematica ha comunicato all'ignaro e distratto mondo che una grave minaccia era stata sventata. E, di passaggio, ha mostrato come si deve procedere in queste cose, senza clamore e regalmente. In fondo, non per nulla la matematica è chiamata la Regina delle Scienze.

FILOSOFIA

La scoperta dell'acqua caldea
(ASTROLOGIA)

Chi può dire di non conoscere persone lunatiche, gioviali o solari? Ma chi crede veramente che la Luna, Giove o il Sole le abbiano influenzate, o le influenzino, per farle diventare ciò che sono? E, più in generale, che gli astri e le stelle abbiano, o abbiano avuto, un influsso sulla nostra vita e sul nostro carattere?

Qualcuno che ci crede sicuramente c'è ancor oggi, almeno a giudicare dalla diffusione degli oroscopi in particolare, e dell'astrologia in generale. Ma l'abitudine di guardare al cielo per capire cosa succede su questa Terra è antica, e almeno in origine aveva le sue giustificazioni prescientifiche.

La Luna e i pianeti principali si muovono infatti all'interno di una stretta fascia della volta celeste, che si estende di pochi gradi attorno all'eclittica: cioè, al piano su cui il Sole sembra muoversi attorno alla Terra. Questa fascia contiene una dozzina di costellazioni, che il Sole sembra percorrere in successione durante l'anno.

A queste costellazioni sono stati dati, probabilmente dai Babilonesi, dei nomi che ricordano in qualche modo ciò che succede nel periodo dell'anno in cui il Sole sembra percorrerle. Ad esempio, l'Ariete corrisponde al periodo della nascita degli agnelli. Il Toro, a quello in cui si usano i bovini per i lavori agricoli. La Bilancia, al momento autunnale in cui il giorno e la notte hanno circa la stessa lunghezza (l'equinozio). Il Cancro, che cammina all'indietro, a quello estivo in cui il Sole inverte il suo percorso di ascesa in uno di discesa (il solstizio). Il Capricorno, a quello invernale in cui succede il contrario, e il Sole ricomincia ad arrampicarsi in cielo come una capra. E così via.

Sembra che, in origine, siano state dapprima isolate le costellazioni del Toro, dei Gemelli, del Leone e dello Scorpione, che sono le più luminose, e appaiono già in alcuni monumenti babilonesi risalenti a 1.200 anni prima della nostra Era. In seguito furono individuate l'Ariete e il Sagittario. Il sistema fu poi completato con il Cancro, la Vergine, il Capricorno, l'Acquario e i Pesci. Da ultimo, lo Scorpione originario fu diviso in due, e si ottenne così la Bilancia. Il sistema completo consiste dunque di dodici costellazioni, ed era già in uso a Babilonia verso il 600 prima della nostra Era.

Poiché quasi tutte queste costellazioni hanno nomi di animali, l'intero sistema si chiama zodiaco (da *zoon*, «animale»). I periodi dell'anno in cui il Sole percorre in sequenza le varie costellazioni si chiamano segni zodiacali, e prendono i loro stessi nomi. E come punto di partenza dell'intero ciclo annuale viene convenzionalmente assunto il segno dell'Ariete, che corrisponde all'equinozio di primavera.

A poco a poco, alle solide basi astronomiche dello zodiaco vennero però affiancate fragili estrapolazioni astrologiche. Gli aspetti scientifici e reali, legati al moto degli astri e al ciclo delle stagioni, finirono per diventare esoterici. E quelli antropologici e immaginari, legati alla vita e al carattere dell'uomo, presero il sopravvento.

Un paio di secoli prima della nostra Era la città di Roma fu letteralmente invasa da schiere di astrologi. Chiamati Caldei, per sottolineare le origini mesopotamiche della loro impresa, stettero in voga fino all'epoca di Nerone e poi lentamente decaddero. L'astrologia rimase comunque saldamente nelle mani dei ciarlatani, anche se in alcuni periodi vi indulsero anche alcuni grandi scienziati.

Ad esempio, nel 1552 Gerolamo Cardano compilò radiosi oroscopi per l'arcivescovo di Edimburgo e il re d'Inghilterra. Ma poiché il primo fu impiccato quasi subito dai riformatori, e il secondo morì di tubercolosi l'anno dopo, lo scienziato fu costretto a tornare di corsa in Italia. Anche Galileo praticò l'arte per arrotondare i proventi, e alle sue pratiche astrologiche è dedicato *Oroscopi e cannocchiali* di Andrea Albini (Avverbi, 2008).

Oggi naturalmente sappiamo che l'intera astrologia non è altro che una pseudoscienza, per molti motivi. Anzitutto, le costellazioni non esistono: sono semplicemente insiemi di stelle che raggruppiamo noi, perché ci appaiono vicine e di luminosità più o meno simile. Inoltre, l'attenzione rivolta alle costellazioni dell'eclittica è convenzionale: i cinesi, ad esempio, privilegiano quelle circumpolari ed equatoriali, con identico "successo". In ogni caso, le costellazioni della fascia zodiacale sarebbero tredici, e non dodici: all'appello astrologico manca Ofiuco, o Serpentario. E poi, mentre i segni astrologici hanno tutti una durata di circa un mese, il Sole in realtà percorre le varie costellazioni in periodi che variano da una settimana a un mese e mezzo.

Ma, soprattutto, i segni usati negli oroscopi sono tutti sbagliati! La precessione degli equinozi, scoperta scientificamente da Ipparco e raccontata mitologicamente da Giorgio de Santillana e Hertha von Dechend in *Il mulino di Amleto* (Adelphi, 1983), sposta infatti la posizione del Sole all'equinozio di primavera di un segno ogni circa 2.150 anni. Quelli che credono di essere dell'Ariete, essendo nati fra il 21 marzo e il 19 aprile, lo sarebbero stati nell'antichità, ma oggi sono dei Pesci, e tra pochi anni saranno dell'Acquario.

Non sarebbe veramente straordinario che gli oroscopi funzionassero davvero, pur basandosi su una teoria che fa acqua come un colabrodo cosmico?

Il numero degli stolti
(STUPIDITÀ)

«Infinito è il numero degli stolti» sentenziò una scorretta traduzione dell'*Ecclesiaste* (I, 15), dimostrando che uno degli infiniti stolti era l'autore di quella stessa traduzione. «Due cose sono infinite, l'universo e la stupidità umana, ma sull'universo ho ancora dei dubbi» precisò Einstein, additando almeno un punto di convergenza tra il pensiero religioso e quello scientifico.

Più che calcolarne il numero, che può essere infinito solo in senso figurato, conviene cercare di capire la natura dello "stupido": parola che in latino indicava chi è stupito, sbalordito, stupefatto, stordito, attonito. Per estensione, lo stupido è un incapacitato ad agire, o almeno ad agire correttamente, perché la realtà ha su di lui un effetto di stordimento che lo rende, appunto, temporaneamente o perennemente "instupidito".

Lo stupido può essere generalista o specialista, a seconda che la sua stupidità si estenda all'universo mondo, o rimanga confinata a qualche sua parte. Mentre il primo tipo è unico, come il mondo stesso, il secondo è variegato, tanto quanto lo sono le sue parti. E gli scrittori satirici o sarcastici, da Giovenale a Kafka, hanno bersagliato i vari tipi e sottotipi a turno.

La più completa ostensione della stupidità si trova però in *Bouvard e Pécuchet*, l'ultimo e incompiuto romanzo di Gustave Flaubert. Nelle intenzioni dell'autore, l'opera doveva essere composta di due volumi: la storia dei due protagonisti, appunto Bouvard e Pécuchet, e uno *Stupidario* da essi raccolto. In realtà, quando Flaubert morì, nel 1880, aveva quasi concluso il primo volume, ma del secondo rimangono solo alcuni frammenti.

La divisione tra i due volumi non è comunque così netta. La storia, infatti, è soltanto una flebile scusa per snocciolare una specie di Bignami o Garzantina universale che spazia sui campi più disparati, affrontati uno per capitolo: l'agricoltura, le scienze naturali, l'archeologia, la storia, la letteratura, la politica, l'amore, la filosofia, la religione, la pedagogia e le riforme sociali. Per fortuna, la matematica viene risparmiata.

Non è ben chiaro se per Flaubert la stupidità risieda, da un lato, negli argomenti stessi o nella loro enunciazione popolare. E, dall'altro lato, nell'incapacità di Bouvard e Pécuchet di fare un uso sensato del sapere che via via acquisiscono o nell'impossibilità di poterlo fare. Probabilmente tutte le cose insieme, visto che lo scrittore voleva usare come sottotitolo della sua opera *La sconfitta del metodo nelle scienze*, e in una lettera a Louis Bouilhet scrisse:

> La stupidità sta nel voler concludere. Siamo un filo, e vogliamo conoscere la trama.

Non è nemmeno ben chiaro se Flaubert si considerasse un osservatore esterno della stupidità, o un suo fruitore interno. Lui stesso dichiarò a Maxime Du Camp:

> Voglio produrre una tale impressione di stanchezza e noia, che leggendo questo libro si possa credere che sia stato scritto da un cretino.

E Queneau osservò, nell'introduzione al libro ristampata in *Segni, cifre e lettere*:

> Le meditazioni di Bouvard sulla filosofia e sul mondo, le sue critiche alla religione o agli atteggiamenti filosofici, sono proprio quelle dello stesso Flaubert.

Quest'ultimo avrebbe dunque potuto dire *Monsieur Bouvard c'est moi*, come d'altronde l'aveva già detto per *Madame Bovary*. E in effetti lo disse, con altre parole:

> Bouvard e Pécuchet mi riempiono a tal punto, che sono diventato loro! La loro stupidità è la mia, e ne scoppio.

D'altronde, fin da bambino era stato considerato *L'idiota di famiglia*, come nel titolo della biografia che gli dedicò Sartre. E, ovviamente, lo stupido ha molto a che fare con l'"idiota", che in greco non indicava altro che un "privato": cioè, figurativamente, qualcuno che vive in un mondo personale tutto suo, invece che in quello pubblico di tutti.

Dunque, stupidi non sono solo i protagonisti di *Bouvard e Pécuchet*, ma anche l'autore. E le stupidaggini che gli uni e l'altro raccolgono nell'abbozzo del loro enciclopedico *Stupidario* non sono altro che i luoghi comuni, le idee alla moda e le sciocchezze che tutti pensano e ripetono. Ma allora è impossibile farne un catalogo completo, perché esso coinciderebbe con l'archivio di Echelon, che registra le conversazioni e le corrispondenze dell'intera popolazione mondiale. E se qualcosa gli scappa, non c'è da preoccuparsi, perché lo si ritroverà riproposto nei libri, sui giornali, nei programmi radiotelevisivi e in rete.

Una volta compresa la cattolicità della stupidità, farne una teoria diventa agevole. Il primo a provarci fu Walter Pitkin nel 1932, con la sua lunga *Introduzione alla storia della stupidità umana*, che enunciava tre leggi fondamentali:

- Il numero degli stupidi è infinito.
- Il potere è quasi tutto nelle mani di gente più o meno stupida.
- Capacità e stupidità individuali vanno spesso a braccetto.

Nel 1976 *Le leggi fondamentali della stupidità umana* salirono a cinque in un omonimo breve saggio di Carlo Cipolla, ripubblicato in *Allegro ma non troppo* (il Mulino, 1988):

- Il numero degli stupidi viene sempre sottostimato.
- La probabilità che un individuo sia stupido è indipendente da qualunque altra sua caratteristica.
- Lo stupido causa danni ad altri senza trarne vantaggio per sé, o traendone addirittura svantaggio.

- Il potenziale nocivo degli stupidi viene sempre sottovalutato.
- Tra i vari tipi di persone, gli stupidi sono i più pericolosi.

La terza legge di Cipolla è in realtà una definizione dello stupido, e le sue variazioni permettono di definire gli altri tipi di persone menzionati nella quinta legge. Precisamente, intelligente è chi trae vantaggio per sé, facendone trarre anche ad altri. Sprovveduto, chi causa danni a sé, procurando vantaggio ad altri. Bandito, o sfruttatore, chi trae vantaggio per sé, causando danni ad altri.

È in questo senso preciso che lo stupido, che causa danni a sé e agli altri, è pericoloso: anzi, il più pericoloso dei tipi possibili. Perché, all'opposto dell'intelligente, che ottimizza i vantaggi, lo stupido li pessimizza, ottimizzando ossimoricamente i danni. Che poi lo stupido sia anche il tipo più diffuso, oltre che il più pericoloso, è la dimostrazione che il nostro è il peggiore dei mondi possibili, con buona pace di Pangloss e degli stupidi come lui.

L'ombra lunga dei pigmei
(INCOMPETENZA)

Franz Kafka ha descritto meglio di chiunque altro le esperienze e le sensazioni che ciascuno di noi vive e prova nello scontro quotidiano con la burocrazia, definita da Honoré de Balzac come «un gigantesco macchinario azionato da pigmei». Ed è innegabile che, spesso, sia proprio l'infima statura mentale dei burocrati a rendere la nostra vita così complicata e amara.

A volte, però, le cose succedono più per colpa che per dolo. Come infatti suggerì nel 1941 lo scrittore di fantascienza Robert Heinlein, nel suo racconto *Logica dell'impero*, non bisogna «mai attribuire alla malizia ciò che può essere spiegato con la stupidità». Questa verità è ormai passata alla storia come *rasoio di Heinlein*, per analogia con l'analogo strumento filosofico di Ockham.

Qualcun altro ha notato che, inoltre, «ogni incompetenza sufficientemente avanzata è indistinguibile dalla malizia». Questa formula fa il verso alla *legge di Clarke*, enunciata nel 1973 dal famoso autore del romanzo *2001: Odissea nello spazio*, che stabilisce invece: «Ogni tecnologia sufficientemente avanzata è indistinguibile dalla magia».

Malizia, stupidità e incompetenza sono dunque strettamente legate fra loro. Già nel 1774 Johann Wolfgang Goethe aveva anticipato, nei *Dolori del giovane Werther*, che «l'ignoranza e l'incuria generano più confusione al mondo che la furbizia o la malizia, e comunque queste ultime sono meno frequenti delle prime».

Nel 1801 Friedrich Schiller gli aveva fatto eco, notando nella *Pulzella d'Orléans* che «contro la stupidità, persino gli dèi sono impotenti». La citazione fu presa a prestito nel 1972 da Isaac Asimov per il suo romanzo *Persino gli dèi*, le cui tre parti si intitolano appunto *Contro la stupidità*, *Persino gli dèi* e *Sono impotenti*.

A volte, però, le disfunzioni e le paradossalità della burocrazia non dipendono dai neuroni dei macchinisti, ma dagli ingranaggi della macchina. Più precisamente, da leggi generali delle organizzazioni sociali che, pur enunciate con formule leggere e ironiche, denunciano comunque situazioni pesanti e beffarde.

Ad esempio, nel 1968 Laurence Peter e Raymond Hull hanno dedicato il loro libro *Il principio di Peter* a spiegare come mai, così spesso, le posizioni di comando e di responsabilità siano ricoperte da incompetenti. Il titolo si riferisce a un'omonima legge da essi enunciata, secondo cui «la carriera fa salire la gente fino al proprio livello di incompetenza». E, più in generale, «la competizione spinge le cose fino al punto di rottura».

Il problema sta nel fatto che, in genere, si riceve una promozione a un livello successivo sulla base delle attitudini dimostrate al livello precedente. A forza di salire nella gerarchia, si finisce così col raggiungere un livello per il quale non si è più preparati o adeguati, come dimostra il fatto che in seguito non si ricevono più ulteriori promozioni. E non si può pensare di promuovere la gente solo dopo che ha già dimostrato di saper svolgere i compiti richiesti dal livello successivo, perché questi spesso non sono di competenza del livello precedente.

Il *principio di Peter* spiega perché una persona che è competente a certi livelli, prima o poi ne raggiunge uno per il quale risulta incompetente. Il complementare *principio di Dilbert*, che prende il nome dalla rivista sulla quale lo pubblicò il 5 febbraio 1995 lo scrittore satirico Scott Adams, spiega invece perché riescano a far carriera persone che non sono competenti a nessun livello.

Si tratta di una versione moderna del venerabile *promoveatur ut amoveatur*, «promuovere per rimuovere», degli antichi. E afferma semplicemente che «la leadership è la soluzione naturale per rimuovere gli incompetenti dal processo produttivo». Li si toglie di torno, cioè, perché vadano a far danni altrove.

Non c'è naturalmente niente di male nel riconoscere che, in fondo, siamo tutti degli incompetenti, rispetto alla maggior parte dei compiti possibili. I guai derivano semmai dal fatto di *non* riconoscerlo, come stabilisce il *principio di Nartreb* da questi enunciato il 22 maggio 1995 sul «New York Times»: «Le professioni attraggono la gente meno adatta a svolgerle». O, se si preferisce, «le persone tendono a scegliere le professioni che permettono loro di meglio esibire la propria incompetenza». La ragione ovvia è che, tra le motivazioni per cui scegliamo un lavoro, quella che si è portati a farlo è forse la meno comune e frequente.

Alle osservazioni relative alla competenza e all'attitudine dei lavoratori, se ne affiancano altre relative alla complessità e all'efficienza dei lavori stessi. La più nota è *La legge di Parkinson*, che prende il nome dall'omonimo articolo di Cyril Parkinson sull'«Economist» del novembre 1955, poi espanso in un omonimo libro del 1958: «Un lavoro finisce per richiedere sempre tutto il tempo e tutte le risorse a disposizione». Ovvi esempi sono l'abitudine degli studenti a procrastinare i compiti fino all'ultimo momento. O la tendenza dei programmi di computer a usare sempre più memoria per svolgere le proprie funzioni.

Una riformulazione paradossale di questa legge è stata proposta nel 1979 da Douglas Hofstadter, nel best seller *Gödel, Escher, Bach*: «Ci vuole sempre più del previsto, anche tenendo conto della legge di Hofstadter». Riecheggiano qui la famosissima *legge di Murphy*: «Se qualcosa può andare storto, lo farà». E il relativo *corollario di Finagle*: «Se qualcosa può andare storto, lo farà nel momento peggiore».

La legge di Murphy risale a una relazione del 13 novembre 1877 di Alfred Holt a un congresso di ingegneri civili, sul progresso della navigazione a vapore: «In mare tutto ciò che può andare storto lo farà, prima o poi, e non c'è da stupirsi che i proprietari preferiscano la sicurezza alla scientificità».

Il nome appare invece per la prima volta nel 1952, insieme a quello di «quarta legge della termodinamica», nella *Formazione di uno scienziato* di Anne Roe. E si riferisce al monito dell'ingegnere aereospaziale Edward Murphy di tener sempre presente la peggiore eventualità nella progettazione dei missili.

Coniugando le deficienze esterne dei lavoratori con le resistenze interne dei lavori, non c'è da stupirsi che alla lunga le cose tendano a scappare di mano. E uno dei modi in cui lo fanno è stabilito dalla *rivelazione di Sturgeon*, annunciata nel marzo 1958 sulla rivista di fantascienza «Venture»: «Al novanta per cento, le cose (da fare o fatte) sono cazzate». Che si può interpretare come una versione in negativo del *principio dei pochi ma buoni* dell'economista Vilfredo Pareto: «Spesso l'ottanta per cento degli effetti deriva dal venti per cento delle cause».

Si delinea così una sconsolante teoria di «come veramente i sistemi funzionano e falliscono», per dirla col sottotitolo dell'ormai classica *Sistemantica* di John Gall, del 1978. Il libro snocciolò impietosamente, una dopo l'altra, una serie di leggi che ci mostrano come in genere le organizzazioni funzionino male. Tendano ad autoalimentarsi e a irrigidirsi. Perdano gradualmente di vista i propri obiettivi. Non facciano ciò che dovrebbero. Assegnino un valore sproporzionato alle stupidaggini. E finiscano per diventare autoreferenziali e fini a se stesse.

Cominciamo allora a capire che i problemi che infestano le nostre organizzazioni lavorative, sindacali, politiche, militari e religiose sono, almeno in parte, endemici e irrimediabili. E che se i loro vertici ci appaiono così spesso inadeguati e improponibili, è perché in buona parte lo sono.

Ricordiamoci allora, di fronte a quei pigmei dei nostri politici, dei nostri capitani d'industria, delle nostre gerarchie e dei nostri dirigenti d'ogni ordine e grado, che se proiettano un'ombra così gigantesca è soltanto perché, come diceva il poeta Novalis nei suoi *Frammenti* (811), siamo ormai vicini al tramonto.

L'incultura del sospetto
(ANTISCIENTISMO)

Si racconta che, negli anni '60, una multinazionale andò in giro per l'Africa con uno schermo portatile e un generatore di elettricità, per mostrare nei villaggi sperduti un filmato sui grandi macchinari agricoli che produceva. Pensava, evidentemente, che per una popolazione non alfabetizzata fosse molto più immediato ed efficace vederli in azione, che non sentirli descrivere a parole.

Dopo varie proiezioni si accorse, però, che il filmato non sembrava avere alcun effetto, e alla fine si decise a domandare agli spettatori che cosa avessero recepito. La sorprendente, e unanime, risposta che ricevette fu: la presenza di un pollo che passava a un certo momento in un angolo dello schermo, e di cui gli occidentali non si erano nemmeno accorti. La sorpresa svanì quando si rifletté sul fatto che, in fondo, ciascuno può percepire della realtà soltanto ciò che è in grado di riconoscere e comprendere.

L'episodio è una perfetta metafora del rapporto tra la scienza e i media. Uno scienziato, o una persona acculturata di scienza, che legga i giornali, ascolti la radio o guardi la televisione, anzitutto ci troverà solo molto raramente notizie scientifiche, e praticamente mai in posizione di rilievo come la prima pagina.

Ma quelle rare volte che ce le troverà, si accorgerà che in genere sono solo insignificanti polli, notati da ignari selvaggi. I quali, nella migliore delle ipotesi, avranno anche sfogliato le pagine di «Nature» o «Science», ma senza percepire altro se non ciò che potevano riconoscere e comprendere. E che non ha nulla a che fare con la sostanza di cui parlano quelle pubblicazioni.

A complicare le cose c'è poi il fatto che spesso, più che di polli, si tratta in realtà di pavoni. Cioè, di notizie con la coda variopinta, messe lì apposta per attirare l'attenzione da scienziati furboni e a volte senza scrupoli, che sanno benissimo a quali esche si abboccherà. E il motivo per cui ce le mettono è ovviamente quello di ottenere visibilità e finanziamenti, che verranno spesi per perpetuare quel genere di ricerche, che poi attrarranno altra attenzione mediatica.

Questa perversa e futile spirale costituisce uno degli argomenti di *Scientisti e antiscientisti* di Massimiano Bucchi (il Mulino, 2010). Il sottotitolo, *Perché scienza e società non si capiscono*, promette una risposta, che viene data nella conclusione: «Scienza e società non si capiscono, perché si intendono fin troppo bene». Nel senso che ciascuna si appoggia all'altra nella maniera descritta, in cui i giornalisti diffondono colposamente notizie trash, spesso fornite dolosamente dagli scienziati.

Ora, è innegabile che ci siano questi aspetti deleteri nel rapporto fra scienza e società. Ma Bucchi tende a enfatizzarli al punto da cancellare la differenza stessa tra scientismo e antiscientismo. Anzi, li considera due facce di una stessa medaglia, e li ribattezza rispettivamente «scientismo positivo e negativo».

L'operazione è sospetta, e in un certo senso analoga a quella di coloro che considerano anche la fede e l'ateismo come due facce di una stessa medaglia, come suggeriva il titolo del libro di Umberto Eco e Carlo Maria Martini *In cosa crede chi non crede?* (Liberal, 1997). Una domanda singolare, dello stesso tipo di "Cosa mangia chi non mangia?", alla quale non si può certo rispondere che mangia qualcosa di diverso dal cibo, come invece tendono a fare coloro che ritengono che l'ateismo sia un tipo diverso di religione, invece che la sua mancanza.

Questi giochi di parole tendono più a confondere i termini del dibattito, che non a chiarirli. Per capire cosa sia lo "scientismo", bisogna anzitutto notare che il termine ha già di per sé un connotato negativo, al contrario di "umanesimo". E che non c'è nessuna parola che descriva positivamente, o anche solo neutralmente, la constatazione che

> i metodi caratteristici delle scienze naturali rappresentano l'unica fonte genuina di conoscenza fattuale, e solo essi possono produrre un'effettiva conoscenza dell'uomo e della società.

Questo è, appunto, il modo in cui Bucchi definisce lo scientismo. L'antiscientismo è ovviamente l'opinione contraria, professata più o meno apertamente dalla quasi totalità della società umanista, che spesso si trincera dietro ad aperti fraintendimenti dell'impresa scientifica. Uno degli esempi più influenti, citato rispettosamente anche da Bucchi, è *La struttura delle rivoluzioni scientifiche* del filosofo Thomas Kuhn (1962), al quale si appigliano tutti coloro che vorrebbero assegnare alla verità scientifica un carattere puramente storico.

Chi non conoscesse i fatti e leggesse quel libro, così come *La rivoluzione copernicana* dello stesso autore (1957), potrebbe infatti dedurne che il passaggio dal sistema tolemaico a quello copernicano abbia costituito un radicale cambiamento di prospettiva *fisica*. Invece, i due sistemi sono perfettamente equivalenti dal punto di vista della descrizione dei moti planetari! È l'immagine *metafisica* che è cambiata, nel passaggio dal geocentrismo all'eliocentrismo, ma questo è un problema della filosofia, e non certo della scienza!

Analoghe considerazioni si potrebbero fare a proposito del falsificazionismo del filosofo Karl Popper, ampiamente citato da coloro che vorrebbero invece assegnare alla verità scientifica un carattere puramente negativo. Senza tener conto, ovviamente, del fatto che ciò di cui parlano sia Popper che Kuhn non è per niente la scienza reale che praticano gli scienziati, bensì quella fittizia che si immaginano i filosofi. I quali, avendo però molto maggior accesso ai media, finiscono per proporre e imporre i propri fraintendimenti come se fossero, questi sì, verità assolute e positive.

Per forza di cose, i letterati sono ancora peggio dei filosofi, perché della scienza capiscono ancora meno. Ma poiché hanno un accesso ancora maggiore ai media, i loro fraintendimenti sono ancora più profondi e diffusi. Un caso emblematico è la considerazione di cui godono le opere "scientifiche" di Goethe. Il quale avrà anche scritto qualche bel verso in tedesco, ma quando si è avventurato a pontificare nei campi della chimica o dell'ottica si è reso semplicemente ridicolo.

Il suo romanzo *Le affinità elettive* (1809) faceva pateticamente partorire a due genitori una figlia con i tratti somatici dei rispettivi amanti, ai quali essi pensavano al momento del concepimento. E il suo tomone *La teoria dei colori* (1810) pretendeva addirittura di dimostrare che gli esperimenti di Newton col prisma, che lui non aveva semplicemente capito, erano sbagliati.

Dire che ciò che importa in quei libri è la forma, e non il contenuto, equivale ad ammettere che la letteratura non è impresa di verità, ma di bellezza. Il che potrà anche essere vero, ma conferma appunto la visione "scientista", secondo cui la conoscenza fattuale sta di casa altrove. E certo non nella mitologia o nella religione, che costituiscono i baluardi più avanzati dell'antiscientismo.

Come si può infatti combinare con la scienza la credenza nelle anime e negli spiriti immateriali, quali angeli e demoni? O la fede nei miracoli, che sospendono le leggi di Natura per permettere interventi soprannaturali? O il dogma della transustanziazione, che afferma che una sostanza è cambiata, quando tutti gli accidenti si sono mantenuti?

Si ha un bel dire che l'antiscientismo non esiste, se non come altra faccia della medaglia dello scientismo. Non solo esiste, ma impera! E ogni passo avanti compiuto dall'immagine della scienza viene contrastato da cento passi indietro compiuti da filosofi, letterati e religiosi.

Il fatto è che quello che viene bollato come "scientismo" non è altro che una miscela di tre semplici ingredienti: buon senso, razionalità e rigore. Ciascuno di questi ingredienti è raro. Ma se anche fosse casualmente distribuito al 50%, la combinazione di tutti e tre sarebbe comunque posseduta solo dal 12,5% della popolazione.

Il che spiega la percentuale bulgara degli antiscientisti, e la difficoltà degli "scientisti" di far sentire la propria voce. Rendiamo dunque grazie a coloro che ci permettono di farlo, ma non illudiamoci che le cose possano cambiare presto o facilmente.

Un paradigma sui paradigmi
(FRAINTENDIMENTI)

Nel 2011 il discusso annuncio della velocità superluminale dei neutrini ha scatenato, fino alla sua sconfessione, accese discussioni sulle possibili conseguenze epistemologiche dell'ormai notorio esperimento. In particolare, si è ripetuto fino alla noia che, se il risultato fosse stato confermato, ci saremmo trovati di fronte alla necessità di un «cambio di paradigma». Un'espressione che riempie la bocca e allude alle opinioni filosofiche espresse da Kuhn cinquant'anni fa, nel suo citato libro *La struttura delle rivoluzioni scientifiche*.

In due parole, l'idea di Kuhn è che una teoria scientifica costituisca un paradigma, appunto, che stabilisce le regole del gioco temporaneamente condivise dalla comunità scientifica. Queste regole sono accettate fino a quando qualcosa di gravemente anomalo, come appunto avrebbe potuto essere l'esperimento del Cern, interviene a mettere in dubbio la visione del mondo proposta dal paradigma. Se l'anomalia non rientra nei ranghi, finisce per provocare una rivoluzione che abbatte l'*ancien régime* e instaura un nuovo ordine, nella forma di un nuovo paradigma.

L'idea di Kuhn è diventata a sua volta un paradigma filosofico, e ai postmoderni non è parso vero di potersene appropriare per proporre una visione relativistica della scienza. Le verità scientifiche, essi sostengono, non sarebbero altro che «costrutti sociali» relativi a un determinato paradigma, buoni fintanto che questo rimane in vigore, ma da buttare e sostituire con altri allo scoppio della prossima rivoluzione.

Ma gli scienziati non la pensano affatto così, e la scienza non procede affatto nel modo descritto da Kuhn! Prendiamo ad esempio la teoria del moto di Aristotele, da cui Kuhn era partito per costruire il suo castello in aria. Secondo la sua visione, il nuovo paradigma instaurato da Galileo ne avrebbe fatto piazza pulita, e oggi le leggi aristoteliche non sarebbero altro che reperti archeologici.

In realtà, Aristotele e Galileo descrivevano semplicemente situazioni diverse: il moto nell'atmosfera il primo, e nel vuoto il secondo. È ovvio, dunque, che trovassero risultati diversi. Ma se si aggiunge l'attrito dell'aria nelle formule di Galileo, si ritrovano esattamente le formule di Aristotele!

L'altro esempio canonico di supposto cambiamento di paradigma è quello al quale Kuhn dedicò l'altro suo citato libro, *La rivoluzione copernicana*. Come non pensare, a prima vista, che il sistema geocentrico di Tolomeo fosse da buttare, una volta che Copernico aveva riscoperto quello eliocentrico anticipato da Aristarco? Ma, ancora una volta, i due scienziati descrivevano situazioni diverse: il moto dei pianeti osservato dalla Terra il primo, e dal Sole il secondo.

E, ancora una volta, se si vuole descrivere nel sistema di Copernico il moto dei pianeti osservato dalla Terra, si riottiene il sistema di Tolomeo. Anzi, basta leggere Copernico per accorgersi che egli ricavò appunto il proprio sistema da quello, scoprendone la vera essenza. Cioè, che metà del sistema tolemaico descriveva semplicemente il moto dei pianeti attorno al Sole. E l'altra metà proiettava il moto della Terra attorno al Sole.

Nel Novecento, l'esempio più tipico di supposto cambiamento di paradigma è stato il passaggio dalla meccanica classica di Newton a quella relativistica di Einstein. Inutile ripetere, a questo punto, che di nuovo si tratta di descrizioni di situazioni diverse: moti a velocità trascurabili rispetto a quella della luce in un caso, e a velocità paragonabili a essa nell'altro. E, di nuovo, le formule di Einstein si riducono a quelle di Newton, quando si tenga conto di questo.

D'altronde, se non fosse così, non si continuerebbe a insegnare Newton nei dipartimenti di fisica e ingegneria, e lo si relegherebbe in quelli di storia. Per lo stesso motivo, si continua a insegnare Pitagora ed Euclide nei corsi di matematica, anche dopo Cartesio e Hilbert. O Aristotele nei corsi di logica, anche dopo Boole. Dunque, neppure i neutrini superveloci avrebbero pensionato Einstein. Al più, se non fossero stati una bufala, avrebbero paradossalmente gettato una "luce" nuova sui suoi risultati.

Discorso sul metodo
(MATEMATIZZAZIONE)

Un famoso articolo del 1960 del premio Nobel per la fisica Eugene Wigner si intitolava *L'irragionevole efficacia della matematica nelle scienze naturali*. Quest'espressione è poi diventata proverbiale, per descrivere il ruolo della matematizzazione nelle scienze.

Oggi si potrebbe aggiornarla aggiungendo alla matematica classica, di cui parlava appunto Wigner, anche l'informatica, che altro non studia se non la teoria e le applicazioni della matematica computazionale, o algoritmica. Anche questi due aggettivi stanno diventando proverbiali, per descrivere il ruolo della digitalizzazione delle scienze, e di riflesso anche della nostra vita.

Dai dati del bancomat alle conversazioni col cellulare, dalla musica ai film, dal navigatore satellitare alle macchine fotografiche digitali, oggi tutta l'informazione è codificata attraverso numeri binari, ed elaborata attraverso algoritmi. E il cerchio aperto dai Pitagorici si è finalmente chiuso. Sarebbe difficile, infatti, trovare una realizzazione più efficace e sostanziosa del loro motto «tutto è numero», di quanto non sia la nostra società informatizzata e digitalizzata.

Questo cambiamento è stato repentino. Benché sembrino secoli da quando usavamo ancora telefoni a filo, dischi di vinile, nastri magnetici o pellicole di celluloide, non sono passati che un paio di decenni, e molti di noi sono cresciuti con quelle anticaglie. Ed è proprio la rapidità del cambiamento a produrre una sensazione di disagio in coloro che risultano più refrattari ad adattarsi alle meraviglie informatiche.

Sarà veramente possibile ridurre tutto a numeri e algoritmi? O non faremo invece la fine dei Pitagorici, appunto, che un giorno si svegliarono e dovettero far fronte alla scandalosa scoperta dell'irrazionale? Uno scandalo che è ancor oggi testimoniato dal significato metaforico che questa parola ha assunto, ben oltre il suo significato tecnico di «quantità non esprimibile mediante un rapporto fra numeri interi».

Chi si preoccupa avanza in genere due tipi di obiezioni. Primo, che la complessità del reale non si può comprimere all'interno di una formula o di un algoritmo. Secondo, che se anche si potesse, le descrizioni tecniche toglierebbero la poesia al creato.

Benché entrambe le obiezioni si applichino alle problematiche sollevate dall'informatica, esse riguardano in realtà l'intera impresa scientifica, e codificano sostanzialmente i sentimenti dei filosofi e dei letterati.

Per quanto riguarda la seconda obiezione, la sollevò già William Blake nella sconclusionata poesia *Gerusalemme* (1820), prendendosela con Bacone e Newton perché la loro scienza

> nega la coscienza umana e la comunione dei Santi e degli Angeli,
> disprezza la visione e la fruizione divine, adora il Dio
> dei pagani, il Dio di questo mondo e la dea Natura,
> il mistero, Babilonia la grande, il Dragone druido e la prostituta
> [nascosta.

Che dire? È ovvio che a chi pensa e scrive così confusamente, la precisione delle formule matematiche non può che suonare come una sinfonia alle orecchie di un sordo.

Un altro premio Nobel per la fisica, Richard Feynman, rispose comunque all'obiezione poetica, dicendo che semmai la descrizione scientifica *aggiunge* consapevolezza alla descrizione letteraria. Ma non le *toglie* nulla, a meno che la letteratura non sia altro che una mera fabbrica di sogni e illusioni, incompatibile con la conoscenza. In fondo, non si vede perché dovremmo apprezzare meno un fiore o una persona, solo perché li conosciamo meglio!

La prima obiezione è più interessante, ma anacronistica. *A priori* è infatti difficile sapere se sia più proficuo, per la conoscenza, procedere dal basso, per accrescimento e mediante piccole formule precise, come fa la scienza. O pretendere di arrivare subito in alto, elaborando in un colpo solo un grande sistema, come ha fatto la filosofia. *A posteriori*, però, i fatti hanno dimostrato che la scienza va in una direzione precisa, per approssimazioni successive. Mentre i sistemi filosofici si sono limitati a scalzarsi l'un l'altro: ironicamente, anch'essi in successione.

È ovvio che le leggi di Newton erano solo un primo passo, ma a quello se ne sono aggiunti molti. E oggi, una formula dietro l'altra, siamo passati dal calcolo delle orbite dei pianeti alle simulazioni del tempo atmosferico, una volta dominio esclusivo dei poeti.

Domani, si può facilmente prevedere, passeremo dai modellini della teoria dei giochi alla descrizione matematica del comportamento umano, e potremo finalmente realizzare il sogno di Leibniz. Cioè, posti di fronte a una situazione della vita, non ci rivolgeremo più al prete o allo psicanalista per un consiglio (non) gratuito, ma semplicemente *calcoleremo*!

Dentro e fuori dalle regole
(CREATIVITÀ)

Cos'è che permette a un cavaliere errante di prendere un catino e metterselo in testa come se fosse un elmo? Qualcuno penserà: la pazzia. E sarebbe una spiegazione razionale, benché banale, perché non saper distinguere ciò che è socialmente accettabile da ciò che non lo è, rivela almeno qualche problema col principio di realtà.

Qualcun altro, ad esempio Stefano Bartezzaghi nel suo libro *L'elmo di Don Chisciotte* (Laterza, 2009), suggerisce invece: la creatività. E questa è un'idea essa stessa creativa nella pratica, anche se non così distante dalla precedente in teoria: in fondo, infatti, la creatività è una parente prossima della pazzia, e forse il membro più presentabile della famiglia Genio e Sregolatezza.

Poiché sulla creatività sono stati costruiti molti castelli in aria, possiamo provare a decostruirla smitizzandola. E il modo più immediato per farlo è notare che non sempre, per essere creativi, è necessario sovvertire le regole in maniera donchisciottesca. Anzi, una buona dose di creatività viene profusa quotidianamente da chi sa giocare secondo le regole, della vita o del gioco, in maniera da vederne e sfruttarne al meglio le potenzialità.

Per poterlo fare, però, le regole bisogna conoscerle, consciamente o inconsciamente. E capire quando sono imposte "dall'alto", e regolano oggettivamente e immutabilmente il corso naturale del mondo. O quando invece sono decise da noi, e definiscono convenzionalmente e mutabilmente il comportamento sociale dell'uomo. Nel primo caso, non si può far altro che stare al gioco e cercare di volgerlo a proprio favore, come con gli attacchi dell'avversario nel judo. È nel secondo caso, invece, che la creatività può estrinsecarsi anche sovvertendo le regole, decidendo di cambiare il gioco per giocarne un altro.

Tra le attività che si estrinsecano abitualmente all'interno delle regole stabilite, dalla Natura o da noi, si trovano alcuni degli esempi più significativi della creatività classica. A partire dalle opere composte secondo le tre unità (di luogo, di tempo e di azione) anticipate nella *Poetica* da Aristotele, e codificate nel Cinquecento dai suoi lettori rinascimentali. Non solo queste regole non impedirono ai tragici greci di produrre i loro capolavori, da Eschilo a Euripide, ma li aiutarono a mantenersi sui binari dai quali uscirono poi i romantici, deragliando nella maniera descritta da Raymond Queneau in *Segni, cifre e lettere* (Einaudi, 1981):

> Il classico che scrive la sua tragedia, osservando un certo numero di regole che conosce, è più libero del poeta che scrive quel che gli passa per la testa, ed è schiavo di altre regole che ignora.

Per Queneau, le costrizioni non costituiscono dunque impedimenti o seccature, ma la vera essenza dell'attività creativa: anzi, è proprio nella scoperta o nell'invenzione delle costrizioni, che essa si estrinseca.

Un esempio tipico di costrizione artistica fu la proporzione aurea, scoperta dai Pitagorici, a cui si conformarono le realizzazioni architettoniche dell'età classica: prima fra tutte, il Partenone progettato da Fidia. Un secondo esempio, a distanza di quasi due millenni dal primo, fu la prospettiva, scoperta da Brunelleschi agli inizi del Quattrocento, e rimasta per secoli la griglia pittorica nella quale gli artisti inserirono le loro opere, dalla *Trinità* di Masaccio ai progetti del Bauhaus.

Se la proporzione aurea e la prospettiva si configurano come scoperte di regole percettive esistenti in Natura, il contrappunto costituisce invece l'esempio tipico in musica di un impianto formale, convenzionale e inventato dall'uomo, analogo alle regole del gioco degli scacchi. In entrambi i casi, le regole non hanno impedito a musicisti come Johann Sebastian Bach, o a scacchisti come Bobby Fischer, di dispiegare il loro ingegno in fughe, o partite, considerate come vette di creatività.

D'altronde, nemmeno l'impianto formale degli *Elementi*, rigidamente fondato sulle regole della logica e sugli assiomi della geometria, ha impedito a Euclide di dispiegare la propria creatività dimostrando, ad esempio, il teorema di Pitagora sulla base del postulato delle parallele o della teoria della similitudine, rispettivamente nei Libri I e VI. Anche se l'associazione fra creatività e matematica suonerà stonata alle orecchie di molti, a causa del pregiudizio che ritiene la prima una prerogativa esclusiva dell'umanesimo.

In fondo, si pensa, la creatività ha a che fare con il creare: cioè, originalmente, con la poesia, derivante da *poiêin*, che significa appunto «fare» o «comporre». I teoremi e le teorie matematiche derivano invece da *theōrêin*, che significa «guardare» o «vedere». Poesia e matematica sembrerebbero dunque attività contrapposte: non solo nei risultati, ma anche nei modi, attivo e passivo. E invece, scopriamo che c'è più creatività al mondo di quanto si immaginano coloro che ne pretendono, o ne rivendicano, il monopolio.

Oltre al modo canonico di essere creativi, muovendosi al meglio all'interno delle regole del gioco, esiste un secondo tipo di creatività, che consiste nello spingere le regole al limite, fin quasi al punto di rottura. L'esempio canonico sono i giochi di parole, di cui Bartezzaghi è il maestro indiscusso: nel suo libro, ad esempio, ci invita a riconoscere che «attore» è un anagramma di «teatro», «abbondantemente» un antonimico di «a Berlino Petrarca dice la verità», e «lager manìa» un modo di essere de «la Germania».

Ma è proprio la matematica il campo principale in cui si giocano i giochi complementari del "vedere cose diverse in uno stesso modo", e "vedere una stessa cosa in modi diversi". Per quanto riguarda il primo gioco, ogni equazione fornisce una manifestazione, spesso sorprendente, dell'identità di cose apparentemente diverse: ad esempio, forza e accelerazione nella famosa $F = ma$ di Newton, ed energia e materia nell'altrettanto famosa $E = mc^2$ di Einstein.

A parte l'elmo-catino di Don Chisciotte, un esempio più terra terra di creatività nel vedere due cose in uno stesso modo, ma anche uno dei più spettacolari, è l'invenzione della penna biro da parte dell'ungherese Làzlò Birò, appunto. L'idea gli venne quando vide un pallone rotolare fuori da una pozzanghera, lasciando una striscia di acqua fangosa sul selciato, e pensò che una sferetta rotolata nell'inchiostro poteva lasciare una traccia simile su un foglio di carta. La sua creatività non gli impedì di morir povero, però: a fare i soldi con la sua invenzione fu invece il torinese Marcel Bich, che diede il nome alle penne Bic.

Quanto al secondo gioco, del vedere una stessa cosa in modi diversi, la fecondità dell'approccio formale consiste proprio nella possibilità di poter applicare l'intero apparato di una teoria a qualunque situazione in cui si possano interpretare i suoi assiomi. David Hilbert riassumeva il tutto metaforicamente dicendo che gli *Elementi* di Euclide parlavano di «punti, rette e piani», ma avrebbero potuto parlare di «tavoli, sedie e boccali di birra». E Queneau lo prese in parola, facendoli scherzosamente parlare di «parole, frasi e paragrafi».

Come si vede, la creatività come rottura degli schemi e delle regole del gioco non è che un terzo tipo: quello più paradossale, in fondo, perché «crea distruggendo». Anche se questo paradosso scompare, come quasi sempre succede con i paradossi, quando lo si precisa: nello specifico, notando che «si crea il nuovo distruggendo il vecchio». A questo proposito, i paradossi sono spesso esibizioni di creatività del secondo tipo, e a volte stimoli alla creatività del terzo tipo.

La creatività interviene nei momenti cruciali di cambiamento dei paradigmi, per usare l'abusata terminologia kuhniana. Ad esempio, in pittura, nel passaggio dalla prospettiva assiale di Giotto a quella puntuale di Brunelleschi. In astronomia, dal sistema geocentrico di Tolomeo a quello eliocentrico di Copernico. In matematica, dalla geometria sintetica di Euclide a quella analitica di Cartesio. In musica, dal barocco di Bach al preromanticismo di Mozart. In biologia, dal fissismo di Linneo all'evoluzionismo di Darwin. In fisica, dalla meccanica classica di Newton a quella relativistica di Einstein.

Si tratta solo di esempi, scelti a caso uno per secolo, che si potrebbero moltiplicare a piacere. E la loro profusione conferma che la creatività, nelle tre accezioni del saper giocare dentro le regole, saperle spingere al loro limite e saperne uscire fuori quando serve, è più diffusa e ubiqua di quanto la sua mitologia non pretenda di far credere. Il che suggerisce che ce ne sia un quarto tipo, forse il più originale di tutti, che consiste nell'essere creativi rifiutando, o evitando, di esserlo. In fondo, in un mondo in cui Lapo Elkann dirige una «*factory* creativa che genera idee a 360 gradi», certe idee è meglio non farsele venire, se non per mimetizzarsi nell'ovvietà.

Le evidenze ingannano
(PRECONCETTI)

C'è forse qualcosa di più evidente del fatto che il Sole e la Luna girano attorno alla Terra, una volta al giorno? Basta un minimo di osservazione, per accorgersi che entrambi gli astri si alzano, si muovono e si abbassano nel cielo, in maniera perfettamente analoga. E, se questo non fosse sufficiente, lo conferma anche la Bibbia, nel famoso brano in cui Giosuè ordina al Sole di fermarsi: cosa che il primo poteva fare soltanto se il secondo si muoveva.

Eppure, oggi sappiamo che questo genere di "evidenze" è inconcludente, per un duplice motivo: non solo, com'è ovvio, per l'appello all'autorità, ma anche, e più sorprendentemente, per quello alla supposta prova dei fatti. In realtà, benché le osservazioni ci presentino dati paralleli per il Sole e la Luna, il moto del Sole è solo un'illusione ottica, mentre il moto della Luna è una vera deduzione logica. In altre parole, i fatti sono solo indizi, e ci vuol altro per saltare alle conclusioni: sostanzialmente, serve una visione scientifica, che permetta di discernere il vero e il reale dal falso e dall'immaginario.

La caratteristica principale di questa visione scientifica sta nella capacità di saper andare oltre le apparenze, per capire le ragioni profonde dei fenomeni, e vedere il quadro generale della Natura. Come si può facilmente immaginare, le ragioni profonde e il quadro generale contrastano sistematicamente con le ragioni superficiali e i quadri particolari, che costituiscono invece il cosiddetto "senso comune". Il che spiega, allo stesso tempo, le resistenze e le difficoltà che gli scienziati incontrano nel diffondere le proprie scoperte tra la gente comune, appunto.

Una lista delle idee più "evidenti" può addirittura fungere da indice per una ministoria della scienza, i cui capitoli raccontino come queste idee abbiano dovuto essere faticosamente scalzate, una a una, per venir rimpiazzate da altre che in origine erano semplicemente considerate "assurde". Cominciando dalla *geologia*, il computo dell'*età della Terra* basato sulle fantasiose genealogie bibliche portò nel 1650 il vescovo Ussher a una stima di circa 6.000 anni, ma salì vertiginosamente quando si cominciarono a usare metodi scientifici.

Nel 1779 il conte di Buffon misurò il tempo di raffreddamento di una sfera di terra, e ne dedusse un'età del pianeta di circa 75.000 anni. Nel 1862 Lord Kelvin fece calcoli più sofisticati dello stesso genere, e arrivò a una stima tra i 20 e i 400 milioni di anni. Nel 1927 la scoperta della radioattività permise ad Arthur Holmes di alzare la soglia tra 1 miliardo e mezzo e 3 miliardi. E nel 1956 Clair Patterson sfruttò i meteoriti per arrivare alla stima attuale di 4 miliardi e mezzo.

Il calcolo dell'età della Terra costituisce l'esempio archetipico del passaggio dal mito alla scienza: si sostituisce una favola con una teoria, che dapprima è enunciata in forma rudimentale e semplificata, e poi viene via via precisata considerando aspetti che erano stati trascurati, perché temporaneamente intrattabili nei calcoli, o sconosciuti nei fatti.

Molte altre illusioni "evidenti" derivano invece da una visione antropocentrica, a misura d'uomo, che impedisce di guardare al mondo con il necessario senso delle proporzioni. Noi percepiamo, infatti, solo porzioni molto limitate dello spazio e del tempo, e ne deduciamo erroneamente che la Terra è piatta e immutabile.

Per accorgersi della *rotondità della Terra*, fu necessario allargare lo sguardo, fisico e mentale: ad esempio, osservare il progressivo apparire di una nave all'orizzonte, o il graduale mutamento delle costellazioni nei grandi viaggi in direzione Nord-Sud, o la forma dell'ombra prodotta dalla Terra durante le eclissi di Luna. E il trattato *Sul cielo* di Aristotele testimonia che la consapevolezza della sfericità della Terra era già stata acquisita ben prima della nostra Era.

Si dovettero invece attendere i *Princìpi di geologia* di Charles Lyell, tra il 1830 e il 1833, per accorgersi che i *tempi geologici* erano incommensurabili con quelli storici, e che piccole cause potevano alla lunga produrre grandi effetti: ad esempio, scolpire globalmente la superficie terrestre, nella maniera che a noi oggi appare localmente immutabile. Agli inizi i tempi richiesti sembravano però superare di gran lunga l'età stessa della Terra, e l'intera teoria di Lyell non divenne plausibile che con il progressivo dilatarsi della storia terrestre.

Il principio del lento accumularsi di piccole variazioni fu una delle ispirazioni per *L'origine delle specie* di Charles Darwin, nel 1859. Ed è proprio nella *biologia* che le idee "evidenti" opposero, e ancora continuano a opporre, la più disperata resistenza a quelle scientifiche: prima fra tutte, ovviamente, quella della *fissità delle specie*, che la Bibbia supponeva create una volta per tutte da un intervento diretto del Creatore. Scalzata quella, l'evoluzionismo produsse effetti a catena: in particolare, l'idea che l'uomo non fosse altro che una variazione delle scimmie, oltre che l'ultima insignificante comparsa di una lunga storia.

In realtà, solo la sistemazione definitiva dell'evoluzionismo è opera di Darwin. L'idea che le specie potessero evolvere era stata introdotta molto prima: nella *Lettera sui ciechi a uso dei vedenti* di Denis Diderot, e nella *Storia naturale generale e particolare* del conte di Buffon, entrambe del 1749. E la prima teoria coerente e completa, ma sbagliata, era stata enunciata nel 1809 da Jean-Baptiste de Lamarck nella *Filosofia zoologica*. Quest'ultimo introdusse anche un'altra idea "evidente" e dura a morire: l'*ereditarietà dei caratteri acquisiti*, condivisa anche da Darwin, e scalzata soltanto nel 1883 dalla distinzione tra fenotipo e genotipo di August Weismann.

La teoria geologica di Lyell e quella biologica di Darwin hanno in seguito ricevuto supporto da un'altra idea non "evidente", rimasta a lungo dura da accettare: la *deriva dei continenti*, proposta da Alfred Wegener nel 1912. Si è così capito che non è la fede a smuovere le montagne dell'Himalaya, o a disseminare le isole delle Hawaii, bensì il movimento delle placche tettoniche. E che l'identità nella differenza di molte specie vegetali o animali non è stata prodotta dal multiforme ingegno del Creatore, ma dalla separazione dei loro habitat.

L'idea non "evidente" che ha causato le più furiose e durature resistenze fu però, ovviamente, quella del *moto della Terra* negli spazi celesti. Che a muoversi non fosse il Sole attorno alla Terra, ma la Terra attorno al Sole, fu proposto per la prima volta da Aristarco verso il 300 prima della nostra Era, e l'ipotesi gli procurò da parte degli stoici le stesse accuse di empietà che i cristiani scaricarono addosso a Galileo duemila anni dopo, nel 1633.

A parte i pessimi motivi religiosi e filosofici, contro l'eliocentrismo militavano comunque anche ottimi motivi scientifici, scrupolosamente enumerati da Tolomeo. Ad esempio, se la Terra girava annualmente attorno al Sole, doveva anche girare giornalmente attorno a se stessa, a velocità enormi e con conseguenze catastrofiche, nessuna delle quali veniva osservata. La soluzione del dilemma venne da un'altra idea non "evidente", proposta da Cartesio e Galileo: il *principio d'inerzia*, secondo il quale le forze non servono a mantenere il movimento di un corpo, come suggerirebbe l'uso dell'acceleratore sulla nostra auto, ma a cambiarlo.

Nelle mani di Galileo e Newton, il nuovo principio servì a eliminare una quantità di preconcetti della *fisica*: gli stessi che continuano tuttora ad alimentare la cosiddetta "fisica ingenua", professata da tutti coloro che non sono dei professionisti. In base al principio d'inerzia, un corpo in movimento non tende a fermarsi, o a cambiare direzione, a meno che non intervengano delle forze a costringervelo, come l'attrito dell'aria, o la forza di gravità. È la combinazione fra l'inerzia e la gravità a spiegare fenomeni tra loro tanto diversi quanto la caduta perfettamente verticale delle mele dagli alberi, e il permanere della Luna nella sua orbita.

La relatività di Einstein mandò invece in soffitta una delle idee più "evidenti" a proposito del tempo: che se due eventi appaiono simultanei a qualcuno, devono apparire simultanei a tutti. Invece non esiste un *tempo universale*, valido per tutti, e ciascuno di noi ha un tempo personale, valido solo per sé. Naturalmente i vari orologi non sono completamente sfasati fra loro, e si può ancora costruire un'immagine parzialmente coerente del mondo, ma ormai l'idea del tempo assoluto «ha fatto il suo tempo»: come «c'è un tempo per ogni cosa», così ce n'è anche uno per ogni osservatore.

Analogamente, hanno dovuto essere messe in soffitta molte idee della *chimica*, che per secoli e millenni hanno alimentato i pregiudizi degli alchimisti e dei loro ingenui seguaci. Ad esempio, nessuno dei quattro elementi classici (terra, acqua, aria e fuoco) è un vero elemento, così come d'altronde nessuno dei due "colori" bianco e nero è un vero colore. E il calore non è prodotto da qualche fantomatica sostanza, come il flogisto immaginato nel 1667 da Johann Becher, ma dal movimento delle particelle che costituiscono un corpo o un gas. Particelle che, in maniera per niente "evidente", sono sempre nello stesso numero in un dato recipiente, qualunque sia il gas che lo riempie a una data pressione.

Alla base di queste, e molte altre, mancate evidenze sta un'idea rivoluzionaria proposta da Democrito, divulgata da Lucrezio e confermata dalla fisica e dalla chimica moderne: l'*atomismo*. Esso mostra che, se non «siamo fatti della sostanza dei sogni», poco ci manca: gli atomi che ci compongono, infatti, sono quasi tutti vuoti. Ma non completamente vuoti come le idee "evidenti", che la scienza si è assunta il compito di smantellare una a una, per liberarci gradualmente dalle pastoie dell'ignoranza e della superstizione.

La filosofia del cane
(METAFISICA)

Nell'*Origine dell'uomo* Charles Darwin racconta che, un giorno afoso e caldo, il suo cane giaceva sul prato, ma ringhiava e abbaiava ogni volta che un parasole veniva agitato da una leggera brezza. Secondo il naturalista, perché «ragionava automaticamente e inconsciamente che un movimento senza apparente causa indicava la presenza di qualche strano agente vivente».

Il cane di Darwin aveva dunque commesso un errore categoriale, scambiando una causa inanimata, come il vento, per una causa animata, come un intruso. La filosofia del cane si mantiene comunque all'interno del reale, limitandosi a confonderne due specie.

Un errore peggiore lo commette la teologia del prete, che compie addirittura un salto dal reale all'immaginario. La tradizione che spazia dalla *Città di Dio* (X, 5) di Agostino al *Catechismo* (150) del Concilio di Trento, parla infatti dei sacramenti come di «segni» o «forme visibili della grazia invisibile». Quando non addirittura di «cause», come nella *Summa Theologiae* (III, 62) di Tommaso d'Aquino.

Ciò che accomuna il cane e il teologo è una letterale superstizione (*superstitionem*, «che sta sopra»). Si tratta infatti di una "sovrastruttura", che sovrappone indebitamente alla realtà fisica un'illusione metafisica. E la ipostatizza, di nuovo nel senso letterale di "reificarla" o "materializzarla".

Il processo di trasformazione delle idee in cose non ha contagiato soltanto i canili e le chiese. Anche i dipartimenti di filosofia dell'intero mondo sono preda di una psicosi collettiva, che pretende sistematicamente di immettere nell'ambito dell'esistente le fantasie partorite dall'immaginario, e di scambiare la letteratura per storia, naturale o sociale. A dar evidenti segni di squilibrio metafisico, e di mancanza del principio di realtà, non sono comunque soltanto gli addetti ai lavori, ma anche coloro che vengono comunemente definiti come "gente normale".

Ad esempio, è sicuramente un segno visibile del tempo virtuale in cui viviamo il fatto che l'aggettivo "normale" venga oggi attribuito agli spettatori dei *reality show*, ai quali basta il nome in inglese per credere che ciò che guardano nel teleschermo sia reale e interessante. O venga attribuito ai lettori del *Codice da*

Vinci, ai quali invece non basta l'avvertenza dell'astuto autore per capire che ciò che leggono è immaginario e assurdo.

La tentazione di pensare che dietro le parole si celino sempre le cose è però talmente forte e ubiqua da suggerire che essa possa fornire un vantaggio evolutivo a coloro che la posseggono, esattamente come gli artigli o le zanne delle belve le rendono più adatte alla lotta per la vita. Il che non rende ovviamente meno feroci le belve, o più vere le illusioni, ma aiuta a capire come mai la tendenza metafisica abbia potuto insinuarsi dovunque. Persino nella matematica, che pure è la disciplina più immune dagli errori e dalle illusioni, grazie all'antidoto costituito dal suo ferreo metodo di dimostrazione.

Il primo esempio storico di irruzione della metafisica nella matematica fu la scoperta di quelle che, non a caso, vennero chiamate grandezze *irrazionali*. Anche se, in origine, l'attributo si limitava a indicare qualcosa di letteralmente «non esprimibile mediante un rapporto», e dunque «fuori misura». E solo in seguito passò a indicare qualcosa di metaforicamente «non esprimibile mediante la ragione», e dunque «fuori di senno».

Probabilmente il primo irrazionale a essere scoperto fu la cosiddetta *sezione aurea*, che tanto ha fatto parlare e straparlare di sé, per la sua ubiquità nella Natura e nell'arte. In matematica la si ritrova nel rapporto fra la diagonale e il lato del pentagono regolare. E la sua irrazionalità si manifesta nella telescopicità dell'immagine di un primo pentagono, nel quale vengono inserite le diagonali, che formano al centro un secondo pentagono, nel quale vengono inserite le diagonali, che formano al centro un terzo pentagono, e così via all'infinito, in una vera e propria *mise en abyme*.

Benché meno elementare, l'irrazionale più noto è però la *radice quadrata di 2*, che misura il rapporto fra la diagonale e il lato del quadrato, e si manifesta nella telescopicità dell'immagine di un primo quadrato, nel quale viene inserito un secondo quadrato con le diagonali pari al lato del primo, nel quale viene inserito un terzo quadrato con le diagonali pari al lato del secondo, e così via all'infinito.

La scoperta che la sezione aurea o la radice di 2 non fossero esprimibili come frazioni, cioè come rapporti di numeri interi, mise in crisi la scuola pitagorica, che sulla commensurabilità universale aveva fondato la propria filosofia del «tutto è numero (razionale)». Da un lato, questo fatto costrinse i Greci a bandire ufficialmente gli irrazionali. E, dall'altro lato, a fare i salti mortali per parlarne ufficiosamente attraverso le loro approssimazioni. La maniera per farlo fu indicata da Eudosso, e venne sviluppata da Euclide nel decimo libro degli *Elementi*, non a caso passato alla storia come «la croce dei matematici».

L'equivoco si basava appunto sul credere che gli irrazionali esistessero misteriosamente, in un mondo ideale al di là di quello naturale degli interi. Ma nel 1858 Richard Dedekind mostrò come si possa identificare un irrazionale con gli insiemi delle sue approssimazioni razionali. Ad esempio, la radice di 2 con le frazioni il cui quadrato è minore di 2, o con quelle il cui quadrato è maggiore di 2. In maniera tipicamente decostruzionista, le cause irrazionali scompaiono, e rimangono soltanto i loro effetti razionali. O, se si preferisce, le cause vengono semplicemente identificate coi loro effetti.

Il secondo esempio storico di irruzione della metafisica nella matematica fu l'invenzione, da parte di Raffaele Bombelli nel 1572, delle cosiddette grandezze *immaginarie*. Egli le introdusse per trattare le soluzioni dell'equazione di terzo grado, ottenute mediante la formula scoperta poco prima dagli algebristi italiani Scipione Dal Ferro, Niccolò Fontana e Gerolamo Cardano. Si era infatti notato che, benché a volte le soluzioni fossero tutte reali, la formula faceva comunque intervenire "impossibili" radici quadrate di numeri negativi, che ovviamente non hanno senso nei numeri reali.

L'esempio tipico di grandezza immaginaria è la *radice quadrata di meno 1*. Una volta trovate le regole algebriche per trattare con essa, e con gli altri numeri analoghi, anzitutto scomparvero le difficoltà provocate dall'equazione di terzo grado. Poi, si poté enunciare e dimostrare il teorema fondamentale dell'algebra, secondo il quale ogni polinomio a coefficienti interi ha un numero di radici immaginarie esattamente pari al suo grado. Infine, una volta impratichitisi con i numeri immaginari, si poté decostruirli in maniera geometrica, come punti del piano cartesiano o come vettori. E si poté interpretare la moltiplicazione per la radice di meno 1 come una semplice rotazione antioraria di 90 gradi.

Col senno di poi, ci si accorse che i numeri immaginari avevano già lasciato tracce di sé nel mondo reale, molto prima di essere inventati! Ad esempio, nel secondo secolo il matematico greco Diofanto scrisse un famoso libro sull'*Aritmetica*, e notò che il numero 65 è il prodotto di due somme di quadrati (13 e 5), e si può scomporre come somma di quadrati in due modi diversi (7 e 4, e 8 e 1). E questo non è altro che l'effetto visibile di una causa invisibile: il fatto, cioè, che il prodotto dei valori assoluti di due numeri immaginari è uguale al valore assoluto del loro prodotto.

Il terzo esempio di metafisica matematica fu l'introduzione, da parte di Ernst Kummer nel 1843, dei cosiddetti numeri *ideali*. Questa volta la necessità nacque dallo studio del famoso teorema di Fermat, e da un errore che lo stesso Kummer aveva fatto in una sua supposta dimostrazione. L'errore consisteva nel credere che il fatto che gli interi si possono decomporre in fattori primi in uno e un solo modo continuasse a valere anche per particolari numeri immaginari simili agli interi.

Una volta scoperto l'errore, che purtroppo fece cadere la sua dimostrazione del teorema di Fermat, Kummer capì che la decomposizione unica continuava effettivamente a valere, ma rispetto ad altri numeri primi, che egli chiamò appunto "ideali". E ancora una volta toccò a Dedekind mostrare, nel 1871, come le supposte cause invisibili si possano far scomparire decostruendole nei loro effetti visibili. Che, nel caso dei numeri primi ideali, sono semplicemente particolari insiemi di loro multipli.

I matematici hanno dunque imparato a contenere e arginare le proprie tentazioni metafisiche, mostrando che con un po' di buona volontà intellettuale è possibile decostruire e smantellare l'irrazionale, l'immaginario e l'ideale. Il loro esempio addita una via che i cani sicuramente non seguiranno, ma i teologi e i filosofi forse potrebbero e dovrebbero. Il giorno in cui essi riconosceranno e ammetteranno l'irrealtà e l'illusorietà della metafisica sarà un grande momento per l'umanità. Anche se arriverà, comunque, con un grande ritardo nella storia dell'uomo. Bau, bau!

La saggezza dell'Occidente
(RUSSELL)

In un processo della primavera del 1940, Bertrand Russell fu dichiarato colpevole di «aver divulgato dottrine immorali e libertine», e gli fu revocato l'incarico al City College di New York. Il filosofo si ritrovò di colpo intrappolato negli Stati Uniti a causa della guerra, impossibilitato sia a ricevere denaro dall'Inghilterra sia a guadagnarne in America, e con tre bambini da mantenere. Com'egli stesso racconta nella sua *Autobiografia*, «una sola persona mi venne incontro in modo pratico e fu il dottor Barnes, che mi assunse con un contratto quinquennale per insegnare filosofia nella sua fondazione».

Ai primi di gennaio del 1941 Russell iniziò dunque il suo nuovo lavoro a Filadelfia. Che consisteva nel far lezione in una galleria di quadri francesi moderni: «Si trattava in gran parte di nudi, il che stonava un poco con la filosofia accademica». E nel convivere col difficile dottore: «Esigeva da tutti adulazione costante, e la cosa che gli piaceva di più era litigare». Il sodalizio durò due anni esatti. A fine dicembre 1942

Russell fu licenziato con l'accusa di non essersi impegnato abbastanza, e la scusa che le sue lezioni erano «superficiali e di scarso interesse».

In verità, gli appunti delle lezioni rappresentavano ormai i primi due terzi della *Storia della filosofia occidentale*, e a quel punto gli editori si rivelarono pronti a pagare un anticipo. Simon & Schuster offrì duemila dollari, e fece un ottimo affare. Il libro divenne, infatti, il maggior successo editoriale del filosofo. E fu citato nella motivazione ufficiale per il premio Nobel per la letteratura, che gli fu assegnato nel 1950.

Si trattava di un tour de force che spaziava su due millenni e mezzo di pensiero, ma Russell aveva i suoi modelli. In particolare, *Declino e caduta dell'impero romano* di Edward Gibbon, di cui l'autore pensava appunto che «il tema non si poteva trattare adeguatamente in un libro più breve o in parecchi libri a sé stanti».

Il risultato della ricerca storica di Russell fu una trilogia di 1.200 pagine, che sfidava apertamente il detto del poeta alessandrino Callimaco: «Un grosso libro è un grosso guaio». A differenza dei grossi guai, che sono spesso irrimediabili, i grossi libri si possono però ridurre. È stato fatto in vari modi con Gibbon, per rimanere all'ispirazione del filosofo. E nel 1959 decise di farlo anch'egli con la propria *Storia della filosofia occidentale*.

Ora, le riduzioni dei «grossi libri» si possono effettuare sostanzialmente in due modi. Se si procede per mutilazione, il testo originale viene sfrondato più o meno radicalmente da un curatore che si limita a decidere esternamente dove e cosa potare, a parte gli eventuali ritocchi necessari per suturare i tagli e armonizzare localmente il risultato.

Se si procede per implosione, invece, il testo originale viene più o meno globalmente riscritto in forma abbreviata, e il curatore finisce per assumere il ruolo di un coautore interno. Questo è appunto il caso della *Saggezza dell'Occidente*, affidata da Russell alla cura del filosofo australiano Paul Foulkes.

Il risultato costituisce un *unicum* nella sterminata bibliografia di Russell, essendo il solo libro divulgativo che egli abbia mai scritto in collaborazione con qualcuno. La sola altra eccezione sono i tecnici *Principia Mathematica* con Alfred North Whitehead, pubblicati tra il 1910 e il 1913.

I dettagli di questa collaborazione sono stati ricostruiti da Carl Spadoni, direttore degli Archivi dell'università canadese McMaster che custodisce le carte del filosofo inglese, nell'articolo *Chi ha scritto La saggezza dell'Occidente di Bertrand Russell?*.

Sostanzialmente, la risposta alla domanda è che Foulkes ha scritto fisicamente l'intero libro, basandosi sulla *Storia della filosofia occidentale*, e che Russell l'ha rivisto e commentato in corso d'opera. Nonostante i tagli, ammontanti a due terzi dell'originale, la riduzione rimane comunque un testo ponderoso. Non a caso la prefazione, scritta anch'essa da Foulkes, inizia appunto citando il detto di Callimaco. Benché noti argutamente che «coi guai che ci sono in giro, questo è ancora uno dei minori».

Confrontando gli indici dell'originale e della riduzione, si vede immediatamente che le tre parti del primo volume della *Storia*, sulla filosofia antica, e le due parti del secondo volume, sulla filosofia cattolica, sono diventate altrettanti capitoli della *Saggezza dell'Occidente*.

Il terzo volume, sulla filosofia moderna, ha invece subìto rimaneggiamenti più consistenti, e assomma a metà dell'intero testo. La cosa è giustificata, anche alla luce delle critiche che Russell aveva ricevuto per aver riservato un'attenzione eccessiva alla filosofia precartesiana, e una troppo scarsa a quella moderna.

Più in generale, alcuni critici lo accusarono di aver scritto non una vera storia, ma un racconto arbitrario e tendenzioso. E ricevettero nell'*Autobiografia* la risposta che, «ammesso e non concesso che ci sia qualcuno senza opinioni personali, egli non potrebbe scrivere una storia interessante: per me, l'imparzialità è solo un'impostura».

Fedele a questo principio, Russell scelse di chi parlare e come parlarne, anticipando il Borges della *Biblioteca inglese* (Einaudi, 2006), che dichiarerà:

Ho preferito insegnare ai miei studenti non la letteratura inglese, che ignoro, bensì l'amore per certi autori. O, meglio ancora, per certe pagine. O, meglio ancora, per certe righe. E questo basta, mi pare. Uno si innamora di una riga, poi di una pagina, e poi dell'autore.

Il successo del libro di Russell conferma che egli sapeva indirizzarsi ai lettori comuni. E sono proprio le gustose osservazioni sue, o nel suo stile, a rendere vivace e divertente sia la *Storia della filosofia occidentale* sia *La saggezza dell'Occidente*. In quest'ultima, in particolare, leggiamo, ad esempio:

- Si sosteneva una volta, forse a torto, che un filosofo doveva sapere qualcosa su tutto. Ma l'opinione oggi prevalente, che i filosofi possono non sapere niente di niente, è sicuramente sbagliata.
- Pensare in maniera indipendente e impopolare, è sempre cosa precaria. E quando ci si mette contro i pii pregiudizi di chi è convinto di possedere la verità, può diventare realmente pericolosa.
- La funzione di un'università non è di riempire le teste degli studenti di tanti fatti quanti possono essercene stipati dentro, bensì di inculcare loro l'abitudine all'esame critico.

A proposito di critiche, quelle alla *Storia* avanzate dagli addetti ai lavori furono tenute in debito conto da Foulkes. Anche se, nella sua *Autobiografia*, l'impenitente Russell si rivela ricalcitrante: «Preferisco la *Storia della filosofia occidentale* a *La saggezza dell'Occidente* che ne ho tratto, dove ho smussato gli angoli e tenuto a freno le impennate».

Per inciso, egli aggiunge che «di quest'ultima mi piacciono le illustrazioni», assenti nelle ultime edizioni italiane. Una mancanza non grave, perché se cinquant'anni fa le immagini potevano fornire uno stimolo visivo, in una cultura ancora sostanzialmente orale, oggi non farebbero che aumentare il rumore di fondo che sommerge le parole, in una cultura ormai eccessivamente visiva.

La novità maggiore della *Saggezza dell'Occidente* è però rappresentata dal trattamento di filosofi che Russell non aveva neppure citato nella *Storia*, quali Søren Kierkegaard, Auguste Comte, Benedetto Croce, Ludwig Wittgenstein, Karl Jaspers, Jean-Paul Sartre e Martin Heidegger.

La difficoltà maggiore di Foulkes fu, ovviamente, di doverne pensare e parlare nel modo in cui l'avrebbe fatto Russell. Ma egli la superò egregiamente, come dimostra ad esempio questo tagliente giudizio su Heidegger:

> La sua filosofia è estremamente oscura, e la sua terminologia molto eccentrica. Non si può fare a meno di sospettare che qui il linguaggio stesso sia in rivolta.

Il linguaggio è invece in pace con il pensiero in tutti gli scritti di Russell, che è stato non solo il più prolifico filosofo del Novecento, ma anche il più letto e il più popolare. E fra i suoi cento libri la *Storia della filosofia occidentale*, e di riflesso anche *La saggezza dell'Occidente*, costituiscono le vette della sua divulgazione. E meritano congiuntamente il giudizio di Albert Einstein sul primo, riportato da Russell nell'*Autobiografia*:

> Un libro prezioso, che non so se sia da ammirare più per la deliziosa freschezza, l'originalità o la sensibilità con le quali questo grande pensatore ha penetrato epoche e mentalità remote. È una grande fortuna per il nostro tempo, così arido e persino brutale, poter vantare la presenza di un uomo così saggio, onesto, ardito e arguto.

LETTERATURA

La Quarta Cantica
(DANTE)

Borges era un grande lettore di Dante. Due anni prima di morire, nelle *Conversazioni* con Osvaldo Ferrari (Bompiani, 1986), si divertì a sognare un racconto che avesse per protagonista il poeta. Un racconto "inattuabile", che immaginasse l'argomento del libro che Dante avrebbe potuto scrivere, o anche solo pianificare, dopo aver terminato la *Commedia*.

L'anno dopo, in *Altre conversazioni* (Bompiani, 1989), dichiarò addirittura che stava ormai scrivendo quel racconto, ma non risulta che l'abbia veramente fatto. La difficoltà, d'altronde, l'aveva spiegata lui stesso: nella *Commedia* sembra che ci sia già tutto, e l'unico modo per poter scrivere dopo Dante è stato dimenticarsi di lui.

Borges, però, era forse troppo esigente. In fondo Dante era solo un umanista del suo tempo, intriso di superstizioni medievali, sapiente di Aristotele e Tommaso d'Aquino, ma ignorante di Euclide e Fibonacci. E sono proprio gli unici due teoremi citati nella *Commedia* a tradire questa ignoranza, essendo appunto mutuati dalla *Metafisica* e dagli *Analitici*.

Ha fatto dunque bene Patrizia Tamà, nel romanzo *La quarta cantica* (Mondadori, 2010), a spingersi là dove Borges aveva temuto di avventurarsi. E a usare intelligentemente il pretesto dantesco per snocciolare un thriller alla Dan Brown, pieno di avventure langdonesche e ammiccante alla sottocultura a cui strizza l'occhio anche l'americano.

In questo caso si tratta non del cristianesimo o della massoneria, ma dell'alchimia. Un argomento, cioè, a cui oggi abboccano soltanto gli ingenui, Jung compreso, ma che per secoli catturò anche i sapienti. Newton, ad esempio, che le dedicò decenni di inutili esperimenti e di sterili studi, tanto che Keynes lo definì non il primo vero scienziato, ma l'ultimo falso mago.

Ora, se persino la mente scientifica di Newton era caduta vittima del morbo alchemico, figuriamoci se non poteva cascarci anche la mente letteraria di Dante. La Tamà immagina che egli abbia dunque dedicato alla Grande Cialtroneria la sua Quarta Cantica. Un poema, cioè, che rivelasse in forma esoterica agli eletti ciò che le prime tre cantiche avevano raccontato in forma essoterica al volgo, nascondendo le supposte profondità delle trasmutazioni degli elementi dietro la certa superficialità della fiaba dei tre regni dell'aldilà.

Naturalmente, un libro che potrebbe contenere i segreti dell'universo fa gola ai cattivi, che vorrebbero sfruttarlo per i loro fini personali. Ma Dante si era premunito e l'aveva fatto pervenire a dei buoni di cui si fidava, perché lo custodissero per il bene comune. Entrano così nella storia i nazisti e i loro eredi, da una parte, e i dervisci danzanti e i loro adepti, dall'altra. Ma vi appaiono anche Beatrice e Monna Tessa, sua nutrice, opportunamente evocate dalla protagonista in sogni chiaroveggenti o in ricordi metempsicotici.

La Tamà svela il titolo della Quarta Cantica, che è *L'oro dei filosofi*. Arriva a comporne una cinquantina di versi, ovviamente in endecasillabi a rime alternate. E, di passaggio, rivela che il misterioso veltro profetizzato nel Primo Canto dell'*Inferno* altri non era che Dante stesso, a cui era stata affidata la *mission impossible* di indicare al mondo la strada della salvezza alchemica.

Nel suo tentativo di produrre nel Duemila dei versi originali, nel dolce stil che fu nuovo nel Duecento, l'autrice non indossa i panni di una delle più famose immaginazioni di Borges: quel Pierre Menard che volle diventare Cervantes, per riuscire a riprodurre autonomamente alcune pagine del *Don Chisciotte*, tali e quali. E non indossa nemmeno i panni di un'altra, meno famosa immaginazione dello stesso Borges: quell'Hilario Lambkin Formento che, a forza di estendere i propri sunti della *Commedia*, arrivò gradualmente a farne uno che coincideva esattamente con l'originale.

Naturalmente, per poter seguire queste orme si richiede un talento particolare. Ad esempio, quello di Luca Chiti, un membro dell'Oplepo prematuramente scomparso, che nel 2001 pubblicò un singolare *Centunesimo Canto*, reperibile nell'antologia *La Biblioteca Oplepiana* (Zanichelli, 2005). Scegliendo accuratamente qua e là dei veri versi danteschi, e rimescolandoli in modo da preservare la struttura delle rime, egli riuscì a costruire un intero nuovo canto della *Commedia* su un inedito personaggio, chiamato Gruccio de' Bardonecchi.

Per andare oltre questi equilibrismi, bisogna essere un Alighieri. Ma non necessariamente Dante: bastano anche i suoi «figliuoli», Iacopo e Pietro. Racconta infatti il Boccaccio, nel Capitolo 26 del suo *Trattatello in laude di Dante*, che quando il poeta morì la *Commedia* era incompiuta, e mancavano gli ultimi tredici canti. Per mesi i figli e i discepoli si affannarono a rovistare fra le sue carte, ma senza fortuna.

La fine del poema non si trovò. E si poteva dedurre che non ci fosse, visto che Dante era solito mandare a Cangrande della Scala una mezza dozzina di canti per volta, man mano che li terminava. Iacopo e Pietro furono convinti dagli amici a completare essi stessi il lavoro, per «supplire la paterna opera, acciò che imperfetta non procedesse».

Otto mesi dopo la morte di Dante questi apparve però a Iacopo in sogno, «vestito di candidissimi vestimenti». Dopo aver scambiato alcuni convenevoli, il figlio gli domandò se avesse compiuto il poema. Presolo per mano, il padre lo portò nella propria camera da letto e gli indicò una stuoia sul muro. Il giorno dopo Iacopo e un certo Piero Giardino, supposto testimone oculare del prodigio, andarono nel luogo indicato. E in una nicchia nascosta dietro la stuoia trovarono le carte coi tredici canti rimanenti, «muffate e vicine al corrompersi».

L'episodio narrato dal Boccaccio è degno di Dan Brown, o della Tamà, e tanto credibile quanto le loro storie. Chi lo desidera ci creda pure, o finga di credervi. Ma non ci vuol molto a immaginare cosa sia veramente successo: semplicemente, Iacopo aveva terminato il poema, ma per ragioni di *marketing* voleva attribuirne la paternità a Dante.

E forse aveva addirittura discusso la messinscena con lui, visto che uno degli ultimi versi lasciati dal padre, agli inizi del Canto XXV del *Paradiso*, metteva una pulce nell'orecchio dei lettori: «Con altra voce omai, con altro vello ritornerò poeta». Naturalmente, non c'è da scandalizzarsi per queste cose: sappiamo bene che molti degli "inediti" postumi degli scrittori sono solo dei falsi. Ma ormai la *Commedia* è diventata una specie di Bibbia, e come tale non si presta a discussioni razionali né su questa, né su altre cose.

Per inciso, il parallelo con le Sacre Scritture non è casuale. Anche del *Deuteronomio* si è sostenuto per due millenni che fosse opera di Mosè. Ma alla fine si è dovuto ammettere che in realtà l'aveva scritto Giosia, contrabbandandolo come il perduto rotolo della Torah ritrovato nel tempio, di cui si parla nei secondi libri dei *Re* e delle *Cronache*.

Se le cose stanno così, il problema posto da Borges non si pone neppure: non ci si può domandare cosa Dante avrebbe potuto scrivere, finita la *Commedia*, perché non la finì. Ma il problema si può riformulare in maniera più interessante, domandandosi in che direzione si potrebbe andare, volendo superare intellettualmente le faccende di *Angeli e demoni* privilegiate da Mosè, Dante e Dan Brown.

Un suggerimento ci viene dall'Alighieri stesso, Dante o Iacopo che sia, negli ultimi versi del *Paradiso*. Arrivato di fronte a Dio, il poeta è infatti costretto a far appello a metafore quali i «tre giri di tre colori e d'una contenenza». A paragonarsi a «'l geomètra, che tutto s'affige per misurar lo cerchio». E ad ammettere che «a l'alta fantasia [del letterato] qui mancò possa», perché «non eran da ciò le proprie penne».

Ma un matematico potrebbe spingersi oltre, con le proprie righe e i propri compassi. Ad esempio, esplorando i cieli di Giove e del Sole, che nel *Convivio* Dante associava alla geometria e all'aritmetica. E poiché in quella stessa opera il poeta confessava che «per cielo io intendo la scienza, e per cieli le scienze», forse egli stesso riconoscerebbe che la sua *Commedia* è già stata superata da tempo.

Superata da altri poeti, di nome Galileo o Newton. E superata da altri poemi, intitolati *Dialogo sopra i due massimi sistemi del mondo*, o *Princìpi matematici della filosofia naturale*. Poemi che sarebbe ora prendessero il posto del suo, o almeno gli si affiancassero, nei programmi scolastici e nella considerazione dei sedicenti uomini di cultura.

Sogni a occhi aperti
(KEPLERO E HUYGENS)

Nel 1593 Keplero, ancora studente ma già interessato alle cose celesti, si propose uno stimolante esperimento di pensiero: immaginare come si sarebbe vista la volta celeste se la si fosse osservata dalla Luna.

Scrisse un breve saggio, intitolato *Astronomia lunare*, che lasciò a lungo nel cassetto per dedicarsi ad altre imprese. Pubblicò infatti nel 1596 il *Mistero cosmografico*, che proponeva una deduzione geometrica *a priori* della struttura del Sistema Solare. E nel 1609 l'*Astronomia nova*, che annunciava al mondo la scoperta empirica *a posteriori* delle sue due prime leggi.

Solo nel 1611 l'ormai maturo astronomo riesumò il suo saggio giovanile e lo inserì nel *Sogno*, un racconto che Borges ha identificato come l'inizio della fantascienza moderna. Il manoscritto fu pubblicato postumo nel 1634, con una lunga serie di note esplicative aggiunte fra il 1621 e il 1630.

Ma fin da subito iniziò a circolare privatamente. E sembra essere stato responsabile, almeno in parte, delle accuse di stregoneria rivolte alla madre dello scienziato. Accuse che nel 1615 portarono a un processo di sei anni, nel quale il figlio stesso assunse la sua difesa, riuscendo infine a farla scagionare.

D'altronde, il racconto faceva allusioni esplicitamente autobiografiche. Ad esempio, mandava il protagonista a lavorare per qualche anno a Uraniborg con Tycho Brahe, come aveva effettivamente fatto lo stesso Keplero. Si poteva dunque sospettare che fosse veritiera anche la parte in cui la madre praticava riti magici per evocare gli spiriti o i demoni, che scivolano sui coni d'ombra delle eclissi di Luna per andarci dalla Terra, e delle eclissi di Sole per tornare.

Proprio a uno di questi demoni è affidata la spiegazione dell'astronomia lunare che Keplero voleva divulgare «come argomento a favore del moto della Terra e confutazione delle obiezioni elaborate dalla generale avversità della gente». Astronomia che si può riassumere nel modo seguente.

Poiché il periodo di rotazione della Luna su se stessa è uguale al suo periodo di rivoluzione intorno alla Terra, pari a circa quattro settimane terrestri, essa volge sempre la stessa faccia a noi. Dalla faccia invisibile della Luna, dunque, la Terra non si può mai vedere. Da quella visibile, invece, la si vede sempre, con uno spettacolo grandioso.

Da lassù la Terra appare, ovviamente, colorata. Poiché ha un raggio quasi quattro volte maggiore della Luna, risulta essere una quindicina di volte più grande e luminosa di essa. A causa della fissità della faccia visibile della Luna, la Terra è perennemente ferma nel cielo. Ma a causa della sua rotazione giornaliera e delle sue fasi mensili, che sono uguali e contrarie a quelle della Luna vista dalla Terra, è costantemente cangiante d'aspetto.

In particolare, la rotazione terrestre fornisce ai lunatici una misura naturale di suddivisione del giorno e della notte lunari, pari a circa venticinque ore terrestri. Analogamente, l'altezza della Terra nel cielo lunare fornisce una misura naturale della latitudine. E la separazione fra le facce visibile e invisibile della Luna fornisce un meridiano naturale di riferimento per la longitudine.

Sul nostro satellite il Sole sorge e tramonta durante il giorno lunare, che dura circa due settimane terrestri: esattamente quanto la notte lunare. Essendo infatti l'asse di rotazione della Luna quasi perpendicolare all'eclittica, essa non ha stagioni pronunciate come la Terra, e si trova praticamente in uno stato di perenne quasi-equinozio.

Inoltre, il moto del Sole appare più irregolare che sulla Terra, a causa del moto aggiuntivo della Luna. Anche la sua grandezza cambia, ed esso risulta più piccolo nei periodi di Terra nuova, quando da noi la Luna è piena e più lontana dal Sole. E più grande nei periodi di Terra piena o Luna nuova.

Infine, il Sole si eclissa sulla Luna in corrispondenza delle eclissi di Luna sulla Terra. Analogamente, la Terra si eclissa sulla Luna in corrispondenza delle eclissi di Sole sulla Terra. A causa della grandezza della Terra, le eclissi di Sole sono frequenti e lunghe. Mentre quelle di Terra non sono mai totali, e si manifestano col passaggio su di essa di una piccola ombra prodotta dalla Luna.

Quanto alle Stelle Fisse, sulla Luna si vedono giorno e notte, a causa dell'assenza di atmosfera. Esse sembrano ruotare attorno all'asse di rotazione della Luna su se stessa, che punta quasi ai poli dell'eclittica e gira loro attorno in un periodo di circa diciannove anni. Il corrispondente moto dell'asse di rotazione della Terra, responsabile della precessione dei nostri equinozi, ha invece un periodo di circa ventiseimila anni.

Per quanto originale, il racconto di Keplero non è comunque un *unicum* storico. Tra i predecessori, lui stesso citò *Il volto della Luna* di Plutarco e *La storia vera* di Luciano di Samosata, del secondo secolo della nostra Era. E lasciò disposizioni affinché il primo fosse stampato in appendice al suo *Sogno*, per celebrare «il grandissimo piacere di ritrovare parole quasi identiche nel libro di Plutarco».

Tra i contemporanei, la Prima Giornata del *Dialogo sopra i due massimi sistemi del mondo* di Galileo offrì una visione analoga della Terra vista dalla Luna. Ma non si spinse ad azzardare che lassù «vi sieno movimenti e vita, e molto meno che vi si generino piante, animali o altre cose simili alle nostre».

Tra i successori, infine, i primi a citare il *Sogno* furono *L'altro mondo, ovvero Stati e imperi della Luna* di Cyrano de Bergerac, e *Cosmotheoros, ovvero I mondi celestiali* di Christiaan Huygens: due opere postume, pubblicate rispettivamente nel 1657 e nel 1698.

Il libro di Huygens si può considerare una vera e propria continuazione di quello di Keplero, essendo anch'esso una fantasia letteraria partorita da un grande scienziato, con precisi intenti divulgativi. In questo caso, per illustrare come si sarebbe vista la volta celeste non più soltanto dalla Luna, ma dai vari pianeti del Sistema Solare e dai relativi satelliti.

Il punto di osservazione più privilegiato è ovviamente Saturno. Lo stesso Huygens scoprì infatti nel 1655 la presenza di un suo satellite e dei famosi anelli colorati, come ricorda orgogliosamente nel libro. Mentre tra il 1671 e il 1784 "l'industrioso" Giovanni Cassini scoprì altri quattro satelliti, che chiamò Stelle Luigine in onore di Luigi XIV, in analogia alle galileiane Stelle Medicee di Giove. E capì che gli anelli sono più d'uno, concentrici e complanari, e girano attorno al pianeta.

Huygens spiega come le Stelle Fisse viste da Saturno appaiano più o meno come dalla Terra, a causa della loro grande distanza dal Sistema Solare. Il Sole invece appare una decina di volte più piccolo, e un centinaio di volte meno luminoso e caldo. Ma non è comunque troppo fioco: altrimenti, Saturno non ci apparirebbe così luminoso di notte.

L'unico dei pianeti interni a Saturno che si può vedere è Giove, grande più o meno com'è Venere vista da noi. Il cielo notturno è comunque illuminato dai vari satelliti. Il loro piano orbitale è molto più inclinato, rispetto a quello di Saturno, di quanto non lo sia il piano orbitale lunare rispetto all'eclittica. Questo fa sì che si possano avere delle vere "lune piene" solo all'incirca ogni quindici anni terrestri: cioè, agli equinozi, quando il Sole sta sul piano equatoriale del pianeta, che coincide con il piano orbitale dei satelliti.

Le tangenti condotte dall'anello più esterno alla superficie del pianeta determinano due calotte polari, grandi una cinquantina di gradi, da cui gli anelli non si possono vedere. Al di fuori delle calotte, gli anelli si vedono invece per una metà dell'anno planetario, cioè per circa quindici anni terrestri. Lo permette l'inclinazione dell'asse di rotazione di Saturno rispetto al suo piano orbitale, che è maggiore dell'inclinazione dell'asse terrestre rispetto all'eclittica.

Nell'emisfero il cui Polo è illuminato dal Sole, durante la notte si può osservare un arco illuminato degli anelli, con una zona d'ombra centrale prodotta dal pianeta stesso. Nell'altro emisfero, invece, gli anelli non si vedono, ma si percepiscono attraverso le zone d'ombra che essi proiettano: di giorno, nella parte del pianeta illuminata dal Sole, e di notte, sul cielo stellato, con un effetto rispettivamente di eclisse solare e stellare. Agli equinozi, quando il Sole sta sul piano degli anelli, essi scompaiono momentaneamente alla vista, e subito dopo i loro effetti si scambiano da un emisfero all'altro.

Quanto ai satelliti di Saturno, valgono per essi discorsi analoghi a quelli fatti da Keplero per la Luna. Ad esempio, Huygens deduce correttamente che, poiché Giapeto si vede solo quando sta da un particolare lato del pianeta, deve avere una faccia opaca e una lucida, rivolte sempre nello stesso modo verso Saturno. Precisamente, quella opaca sta davanti nel moto orbitale e quella lucida dietro, così che il pianeta vede sempre le stesse due metà di ciascuna di esse.

Quanto agli altri pianeti del Sistema Solare, valgono per essi discorsi analoghi a quelli fatti da Huygens per Saturno. Poiché però Giove ha un asse di rotazione quasi perpendicolare al proprio piano orbitale, non ha stagioni pronunciate come Saturno o la Terra, e si trova invece in un perenne stato di quasi-equinozio.

Sia il *Sogno* di Keplero, sia il *Cosmotheoros* di Huygens, svelano molti altri segreti dell'astronomia planetaria e satellitare. Ma, più che nei dettagli, il loro interesse sta nell'aver saputo mostrare in generale quanto lontano si possa andare sognando a occhi aperti. Naturalmente, se chi sogna... è sveglio.

La vita è piatta
(ABBOTT)

Negli anni '60 del Novecento, grazie al titolo di un saggio di Herbert Marcuse, si parlava spesso metaforicamente di «uomo a una dimensione». Ma anche letteralmente l'uomo è prossimo a essere a una dimensione, nel senso che la sua altezza è in media preponderante rispetto alla sua larghezza e alla sua profondità. Diversamente da altri esseri quasi unidimensionali, come i rettili, l'uomo sviluppa però questa sua dimensione preponderante in direzione perpendicolare, invece che parallela, alla superficie terrestre su cui vive.

A sua volta la superficie terrestre è prossima a essere un piano, almeno nelle vicinanze e nelle percezioni degli individui che la abitano. Non a caso, in origine, la scoperta che la Terra è rotonda ha richiesto una certa sofisticazione intellettuale, e ha suscitato un'altrettanto certa avversione viscerale. Non è dunque così sorprendente che a qualcuno possa venire in mente di raccontare una storia ambientata su un mondo piatto, popolata di esseri sostanzialmente unidimensionali, come i serpenti, o bidimensionali, come le tartarughe.

Una volta avuta l'idea, poi, è abbastanza naturale popolare questo immaginario mondo piatto di quanti più esseri è possibile. E si può anche astrarre dalla concretezza, notando ad esempio che i segmenti e i cerchi sono stilizzazioni dei serpenti e delle tartarughe: da cui il detto popolare «segmenti serpenti». Si arriva così a immaginare di narrare le avventure fantamatematiche dei poligoni sul piano.

Ora, progettare è facile, ma realizzare è difficile. Nel 1884 Edwin Abbott Abbott ci riuscì però talmente bene, che il suo *Flatlandia* è diventato un classico, e continua a essere stampato e letto a distanza di più di un secolo. Ancora nel 2008 la Bollati Boringhieri ne ha ristampato un'edizione italiana, con testo inglese a fronte e allegato DVD dell'omonimo film di animazione di Michele Emmer. E un'altra è uscita nel 2011 da Einaudi.

Che il libro di Abbott sia qualcosa che va oltre la semplice divulgazione, per entrare a pieno diritto nella vera letteratura, lo dimostra il fatto che, per l'edizione Adelphi del 1966, si scomodò a farne una prefazione Giorgio Manganelli. Il quale ammise in apertura:

> Non tratterò dei meriti scientifici e didattici di questo straordinario libretto, perché, non essendo in grado di apprezzarli, non mi interessano.

E concluse dichiarandosi incapace di decidere se si trattasse di

> un incubo, una farsa, un apologo, una satira, un *jeu d'esprit*, una scommessa, un'allegoria, una visione, o la satira di tutte le visioni.

È innegabile che siano stati gli aspetti marginali del libro a decretarne la fortuna. Primo fra tutti, la feroce ironia sulla società vittoriana, incarnata (o meglio, *dis*incarnata) nella gerarchia geometrica. Che spazia dall'infima linearità delle donne alla sublime circolarità del clero, passando per la varia poligonalità del proletariato e dell'aristocrazia.

Ma è altrettanto innegabile che il suo vero valore intellettuale sta nelle note della sua musica, più che nelle contorsioni degli orchestrali che la suonano. In particolare, sta nel riuscito tentativo di illustrare indirettamente, per analogia, quello spazio a quattro dimensioni che a noi, esseri tridimensionali, non è dato di percepire direttamente.

Ad esempio, ci fa notare Abbott, gli esseri bidimensionali di *Flatlandia* possono intuire qualcosa di una sfera tridimensionale attraverso le tracce circolari che essa lascia mentre attraversa perpendicolarmente il Mondo Piatto. Queste tracce partono da un punto nel momento di tangenza iniziale. Crescono fino a raggiungere un massimo, nel momento in cui il piano taglia la sfera lungo il suo equatore. E poi decrescono di nuovo fino a un punto, nel momento di tangenza finale. Analogamente, noi possiamo percepire un'ipersfera quadridimensionale attraverso le simili tracce sferiche che essa lascia mentre attraversa temporalmente il nostro spazio tridimensionale.

Senza arrivare a scomodare Platone e le ombre del mito della caverna, la stessa idea era già venuta nel 1880 a Charles Hinton, che la pubblicò nel saggio *Che cos'è la quarta dimensione?*. Quattro anni dopo esso fu ristampato in una collezione di suoi racconti scientifici, uno dei quali si intitolava *Un mondo piano* e iniziava dicendo:

> Mi sarebbe piaciuto poter rimandare il lettore a quell'opera di genio intitolata *Flatlandia*. Tuttavia, sfogliando le pagine del libro, noto che l'autore ha usato il suo raro talento per uno scopo estraneo al mio intento. È chiaro, infatti, che suo primo interesse non sono state le condizioni fisiche di vita nel piano. Le ha sfruttate come sfondo della sua satira e delle sue diatribe. Ma noi, in primo luogo, vogliamo conoscere le verità fisiche.

In italiano un estratto del libro di Hinton uscì nel 1978 da Franco Maria Ricci nella collana «La Biblioteca di Babele», diretta da Borges, che scrisse nella sua prefazione:

> Altri cercano e ottengono non raramente la fama: Hinton ha quasi ottenuto le tenebre. Non è meno misterioso delle sue

opere. I repertori bibliografici lo ignorano. Non è un narratore, è un ragionatore solitario che istintivamente si rifugia in un mondo speculativo che mai lo delude, perché egli ne è il creatore e la fonte. Ma nelle pagine dei *Racconti scientifici* cercò la forma narrativa.

Le idee di Hinton anticiparono varie opere letterarie di Wells, dalla *Macchina del tempo* (1895) all'*Uomo invisibile* (1897). E anticiparono anche varie idee scientifiche del Novecento, quali la metrica non euclidea dello spazio-tempo della relatività speciale di Einstein. O l'uso di dimensioni aggiuntive per unificare l'elettromagnetismo alla gravitazione.

Il suo ultimo libro, un romanzo del 1907 intitolato *Un episodio di Flatlandia*, diede inizio alla nutrita serie di variazioni sui temi del più fortunato romanzo di Abbott. In esso Hinton sperimentò, simultaneamente, due interessanti varianti del Mondo Piatto di Abbott.

Anzitutto, un Mondo Circolare, sul cui bordo scorrono dei triangoli rettangoli, con un angolo acuto orientato in alto, e l'altro a Est o Ovest, a seconda del sesso. Il che rende complicati e pericolosi i rapporti fra individui dello stesso sesso, ma facili e tranquilli quelli fra individui di sesso opposto. E poi, un Mondo Profondo, in cui si può penetrare verticalmente in direzione Sotto-Sopra, invece che muoversi orizzontalmente in direzione Nord-Sud.

Due variazioni più recenti hanno sviluppato separatamente le due novità introdotte da Hinton. Dionys Burger ha presentato, in *Sferolandia* (1965), una fantasia sulla curvatura dello spazio e l'espansione dell'universo. Alexander Dewdney ha esplorato, nel *Planiverso* (Bollati Boringhieri, 2003), le condizioni di vita biologiche e artificiali di un Mondo Profondo. E il profeta del cyberpunk Rudy Rucker ha sostituito, in *Spaziolandia* (2002), il Quadrato di Abbott con un Cubo, facendolo incontrare con un essere quadridimensionale, invece che tridimensionale.

La variazione più originale, libera e istruttiva è però quella di Ian Stewart in *Flatterlandia* (Aragno, 2008). Il titolo è un gioco di parole che sta a metà tra Mondo Ancora Più Piatto e Mondo della Lusinga. E il racconto è una *summa* di mondi geometrici, tutti contenuti nel Matemativerso che i protagonisti visitano, imbattendosi nella Foresta Frattale. In Topologica, o Continente Foglio di Gomma. Nel Piano Proiettivo. In Iperbolica, o Discolandia. E nelle geometrie a cui è costretta a far appello la fisica moderna, per descrivere il nostro universo materiale.

A tutte queste opere letterarie si affiancano almeno quattro animazioni cinematografiche della storia originale di Abbott. Oltre a quella già citata di Michele Emmer, risalente ormai al 1982, e a un'altra ancora più vecchia di Eric Martin, del 1965, ne sono uscite ben due nel 2007: una di Jeffrey Travis e l'altra di Ladd Ehlinger, originalmente intitolate *Flatland: The Movie* e *Flatland: The Film*. Le prime tre sono dei cortometraggi, di circa mezz'ora l'uno, mentre l'ultimo è invece un lungometraggio di un'ora e mezza.

Il che dimostra, nel caso fosse sfuggito a qualcuno, che Abbott ha scoperto una vera e propria miniera fantamatematica che non accenna a esaurirsi, e che probabilmente riserverà ancora altre piacevoli sorprese.

Un sentiero di montagna
(MANN)

Il 14 luglio 1920 Thomas Mann annotava sul suo diario: «È arrivata la *Biologia generale* di Hertwig». Si trattava di un popolare manuale pubblicato nel 1906 dal biologo Oscar Hertwig, nel quale si identificava per la prima volta il DNA come il portatore dell'informazione genetica: un'intuizione poi confermata sperimentalmente nel 1943 da Oswald Avery.

L'8 agosto Mann si proponeva coraggiosamente: «Leggere la *Biologia generale* di Hertwig». E il 30 settembre annunciava: «Terminato ieri il capitolo biologico». Il capitolo in questione era *Indagini*, e appartiene alla Quinta Parte della monumentale opera che lo scrittore stava componendo in quegli anni, *La montagna incantata*, che lo occupò dal 1913 al 1924.

Come lui stesso raccontò il 18 maggio 1939 all'Università di Princeton, l'ispirazione per il romanzo gli era venuta da un fatto accidentale. Nel 1912 sua moglie era stata ricoverata per sei mesi nel sanatorio svizzero di Davos. Durante una visita di tre settimane che le aveva fatto, Mann si era preso un banale raffreddore. Il primario gli aveva immediatamente "diagnosticato" un'infezione polmonare, prescrivendogli un immediato ricovero di sei mesi. Ma lui era scappato a gambe levate.

Invece di sottoporsi a tempo indefinito a una cura per una malattia inesistente, lo scrittore preferì utilizzare le impressioni ricevute in quelle tre settimane per scrivere *La montagna incantata*. Questo sterminato romanzo fa il paio con il quasi contemporaneo e più essenziale racconto *La cura* di Hermann Hesse, del 1925. E ci mostra come funzionasse quel genere di soffice truffa medica ormai dimenticata, che oggi ha lasciato il posto a ben più ruvide truffe psicoanalitiche e farmacologiche.

Agli studenti di Princeton lo scrittore tedesco suggerì di leggere *La montagna incantata* due volte, perché «la musica bisogna conoscerla per goderla appieno». In realtà, anche per leggerla una volta sola bisogna avere predisposizione, e predilezione, per quella che Vladimir Nabokov definì, nel suo saggio su *Lolita*,

> la Letteratura delle Idee, che molto spesso è spazzatura argomentativa contenuta in grandi blocchi di gesso accuratamente trasmessi da un'era all'altra, fino a quando arriva qualcuno con un martello e dà una bella botta a Balzac, Gorki e Mann.

Con *La montagna incantata*, in particolare, bisogna esser disposti a lasciarsi trascinare come fuscelli da un impetuoso fiume di parole, i cui meandri si addentrano nei melmosi terreni della divagazione gratuita. Compresa quella sulla biologia dalla quale siamo partiti, appunto, che ha comunque il vantaggio di poter essere letta indipendentemente, anche senza dover affrontare l'intero romanzo, estrapolando la ventina di pagine della parte dalle settecento pagine del tutto.

Naturalmente, non ci si può aspettare che Mann dica qualcosa di nuovo riguardo al problema della vita. Per questo sarebbe molto più sensato e utile rivolgersi a testi quali *Che cos'è la vita?* di Erwin Schrödinger (1944), *La logica del vivente* di François Jacob (1971), *La vita: un esperimento non finito* di Salvador Luria (1973), *L'origine della vita* di Francis Crick (1981), *Gradini verso la vita* di Manfred Eigen (1987), *Origini della vita* di Freeman Dyson (1986), *Come evolve la vita* di Christian de Duve (2002) e *Il divenire della vita* di Christiane Nüsslein-Volhard (2004).

Il motivo per leggere comunque le pagine biologiche di Mann ce lo fornisce il chimico Eigen nella prefazione del proprio libro, ciascun capitolo del quale è preceduto da una citazione di *Indagini*. Pur avvertendo che «nella *Biologia generale* di Hertwig si trovano tutte le formule e la terminologia specialistica usata da Thomas Mann, comprese le interpretazioni errate», Eigen nota infatti come sia

> sorprendente che in Hertwig le formulazioni scientifiche risultino meno pregnanti che in Thomas Mann, non solo perché il genio letterario di questi favorì la rielaborazione dialettica dei fenomeni e dei concetti scientifici, ma anche perché la sua acutezza intellettuale fu in grado di dar loro una sistemazione ordinata e di conferirgli coerenza e trasparenza logica.

Mann organizza il suo discorso biologico attraverso i pensieri del giovane Hans Castorp, protagonista del libro, e prigioniero dell'incantesimo della montagna di Davos. Anch'egli ci va per una visita di tre settimane a un parente ricoverato, e rimane invischiato per sette anni come un insetto nella tela che il primario gli tesse attorno, riuscendo con lui nella finzione dove aveva fallito con Mann nella realtà. Come lo scrittore, anche il suo personaggio legge testi di biologia, ponendosi domande più grandi della sua capacità di comprensione delle risposte. Pur essendo, a differenza di Mann, un ingegnere e non un letterato.

La domanda da un milione di marchi è, ovviamente, quella che si pongono tutti coloro che adorano il dio delle generalità, ed esorcizzano il diavolo dei dettagli. «Che cos'è la vita?» ripete dunque Castorp per tre volte, agli inizi del suo monologo interiore, e si dà tre risposte diverse.

La prima risposta collega la vita a una «coscienza di sé», che è «semplicemente una funzione della materia ordinata in modo che possa vivere». La seconda la ritrova «nella generazione spontanea, cioè nell'origine dell'organico dall'inorganico», che altro non è se non «un miracolo». La terza la situa nel «prodotto calorico di una sostanza sostenitrice di forme», descrivendola come «l'essere del non poter essere», «un fenomeno non materiale su base materiale, come l'arcobaleno sopra la cascata e come la fiamma».

Passando dall'astrazione delle definizioni alla concretezza delle manifestazioni, Castorp percorre il cammino che va dal corpo macroscopico alla cellula microscopica. Riflette sul «fenomeno delle colonie di cellule», in cui

> la Natura presenta uno stato intermedio fra l'unione altamente sociale di innumerevoli individui elementari per formare tessuti e organi d'un io superiore, e la libera esistenza singola di questi esseri semplici.

E passa attraverso le varie fasi della crescita, seguendo l'evoluzione dell'organismo dall'istante della fecondazione alla costituzione dello scheletro, degli arti e degli organi. Ma, «nonostante tutto ciò, le funzioni del protoplasma gli restavano inesplicabili: gli pareva che alla vita fosse negato di comprendere se stessa». In questa discesa dal complesso al semplice, Castorp scopre che

> la cellula non si comporta diversamente dal corpo sviluppato e costituito di cellule: pertanto, anch'essa è già un organismo superiore il quale a sua volta si compone di parti viventi, di individuali unità di vita.

Il cammino continua nel «molteplice regno animale» di queste unità, «le cui dimensioni stanno molto al di sotto del limite della visibilità microscopica, e crescono per virtù propria». Mann intuisce che le costituenti della cellula «non possono essere elementari», bensì «devono essere a loro volta composte, e costruite come un ordine di vita». Dunque,

> in qualche momento la divisione deve condurre a unità che, composte bensì, ma non ancora organizzate, fanno da mediatrici fra vita e non-vita, gruppi di molecole costituenti il passaggio tra ordine vitale e mera chimica.

Ma il passaggio dall'inanimato all'animato è solo «una malattia infettiva della materia». Nel loro procedere a ritroso verso l'origine del tutto, la scienza e la coscienza devono infatti affrontare quello che Castorp definisce come «il primo passo verso il male», il vero «peccato originale». Si tratta di

> quel primo aumento della densità dello spirito, quella esuberanza patologicamente rigogliosa del suo tessuto, la quale, un po' per piacere, un po' per difesa, costituisce il primissimo gradino della materia, la transizione dalla non-materia alla materia.

Ai tempi in cui Mann scriveva, sul problema dell'origine della materia e dell'Universo c'era un buio ancora più grande di quello che avvolgeva il problema dell'origine della vita. Non stupisce, dunque, che a questo punto lo scrittore abbia dovuto fermarsi attonito, limitandosi a parlare dell'atomo come di

> un ammasso così minuscolo, precoce e transitorio, di non-materia, di non ancora materia, di già simile alla materia, di energia, che non bisogna, già o ancora, pensarlo come materia, ma piuttosto come punto intermedio o limite fra la materia e la non-materia.

Come aveva già avuto l'intuizione che le costituenti della cellula dovessero essere entità composte, così ora Mann intuisce che il microcosmo atomico e il macrocosmo cosmologico si riflettono l'uno nell'altro, perché "nel momento dell'ultima scissione e minuscolizzazione della materia si apre all'improvviso il cosmo astronomico".

E anche questa intuizione sarà confermata dal resto della storia. Non quella romanzata di Mann, ma quella vera della scienza, che si può leggere in *I primi tre minuti* di Steven Weinberg (1977), *Dal Big Bang ai buchi neri* di Stephen Hawking (1988), *Le origini dell'universo* di John Barrow (1994) e *L'universo elegante* di Brian Greene (1999).

I fondamenti della letteratura
(QUENEAU)

Verso il 300 prima della nostra Era, quel classico dei classici che sono gli *Elementi* di Euclide ridusse la matematica alla geometria, e la geometria a cinque postulati:

1. Per ogni coppia di punti, esiste un segmento che li unisce.
2. Ogni retta è illimitata, nel senso che ogni segmento è estendibile.
3. Per ogni punto, e per ogni segmento, esiste un cerchio che ha il punto come centro, e il segmento come raggio.
4. Gli angoli retti sono tutti uguali.

5. Se due rette formano, da una parte di una trasversale, angoli coniugati interni la cui somma è minore di due retti, esse si incontrano da quella parte della trasversale.

Nel 1899, quel classico dei moderni che sono i *Fondamenti della geometria* di David Hilbert raffinò la formulazione di Euclide. E presentò un sistema consistente di una ventina di assiomi, suddivisi in cinque gruppi: incidenza, ordine, congruenza, continuità e parallelismo.

Ad esempio, gli assiomi di incidenza affermano che *per ogni coppia di punti, esiste una e una sola retta che passa per essi.* Che *ogni retta contiene almeno due punti.* E che *ci sono almeno tre punti che non stanno sulla stessa retta.* Quanto agli assiomi di ordine, da essi si può dedurre il teorema che *tra due punti, ce ne sono sempre infiniti altri.*

Dal canto suo, l'assioma di parallelismo è equivalente al quinto postulato di Euclide. E afferma che *data una retta e un punto fuori di essa, esiste una e una sola retta parallela alla retta data e passante per quel punto.*

L'assiomatizzazione di Hilbert era puramente formale, e non definiva in alcun modo i concetti di punto, retta e piano. Al loro posto si potevano utilizzare nozioni arbitrarie: se esse soddisfacevano le proprietà enunciate dagli assiomi, avrebbero automaticamente soddisfatto anche le proprietà enunciate dai teoremi.

Hilbert illustrò questo aspetto in maniera memorabile un giorno che, insieme ai colleghi con i quali aveva assistito a una conferenza di geometria a Halle, sedeva al bar della stazione di Berlino in attesa del treno per tornare a Königsberg. In quell'occasione disse appunto che i teoremi della geometria dovevano continuare a valere anche se, al posto di punti, rette e piani, si fosse parlato di «tavoli, sedie e boccali di birra».

Nel 1976 Raymond Queneau pubblicò *I fondamenti della letteratura secondo David Hilbert*, un lavoro paradossale nel quale presentava un'assiomatizzazione della letteratura, ottenuta sostituendo i concetti geometrici di punto, retta e piano con quelli linguistici di «parola, frase e paragrafo».

I primi due postulati di Euclide, così come gli assiomi di incidenza di Hilbert, si prestano facilmente allo scopo. Anzitutto, da essi apprendiamo che *per ogni coppia di parole, esiste una e una sola frase che le contiene entrambe*. Ora, che si possa formare una frase con due parole è evidente: la verifica di Queneau è che, date le parole "la" (articolo) e "la" (nota), esiste la frase «la violinista dà il la al cantante». Ma è sorprendente che di tali frasi ce ne sia una sola!

Ad esempio, se si pensa a due parole come "ramo" e "lago", una volta scritta una frase che le contenga entrambe, come «quel ramo del lago di Como», tutte le altre frasi come «quel ramo del lago di Garda», o «questo ramo del lago di Como», non sono che pseudofrasi, da rigettare in base all'assioma. Ovvero, e per fortuna, non si scrivono mai due volte *I promessi sposi*.

Gli assiomi successivi affermano che *ogni frase contiene almeno due parole*, e che *ci sono almeno tre parole che non stanno nella stessa frase*. Naturalmente, essi sono metafrasi, ma non frasi. Altrimenti andrebbero contro il precedente assioma, che impedisce a due frasi diverse di contenere le stesse parole: nella fattispecie, "frase" e "parole".

Dai due assiomi segue, da un lato, che espressioni come «Sì», «No», «Mah?», «Boh?», «Dio!», «Madonna!» e simili non sono frasi. E, dall'altro lato, che il Manzoni ha fallito, nei suoi insistenti tentativi di comporre frasi che contenessero tutte le parole della lingua italiana, non per una sua insufficiente prolissità, ma solo per un'assiomatica impossibilità.

A prima vista sembrerebbe che ogni frase, anche una del Manzoni, contenga soltanto un numero finito di parole. Ma il teorema che si dimostra a partire dagli assiomi di ordine afferma invece, sorprendentemente, che *tra due parole ce ne sono sempre infinite altre*. Queneau risolve l'apparente paradosso in maniera strettamente geometrica. Prende cioè spunto dalla vecchia geometria proiettiva, e suggerisce di far appello alle «parole all'infinito».

La soluzione sarebbe che la maggior parte delle infinite parole di una frase, che secondo il teorema essa dovrebbe contenere, stanno appunto all'infinito, e per questo non sono leggibili a distanza ravvicinata. Il che attribuisce all'oscurità proiettiva della letteratura, e non all'incapacità espressiva dei letterati, la condanna dei testi letterari a dire sempre molto meno di quanto avrebbero potuto, o dovuto.

Per l'assioma di parallelismo, infine, *data una frase e una parola non contenuta in essa, esiste una e una sola frase che contiene quella parola e non ha parole in comune con la frase data.* Ad esempio, prendiamo dal Primo Canto della *Divina Commedia* la frase «nel mezzo del cammin di nostra vita mi ritrovai per una selva oscura», e la parola "amara".

La frase «tant'è amara che poco è più morte» soddisfa i requisiti dell'assioma. Infatti, non contiene parole contenute nella prima frase. E non ci sono nel Primo Canto altre frasi che contengano la parola "amara". Gli altri canti ovviamente non contano, perché come una retta e un punto fuori di essa determinano un unico piano, così una frase e una parola non contenuta in essa devono determinare un unico canto.

Finora ci siamo limitati alla trasposizione letteraria delle rette, che sono gli enti geometrici rappresentabili algebricamente con equazioni di primo grado. Queneau conclude la sua analisi notando che, quando si passa alle equazioni di secondo grado e alle relative coniche, non c'è nemmeno più bisogno di trasposizioni, perché ci si trova direttamente nel regno della retorica:

> Le ellissi, le iperboli e le parabole sono tutte figure familiari allo scrittore, benché ai nostri giorni l'ellisse sia rara, la parabola inutilizzata (da circa duemila anni) e l'iperbole moneta corrente.

Se una notte d'inverno un calcolatore (CALVINO)

Se uno scienziato osasse affermare che Galileo è stato «il più grande scrittore della letteratura italiana di ogni secolo» verrebbe immediatamente tacitato dagli umanisti, e tacciato di scientismo e di ignoranza. A dirlo è stato però un letterato, in un'intervista al «Corriere della Sera» del 24 dicembre 1967. E non un letterato qualunque, bensì uno dei mostri sacri della nostra letteratura!

Si trattava di Italo Calvino, e la sua affermazione definiva non solo il posto di Galileo nel *pantheon* letterario italiano, ma anche il proprio. Perché stare dalla parte di Galileo significa, in particolare, stare anche dalla parte di Ariosto e di Leopardi, per le loro reciproche affinità. E significa, in generale, prendere posizione a favore di una concezione della letteratura come mappa del mondo e dello scibile, e di uno stile intermedio fra il fiabesco realista e il realista fiabesco.

Calvino ovviamente apparteneva virtualmente a questa linea di forza della nostra storia letteraria, grazie alla trilogia composta da *Il visconte dimezzato* (1952), *Il barone rampante* (1957) e *Il cavaliere inesistente* (1959). E negli anni '60, quando si trasferì a Parigi e incontrò Raymond Queneau, aderì formalmente alla poetica dell'Oulipo fondato da quest'ultimo. Una poetica che, come sappiamo, perseguiva il triplice obiettivo di una scrittura in grado di esibire immaginazione scientifica, linguaggio logico e struttura matematica.

Il primo risultato di questa adesione fu l'invenzione, da parte di Calvino, del nuovo genere letterario delle *cosmicomiche*. E l'instaurazione di un rapporto con il senso cosmico della mitologia antica, attraverso il filtro comico dell'arte moderna, in una specie di controcanto grottesco al poema di Lucrezio. Nell'arco di vent'anni furono pubblicati trentatré di questi racconti, in quattro raccolte: *Le cosmicomiche* (1965), *Ti con zero* (1967), *Le memorie del mondo e altre storie cosmicomiche* (1968) e *Cosmicomiche vecchie e nuove* (1984).

Non sono racconti di divulgazione, e neppure di fantascienza. Perché non rappresentano immagini scientifiche, ma sviluppano spunti letterari contenuti in frasi isolate, che hanno attirato l'attenzione dell'autore e fanno spesso da cappello alle storie. E non danno voce a visioni sul futuro prossimo dell'Universo, ma fanno parlare immaginari testimoni antropomorfi del passato remoto.

Questi personaggi hanno impronunciabili nomi che assomigliano a formule. Il principale, Qfwfq, ha più o meno l'età dell'Universo ed è stato testimone oculare dei maggiori eventi fisici, chimici e biologici della sua storia. Cioè, lo spazio vuoto, il Big Bang, l'espansione dell'Universo, l'apparizione della luce. La formazione degli atomi, degli elementi, dei cristalli, della Terra, della Luna, dei continenti, dell'atmosfera. Le tempeste solari, i meteoriti, le maree. La morfogenesi, la riproduzione biologica, il passaggio dai molluschi alle conchiglie e dai pesci agli anfibi, l'origine degli uccelli, l'estinzione dei dinosauri, la fine dell'umanità e del Sole, i buchi neri.

Alcune delle cosmicomiche sperimentano un nuovo genere all'interno del nuovo genere: i *racconti deduttivi*, in cui il cosmico e il comico assumono le sembianze della logica e del paradosso. L'esperimento venne portato a compimento in *Palomar*, l'ultima opera che Calvino pubblicò. I suoi brevi pezzi furono scritti fra il 1975 e il 1983, e si ponevano l'esplicito obiettivo di una rivalutazione della trascurata arte della descrizione. Il libro propone, dunque, variazioni semantiche su tre soli temi: la meditazione mentale, la narrazione linguistica e la descrizione sensoriale. E li combina in tutti i 27 modi possibili.

Dopo le sperimentazioni scientifiche e logiche delle cosmicomiche e dei racconti deduttivi, Calvino era ormai pronto a passare a opere dalla struttura matematica. Il primo romanzo di questa nuova fase combinatoria fu *Il castello dei destini incrociati*, originariamente apparso nel 1969 come contributo a un libro sui tarocchi. I suoi narratori sono 12 carte, scelte tra le 72 del mazzo visconteo. E le rimanenti 60 sono usate per dar vita alle loro storie, secondo un complesso schema di disposizione.

L'esperimento fu ripetuto nel 1973 con *La taverna dei destini incrociati*, questa volta scrivendo alcune storie *prima* di disporre le carte. In un progettato terzo romanzo, *Il motel dei destini incrociati*, dei rudimentali fumetti avrebbero dovuto prendere il posto dei raffinati tarocchi viscontei, e dei più rozzi tarocchi marsigliesi, usati nei due precedenti tentativi.

Ovviamente le possibilità combinatorie che derivano dalle potenziali disposizioni casuali delle carte sono enormi, e superano di gran lunga il numero di particelle dell'Universo. Ma l'interesse di Calvino non stava nel generare stupidamente un enorme numero di possibilità. Piuttosto, nell'isolare intelligentemente al loro interno una necessità, arrivando così tortuosamente a un qualche tipo di verità letteraria.

Sempre al filone combinatorio appartengono *Le città invisibili* del 1972, l'opera in cui Calvino credeva di essere riuscito a dire di più. Il libro contiene 55 descrizioni di città, suddivise in 9 capitoli-quadro, le cui cornici narrano dialoghi fra Marco Polo e Kublai Khan. Descrizioni e cornici costituiscono le 64 caselle di un'ideale scacchiera, resa più complicata dal fatto che le 55 città sono suddivise in 11 tipologie, ciascuna utilizzata 5 volte.

All'interno di questa griglia formale, la cui città centrale è quella invisibile che dà il nome al libro, la fantasia di Calvino si sbizzarrisce nel descrivere città di ogni genere. Città sognate da giovani, e raggiunte da vecchi. Da cui si parte, ma a cui non si ritorna. Prodotte da un sogno collettivo, o da dialoghi. Definite dal loro passato, o dai desideri dei loro abitanti. Indivisibili, o composte. Fatte di palafitte, o di tubature idrauliche. Mobili, o sospese. Sotterranee, o riflesse. Indimenticabili, o generiche. Copie del cielo, o con una copia in cielo. Tutte periferia, e niente centro. Che crescono a cerchi concentrici. Invase da animali fantastici, eccetera.

In un suo saggio sull'Ariosto di quegli anni, Calvino osservò che l'*Orlando furioso* si rifiuta di cominciare, e si rifiuta di finire. Il suo ultimo romanzo, in origine semplicemente intitolato *Incipit*, si rifiutò invece di proseguire. È un libro di inizi, che si intitola *Se una notte d'inverno un viaggiatore* (1979) e comincia così:

> Stai per cominciare a leggere il nuovo romanzo *Se una notte d'inverno un viaggiatore* di Italo Calvino.

I protagonisti sono un Lettore e una Lettrice. La storia è il loro vano tentativo di trovare, e leggere, una copia corretta e completa del romanzo stesso. Il tentativo viene frustrato per 10 volte da difetti, furti, sequestri e censure delle varie copie. Queste sono in realtà 10 romanzi, scritti da 10 autori in 10 lingue. E se ne riescono a leggere soltanto i 10 inizi, in 10 situazioni di lettura e 10 stili diversi.

La struttura profonda del libro è ancora più complessa, essendo regolata da 42 quadrati semiotici che stabiliscono ogni possibile relazione fra lettori e autori esterni e interni: cioè, quelli *del libro*, e quelli *nel libro*. I quadrati lasciano trasparire molte morali, indicate da Calvino stesso in *Come ho scritto uno dei miei libri*.

Alcune di queste morali sono che il vero mondo non sarà mai un libro. Il vero libro non si può scrivere, né leggere. Si scrive, e si legge, sempre un falso libro. Non si può distinguere un libro falso da uno vero. Il lettore vuole sempre leggere un altro libro. La vita continua ma i libri finiscono...

Improvvisamente, però, il 19 settembre 1985 anche la vita di Calvino finì, quand'egli aveva solo sessantadue anni. Da quella notte d'autunno dobbiamo accontentarci del suo silenzio, che parla a chi lo sa ascoltare. Si narra infatti che un giorno, a un congresso, fu detto a Borges che fra coloro che erano venuti a salutarlo c'era anche Calvino. E che egli abbia risposto: «Lo so, l'ho riconosciuto dal silenzio».

Come indebolire le opinioni forti
(COETZEE)

Ci sono molti modi per attenuare l'impatto di un'opinione forte. La si può condire con l'ironia, ad esempio, come hanno sempre fatto i giullari, per proclamare apertamente la verità fingendo di scherzare. La si può esprimere in maniera metaforica o allegorica, per ammantarla di un velo che la protegga da sguardi troppo indiscreti. La si può attribuire ad altri, secondo l'abitudine delle chiese e dei partiti che pretendono di fondarsi sull'autorità di vangeli sacri o profani, o degli scrittori che si celano dietro pseudonimi più o meno riconoscibili. La si può mettere in bocca ai personaggi di un'opera di fantasia, così da poter fingere che essa costituisca il pensiero non dell'autore, ma delle sue creature.

Recentemente un nuovo genere di occultamento è stato inventato dal sofisticato scrittore John Coetzee, un sudafricano trapiantato in Australia, autore di romanzi memorabili. Ad esempio, *Aspettando i barbari* (1980), musicato in un'opera omonima da Philip Glass. O *La vita e il tempo di Michael K.* (1983) e *Vergogna* (1999), entrambi vincitori del prestigioso Booker Prize.

L'opera complessiva dello scrittore gli ha meritato nel 2003 il premio Nobel per la letteratura, «per la sua critica spietata del razionalismo crudele e della moralità cosmetica della civiltà occidentale». E parte di quest'opera complessiva sono gli articoli e i saggi da professore universitario di letteratura, raccolti nei volumi *Lavori di scavo* e *Doppiare il capo* (Einaudi, 2010 e 2011).

Coetzee ha seguito, in genere, la prassi consolidata di tenere distinte la narrazione e la saggistica. Ma con *La vita degli animali* (1999) ed *Elizabeth Costello* (2003) ha creato un duplice cortocircuito fra i due piani, nascondendosi dietro un *alter ego* che tiene al posto suo le conferenze che lui si limita a scrivere in privato e a leggere in pubblico. Abbattendo le barriere fra conferenziera e narratore, e tra conferenza e racconto, lo scrittore Coetzee finisce così col parlare attraverso la professoressa Costello, come una divinità attraverso un oracolo.

La stessa Costello riappare poi, come uno spettro, anche nel più convenzionale romanzo *Slow Man* (2005), forse per sottolineare la sua evanescente natura di entità fantasma, ormai indissolubilmente legata allo scrittore reale. Tra l'altro, essa condivide veramente con Coetzee alcune caratteristiche, come l'essere vegetariana. Anche se la sua natura femminile la pone automaticamente a una debita distanza da lui, e interpone uno spazio sensibile fra le opinioni del personaggio e del romanziere.

In *Diario di un anno difficile* (2008) ci troviamo invece direttamente alle prese con uno scrittore di nome John C. Anche lui è un sudafricano trapiantato in Australia. Anche lui ha scritto un romanzo intitolato *Aspettando i barbari*, e nei suoi saggi tocca gli stessi argomenti dei romanzi di Coetzee. Cioè, la macellazione di *La vita degli animali*. Il sesso tra professori e studentesse di *Vergogna*. E, naturalmente, la conferenziera invitata in qualche università di *Elizabeth Costello*.

Come se non bastasse, il titolo allude direttamente al difficile periodo che l'autore ha veramente passato mentre scriveva il libro, a causa di una brutta malattia. La quale, come scrisse a un amico, prima dell'operazione lo fece sentire «nel grembo degli dèi». E, dopo, lo lasciò «letargico, o depresso, o senza volontà».

Ma nel romanzo non c'è traccia di questa traversia reale. Esso contiene invece i saggi che John C. scrive per un libro immaginario intitolato *Opinioni forti*, esattamente come una raccolta di articoli e interviste di Vladimir Nabokov. Forse, c'è qui una sottile allusione all'ultimo romanzo del grande scrittore russo, *Guarda gli arlecchini!*, che parla di uno scrittore di nome Vadim N. che ha scritto libri con gli stessi titoli di quelli di Nabokov, benché con le trame mescolate e distorte.

La soluzione adottata da J. Coetzee, per riuscire allo stesso tempo a presentare i saggi di John C. e a raccontare la sua storia, è di suddividere la pagina come una partitura musicale a tre voci parallele, separate anche visivamente, che si evolvono individualmente e si rimandano collettivamente. La prima voce è saggistica, e passa dalle Opinioni Forti della prima parte, alle Opinioni Tenere nella seconda. Le altre due voci sono letterarie, e narrano in prima persona due storie. Dapprima, di John C. e della sua segretaria Anya. E poi, di quest'ultima e del suo fidanzato Alan.

Ma le vicende del protagonista e dei suoi due comprimari costituiscono soltanto una cornice per il quadro delle Opinioni Forti, che sono effettivamente tali. Perché Coetzee e il suo doppio esprimono un pensiero dichiaratamente

> quietista pessimista anarchico, o pessimista anarchico quietista, o anarchico pessimista quietista. Anarchico perché l'esperienza mi dice che quello che non funziona in politica è il potere stesso. Quietista perché diffido della volontà di cambiare il mondo, una volontà inquinata dal desiderio di potere. E pessimista perché non credo che le cose possano essere davvero cambiate.

E poiché di Opinioni Forti c'è veramente bisogno, in questo mondo che i media hanno ormai ridotto a sgangherata rappresentazione virtuale, ed espropriato del principio di realtà e del senso delle proporzioni, ben vengano uno scrittore e un'opera che, sia pure attraverso i filtri del saggio mascherato da letteratura, hanno il coraggio di dire apertamente quelle opinioni.

Ad esempio, che la democrazia è totalitarismo, perché si impone ai cittadini senza concedere alternative a se stessa. La rappresentatività è un'illusione, perché le elezioni consacrano i candidati attraverso deleghe in bianco. Lo Stato è immorale, perché è disposto a infrangere tutti i suoi princìpi nell'interesse della propria autoconservazione. Il terrorismo è una burla, in confronto alla minaccia nucleare con la quale abbiamo convissuto senza tante isterie nei decenni della Guerra Fredda. I kamikaze sono eroi nemici, costretti a combattere con un atto estremo e disperato un avversario tecnicamente incommensurabile. E Guantanamo è espressione del peggio di cui sono capaci gli esseri umani, così come la creazione musicale è espressione del meglio.

Ma le Opinioni Forti non riguardano soltanto la politica. La tastiera di Coetzee è vasta, ed egli ne tocca molti tasti: l'economia, lo sport, la religione, arrivando fino all'aritmetica e alla probabilità. Ma questo non sorprende, perché prima del dottorato in letteratura lo scrittore aveva preso una laurea in matematica, e lavorato per anni come programmatore informatico.

Il libro affronta, dunque, anche problematiche quali: «Come contiamo? Come impariamo a contare?». E discute di come «certi concetti matematici quotidiani possono aiutare a chiarire la teoria morale». E, così facendo, enuncia forse la sua opinione più forte: che la letteratura ha il diritto di affrancarsi dalle superficialità della narrazione, e il dovere di addentrarsi nelle profondità della speculazione, se aspira a essere non un prodotto di consumo materiale, ma uno strumento di meditazione spirituale.

Infiniti e infinitesimi
(Banville)

Nel 2009 John Banville, vincitore nel 2005 del Booker Prize, ha pubblicato un romanzo intitolato in inglese *The Infinities*, e in italiano *Teoria degli infiniti* (Guanda, 2011). In entrambi i casi, gli infiniti si riferiscono a uno strano fenomeno che ha caratterizzato la fisica del Novecento. La scoperta, cioè, che in varie teorie apparentemente corrette, i calcoli dei valori di alcune quantità fisiche misurabili portavano stranamente a risultati infiniti, e dunque sperimentalmente scorretti.

Torneremo in seguito sul modo in cui questa situazione apparentemente paradossale è stata normalizzata. Per ora soffermiamoci sul fatto, di per sé encomiabile, che uno scrittore abbia tentato di parlarne in un romanzo, cercando di ancorare la finzione alla realtà. Cosa necessaria, se la letteratura vuol essere non soltanto il riflesso soggettivo della vita interiore dello scrittore, ma lo specchio oggettivo della vita sociale contemporanea, che proprio sulla tecnologia e sulla scienza si basa.

Banville non è nuovo a tentativi del genere, avendo iniziato la sua carriera con la cosiddetta *Trilogia delle rivoluzioni*, dedicata alle rivoluzioni scientifiche che hanno caratterizzato la nascita della scienza moderna: *Doctor Copernicus* nel 1976, *La notte di Keplero* nel 1981 (Guanda, 1993) e *La lettera di Newton* nel 1982 (Guanda, 2010). Una trilogia disuguale, in cui Copernico e Keplero intervengono come forti protagonisti di due solide biografie, mentre Newton interviene solo come un debole pretesto all'interno di una fragile storia.

Naturalmente, le biografie di Copernico e Keplero sono romanzate, con tutti i vantaggi (pochi) e gli svantaggi (molti) che questo comporta. Il primo, ad esempio, è passato alla storia per il tour de force intellettuale che gli ha permesso di rileggere l'*Almagesto* di Tolomeo in maniera innovativa e creativa, capendo che alcune delle complicazioni del sistema geocentrico presentato da quest'ultimo si sarebbero dissolte, se si fosse passati a un sistema eliocentrico.

Il sistema si poteva adottare soltanto facendo pagare un duplice caro prezzo alla visione del mondo: aumentando in maniera enorme le dimensioni del sistema planetario, e spostandone il centro dalla Terra al Sole. È dunque comprensibile che Banville si concentri sulle implicazioni filosofiche e metafisiche del lavoro scientifico e astronomico di Copernico, anche ricorrendo all'anacronismo di far spesso parlare i protagonisti del suo romanzo come se fossero scienziati moderni.

È sicuramente meno comprensibile, invece, che si inventi falsamente e inutilmente una sua relazione omosessuale giovanile. O che si (pre)occupi eccessivamente e fantasiosamente dei supposti rancori, e delle supposte tendenze omosessuali (ancora!), del teologo Retico. Il quale è invece passato alla storia per aver spinto Copernico a pubblicare il suo capolavoro, e per avergli apposto una famosa prefazione in cui presentava il sistema come un puro artificio tecnico.

Quanto a Keplero, anch'egli è passato alla storia per un *tour de force* intellettuale, che gli ha permesso di intuire che i pianeti si muovono non su orbite circolari, come sia Copernico che Galileo continuavano a credere, bensì su orbite ellittiche, con il Sole in un fuoco.

Anche questa scoperta produsse mutamenti filosofici e metafisici nella visione del mondo, benché col senno di poi si sia capito che era perfettamente inquadrabile nella vecchia fisica. Lungi dall'aver reso obsoleti i sistemi di cerchi su cerchi usati da Tolomeo e Copernico, le ellissi non sono infatti altro che il risultato di un moto prodotto da due soli cerchi, di nuovo uno sull'altro.

Poiché Keplero ebbe una madre che fu processata per stregoneria, visse una vita abbastanza avventurosa e la pensò stranamente su molte cose, Banville ha facile gioco a costruire su di lui un romanzo in cui le invenzioni gratuite cedono il passo a descrizioni più o meno realistiche. Il risultato è la sua opera letterario-scientifica più riuscita e convincente.

L'esatto contrario della *Lettera di Newton*, in cui «il più grande genio che la scienza abbia mai prodotto» viene ridotto a un puro pretesto in un romanzo di piccolo formato e altrettanto piccola ambizione. Quanto alla *Teoria degli infiniti*, da cui siamo partiti, il formato non è piccolo, ma l'ambizione scientifica è minuscola.

Il protagonista è sì un fisico-matematico che ha rivoluzionato le idee del Novecento, «smascherando la bufala della relatività e svelando la costante di Planck per quello che è veramente». E scoprendo «la particella primaria del tempo, l'uovo d'oro di Brahma dal cui tuorlo rotto fluì la creazione». Ma già queste due frasette rivelano che qui la scienza ha ceduto il passo alla parodia: evidentemente il Banville di oggi non è più quello di trent'anni fa.

Peccato, perché l'argomento degli infiniti era succulento, e meritava ben altri riferimenti che a fantomatiche «equazioni di Brahma». Per la precisione, anzitutto, a Georg Cantor, che nell'Ottocento affrancò la nozione di infinito dalla filosofia. E le diede diritto di cittadinanza matematica, definendola precisamente e stratificandola in una «infinità di infiniti». Quest'espressione nel romanzo di Banville appare, ma soltanto come vuoto riferimento a «un'infinità di mondi», probabilmente orecchiati dalla fisica del multiverso.

Ma, soprattutto, il riferimento avrebbe dovuto essere al geniale modo in cui il problema degli infiniti della fisica, al quale abbiamo accennato agli inizi, è stato capito e risolto. Precisamente, accorgendosi che a volte l'infinito non è il risultato definitivo di un calcolo, ma solo un sintomo del fatto che non lo si sa ancora portare temporaneamente a termine.

Ad esempio, se si parte da 1 e si continua a sommare un 1 dietro l'altro, le somme parziali crescono continuamente, e si può pensare che il risultato finale sia appunto infinito. Ma se, invece di considerare le somme parziali, si considera a ogni passo la loro media, con un paio di conti ci si accorge che il risultato è... "meno un mezzo".

Solo uno scrittore refrattario alle dolcezze della matematica può illudersi che accostare gli infiniti agli dèi omerici possa essere più interessante, o più significativo, di un calcolo che sommi infinite unità positive e dia come risultato un numero frazionario negativo.

Purtroppo nel romanzo di Banville le divinità dell'Olimpo non sono solo una metafora, ma la fanno letteralmente da padroni. Hermes è la voce narrante. Zeus prende sembianze umane per ingravidare la moglie del figlio del protagonista. E naturalmente la signora si chiama Elena, anche se la mitologia greca cede il passo a quella ebraica per i nomi del marito e del patriarca, Adamo l'uno e Adamo l'altro.

Lungi dall'essere l'annunciata *Teoria degli infiniti*, il nuovo romanzo di Banville è più propriamente una *Pratica del finito*. Racconta in maniera poetica della morte di un uomo, dei suoi ultimi pensieri, dei sentimenti di coloro che gli sono vicini, della vita che continua.

Il risultato soddisfa i critici. Ad esempio, quello del «Guardian», che a proposito del titolo ha parlato di «paradosso calcolato», e si è domandato ignaro: «Ma ha senso parlare di più di un infinito?». E soddisfa anche quei lettori che dalla letteratura si aspettano grandi parole sulle piccole cose. Ma delude chi pensa che la letteratura dovrebbe, e forse anche potrebbe, volare più alto non solo degli uomini, ma anche degli dèi. O, almeno, delle loro caricature domiciliate sull'Olimpo o sul Sinai.

Che fine ha fatto la scienza
(THOMAS)

Diceva scherzando Luciano De Crescenzo che chi compra un libro, in genere non l'ha ancora letto. Dunque, non può essere influenzato da cosa ci abbia messo l'autore, che può rilassarsi a scrivere cosa gli pare e come gli pare.

Ma non scherzano affatto gli uffici *marketing* delle case editrici, quando investono pesantemente su fattori epidermici e viscerali quali la grafica di copertina, la scelta del titolo e la pubblicità diretta o occulta costituita da anticipazioni, recensioni, interviste e polemiche. La speranza è, ovviamente, che la combinazione di questi fattori inneschi quel passaparola che è l'unico vero detonatore dell'esplosione delle vendite.

Nel 2010 si sono aggirati per le librerie due volumi della Newton Compton, che attiravano appunto l'attenzione con i singolari richiami delle loro copertine monocrome, azzurra o amaranto. In un caso il richiamo era la faccia di una bambolina di plastica, incastonata tra linee flessuose che contenevano sequenze di numeri. Nell'altro caso una lampada da mago inquadrata da una griglia rettilinea, con la domanda: «Se tu sapessi che questo libro è maledetto, lo leggeresti lo stesso?». E sul retro di entrambi stava una sagoma nera, che alludeva a qualche mistero.

Si trattava di *PopCo* e *Che fine ha fatto Mr.Y* di Scarlett Thomas, professoressa di letteratura dell'Università del Kent, che ha avuto un certo successo in Inghilterra con questi due romanzi, variamente definiti dalla critica come «sensazionali», «irresistibili» e «travolgenti». Supponendo gli aggettivi sinceri, si può azzardare che ciò che ha sorpreso i critici fosse lo spazio che i due libri dedicavano alla scienza e alla filosofia, in misura sicuramente inusuale nella letteratura di consumo. Anche se non in quella d'autore, da Robert Musil a Italo Calvino.

L'autrice non nascondeva, nei ringraziamenti, il suo debito nei confronti delle opere di vari divulgatori, che vanno dal Simon Singh di *Codici & segreti* (Rizzoli, 2001) al Marcus du Sautoy dell'*Enigma dei numeri primi* (Rizzoli, 2004), passando per nomi titolati quali Martin Gardner, Douglas Hofstadter e Ian Stewart. Il che non assicura, ovviamente, che l'uso fattone sia impeccabile. In fondo, la divulgazione è un simulacro della scienza, e la divulgazione della divulgazione rischia di diventare un simulacro di un simulacro, come d'altronde Platone riteneva essere l'intera produzione artistica.

Vediamo dunque più da vicino in che modo la Thomas abbia cucinato i propri ingredienti nelle sue due portate. Il primo romanzo uscito in Inghilterra è *PopCo*, benché esso sia stato il secondo a essere pubblicato in Italia. Tra l'altro, con una strana e originale copertina, che al tatto sembra di gommapiuma.

Il titolo è il nome di una multinazionale di giocattoli. Essa organizza un periodo di *brainstorming* per i suoi dipendenti più creativi, al fine di pianificare strategie che riescano a sfondare in una fascia del mercato giovanile, apparentemente immune dai richiami delle aziende di gadget e giochi. È la fascia delle adolescenti, più interessate a vestiti, ninnoli e cosmetici in grado di captare lo sguardo altrui, che non ad aggeggi capaci di stimolare l'attenzione propria.

La protagonista si chiama Alice, come l'eroina di Lewis Carroll. Ha ereditato, da un lato, il reale impegno politico dell'autrice: che è, o almeno è stata, un'attivista contro gli armamenti nucleari e la Prima Guerra del Golfo. E possiede, dall'altro lato, l'immaginario background di un nonno criptoanalista e di una nonna matematica.

Il nonno ha insegnato ad Alice, fin da bambina, a giocare con i codici, più o meno segreti, descritti nel libro di Singh. E la nonna ha partecipato con Alan Turing, durante la Seconda Guerra Mondiale, alla decifrazione dell'Enigma nazista. In seguito ha lavorato alla soluzione della famosa, e tuttora insoluta, ipotesi di Riemann descritta nel libro di du Sautoy.

I codici di vario tipo, dal cifrario di Vigenère alle codifiche di Gödel, svolgono un ruolo centrale nella storia. Uno dei suoi filoni ruota attorno alla decifrazione della mappa del tesoro di un pirata del Seicento, effettuata dal nonno di Alice, e da lui comunicatale in eredità attraverso una collanina, che porta inciso il misterioso messaggio 2,14488156Ex48. Il significato verrà svelato soltanto nell'appendice finale del libro, dopo l'esibizione di altro materiale di dubbia utilità, quale la ricetta di una torta e la tavola dei primi mille numeri primi.

La trama permette comunque all'autrice di indulgere in molta, e onesta, divulgazione della divulgazione della matematica. Salvo alcuni imperdonabili scivoloni nelle ultime pagine della Seconda Parte, quando «il gioco si fa duro» e risulta impossibile da giocare per i dilettanti. D'altronde, come conferma correttamente Alice, «questa roba può farvi venire il mal di testa se ci pensate su troppo». Soprattutto a chi, come diceva Talleyrand riferendosi al principe, «pensa troppo per la sua intelligenza».

Uno scivolone, ad esempio, arriva quando il paradosso di Russell, relativo all'insieme degli insiemi che non contengono se stessi, viene confuso con la prova che un insieme non può contenere se stesso. Un altro quando il teorema di Gödel, che prova che gli usuali sistemi matematici non possono dimostrare la propria mancanza di contraddizioni, viene frainteso come la prova che queste contraddizioni ci siano. E, addirittura, che non sia possibile dimostrare in maniera irrefutabile nessun teorema.

Più convincenti delle parti matematiche, che evidentemente non appartengono al DNA dell'autrice, sono la critica del sistema pubblicitario che regola la produzione dei giocattoli, e più in generale di qualunque merce (libri compresi). E il racconto dell'affrancamento dal liberismo e del boicottaggio dell'azienda compiuti dalla protagonista, sulla base della militanza dell'autrice e delle opere delle pasionarie Naomi Klein e Arundhati Roy, tutte doverosamente citate nei ringraziamenti.

Un'altra opera citata è *Liberazione animale* di Peter Singer. A essa si ispira il vegetarianesimo di un gruppo di radicali contestatori, che agisce come un cavallo di Troia all'interno della PopCo. La loro filosofia è condensata nel motto: «Non nuocere, impedisci agli altri di nuocere e fai quel che puoi».

Il secondo romanzo, *Che fine ha fatto Mr. Y*, è più deludente dal punto di vista intellettuale. Come già intuibile dalla copertina, si tratta infatti di un pastiche, che mescola oscure pretenziosità e lampanti banalità. Avvantaggiato, in questo, dai ripetuti riferimenti al decostruzionismo e al postmoderno, responsabili di giochi di parole quali «l'assenza totale crea la presenza e la realtà», o «il mondo è costituito di copie senza gli originali».

Come se non bastasse, e nella migliore (o peggiore) tradizione new age, vengono tirate in ballo, oltre all'immancabile *Tao Te Ching*, anche le interpretazioni della meccanica quantistica. Da un lato, quella idealista di Niels Bohr, secondo la quale la realtà subatomica non esiste fino a quando non la si osserva. Dall'altro lato, quella iperrealista di Hugh Everett, secondo la quale tutte le potenzialità coesistono simultaneamente in un multiverso di molteplici universi, in uno solo dei quali ciascun osservatore è sospinto dalle proprie osservazioni.

Non stupisce che, con queste premesse, la protagonista del romanzo si chiami Ariel Manto, anagramma di *I am not real*, «Io non sono reale». E che intraprenda un hollywoodiano inseguimento nelle menti altrui, in una realtà alternativa che viene chiamata Troposfera o Mindspace, ed è una sorta di coscienza universale.

La cosa assomiglia o rimanda, a seconda dei propri gusti o della propria formazione, al *brahman* induista. Alla *comunione dei santi* cattolica. Alla *noosfera* di Theilhard de Chardin. Al *Mondo 3* di Karl Popper. Al *cyberspazio* di William Gibson. Al *Matrix* di Andy e Lana Wachowski. E alle tante altre fantasie religiose, filosofiche o letterarie che alimentano il new age.

In questa Troposfera si entra ingurgitando una mistura omeopatica di Carbone Vegetale, supposto "resuscitatore di cadaveri", diluito in acqua santa, immaginario elemento alchemico. La ricetta tradisce il debole dell'autrice per la pratica parascientifica dell'omeopatia, già manifesta nel precedente romanzo. E anche la sua sostanziale vena antiscientifica, nonostante la girandola di riferimenti e citazioni.

Questa vena è confermata dalla missione affidata alla protagonista. Che sarebbe quella di tornare nel passato per mettere fuori uso, tra tutti i Frankenstein eleggibili, una povera signora Abbie Lathrop, rea soltanto di aver iniziato nel 1900 gli esperimenti di laboratorio coi topi. Tra l'altro, non per bieco sadismo, ma per una benemerita ricerca sul cancro.

I topi forniscono comunque all'autrice l'occasione di scrivere alcune delle pagine più belle del romanzo, quando la protagonista entra nella loro pelle, in una sorta di rifacimento letterario del saggio filosofico di Thomas Nagel *Come ci si sente a essere un pipistrello?*. Altrettanto divertenti e interessanti sono i giochi autoreferenziali di entrambi i libri immaginari che sono contenuti nel romanzo: il primo scritto dalla stessa protagonista, e il secondo narrante la storia dell'omonimo e "maledetto" libro.

Forse l'aspetto meno convincente e più pretenzioso di entrambe le opere della Thomas è proprio l'avervi voluto immettere a forza una quantità non omeopatica di scienza indigesta, e dunque mal digerita. Dimenticando, come dicevano più o meno gli antichi latini, che «ciò che si addice agli scienziati divini, non si addice ai letterati bovini».

Novelle per un anno
(LETTURE)

Domandarsi cosa legga un matematico è come domandarsi cosa mangi. Anche perché, in fondo, i libri sono il cibo dello spirito. Ma, in entrambi i casi, la domanda non ha una risposta definita. Ci sono lettori e mangiatori di ogni tipo, tra i matematici, così come in ogni altra categoria di persone. Per quanto riguarda la quantità, poi, si va dai bulimici agli anoressici, passando per ogni possibile gradazione o degradazione. E per la qualità, anche, andando dagli onnivori ai monodietetici.

Più facile domandarsi cosa legga uno specifico matematico. Quello che scrive, ad esempio, il quale può facilmente raccontare quali libri abbiano caratterizzato un suo anno, scelto a caso: ad esempio, il 2011. Libri non strettamente di lavoro, ovviamente, perché non di sola matematica vive il matematico, e neppure di sola scienza.

L'anno l'avevo iniziato con una gita al Cairo, giusto prima dello scoppio dei moti che hanno rivoluzionato il Nord Africa. E avevo portato con me il *Vicolo del mortaio* del premio Nobel per la letteratura Nagib Mahfuz (Feltrinelli, 1989). Infatti, tanto mi annoio a praticare il turismo letterario seduto sul divano di casa, quanto mi diverto a immergermi nei racconti dei luoghi e delle popolazioni che sto visitando. Anche quando il legame tra ciò che leggo e ciò che vedo è più spaziale che temporale, come nel caso della storia raccontata da Mahfuz, risalente ormai al 1947. Cioè, all'Egitto non solo pre-Mubarak, ma addirittura pre-Nasser, quando sul trono dei Faraoni sedeva ancora re Faruq.

Ma i romanzi sono solo svaghi, e insieme a quelli porto sempre con me almeno qualche saggio che mi stimoli a pensare. In Egitto si trattava di *Fede e scienza* (Lindau, 2010), una raccolta di saggi scritti da Ratzinger prima e dopo la sua elezione a papa. Uno di essi era un estratto dalla sua *Introduzione al cristianesimo* del 1969, e ne riportava l'apologo di apertura.

Un apologo in cui il giovane teologo si domandava se lui, e quelli come lui, non fossero altro che clown, che quando vogliono allertare il pubblico del circo verso un pericolo imminente riescono solo a farlo sghignazzare. E si chiedeva se sarebbe comunque bastato che i preti si togliessero il trucco e gli abiti da clown per diventare più credibili. O se, invece, a far ridere era proprio il copione dello spettacolo portato da loro in pista.

Si trattava di un Ratzinger inaspettato e irriconoscibile. Tornato a casa mi procurai immediatamente l'*Introduzione al cristianesimo*, e leggendola trovai finalmente il teologo col quale potevo, e volevo, discutere. Un teologo aperto e coraggioso, che non si nascondeva dietro a un dito e non spazzava sotto il tappeto le problematiche connesse alla fede, alla religione e al cristianesimo. Un teologo che finalmente non mi faceva dormire e che accettava di porsi in discussione, scendendo sul piano di chi criticava radicalmente la religione.

Decisi dunque di rispondergli, anche se le letture che feci per completare l'opera furono molto più deludenti di quel suo primo libro. In particolare, né nell'intervista *Luce del mondo* (Libreria Editrice Vaticana, 2010), né soprattutto nei due volumi su *Gesù di Nazaret* (Rizzoli, 2007 e Libreria Editrice Vaticana, 2011), ritrovai lo stesso Ratzinger. E forse non avrei nemmeno dovuto ricercarvelo, visto che il teologo quarantaduenne dell'*Introduzione al cristianesimo* era ormai diventato un papa ottantaquattrenne. Sarebbe stato come aspettarsi, dal vecchio

Muhammad Ali, gli stessi balletti sul ring e gli stessi pugni del giovane Cassius Clay.

Naturalmente, tutte queste letture a carattere religioso rischiavano di provocarmi un'infezione intellettuale, senza i dovuti antidoti scientifici e letterari. Tra i saggi che mi capitarono sotto gli occhi, per motivi svariati, in quel periodo lessi due classici della matematica: la *Geometria intuitiva* di David Hilbert e Stefan Cohn-Vossen (Bollati Boringhieri, 1991), ed *Euclide e i suoi moderni rivali* di Charles Dodgson (Cambridge University Press, 2009).

Il primo è un capolavoro della divulgazione, concepito da una delle menti più brillanti del Novecento. Il secondo è invece un'imbarazzante e anacronistica difesa d'ufficio della geometria euclidea, sostenuta da uno dei più innovativi letterati dell'Ottocento: il matematico Lewis Carroll, lo stesso di *Alice nel paese delle meraviglie*.

Tra i romanzi mi gustai *L'energia del vuoto* di Bruno Arpaia (Guanda, 2011), esemplare in due sensi complementari. L'opera, come racconto scientifico divertente e informato sulla fisica delle particelle. E l'autore, come letterato interessato e competente in faccende non umanistiche. L'esatto contrario di *Solar* di Ian McEwan (Einaudi, 2010), irrealistica e sciocca storia su un immaginario premio Nobel per la fisica, completamente al di fuori della portata intellettuale di un autore noto per esprimersi al meglio nei sorrisi da gatta morta, o da principessa Diana.

Per farsi perdonare di avermi fatto arrabbiare con uno dei suoi sopravvalutati romanzieri d'assalto, l'Einaudi mi regalò un'opera straordinaria e sterminata che aveva appena pubblicato: *Port-Royal* di Charles de Sainte-Beuve (1840-1859). Difficilmente mi sarei avventurato lungo le sue duemila pagine, se non fossi stato nella mia vita professionale un logico e non avessi sempre sentito parlare della *Logica di Port-Royal* di Antoine Arnauld e Pierre Nicole, senza aver mai avuto l'occasione di approfondire l'argomento.

Ma Sainte-Beuve ha fatto ben altro, per me. Oltre ad aver

riempito le mie vacanze estive in Sardegna, mi ha introdotto alle assurde dispute sulla Grazia fomentate dai giansenisti. Mi ha aperto le porte delle loro due istituzioni, per metà conventi e per metà manicomi. Mi ha fatto conoscere uno stuolo di personaggi, compresi Arnauld e Nicole. Ma, soprattutto, mi ha permesso di osservare il Seicento da una molteplicità di punti di vista. Compreso quello letterario, perché all'interno dell'opera si possono leggere le biografie di Corneille, Molière e Racine.

E, naturalmente, di Pascal. Della sua matematica non si parla in *Port-Royal*, anche se il suo vero lascito intellettuale è quello: ma, si sa, certe cose «intender non le può chi non le prova». Avendo però in casa i *Pensieri* (1670), che non avevo mai letto sistematicamente, ho colto l'occasione.

Tempo sprecato. A parte gli aforismi che tutti conoscono e fanno di Pascal, come sappiamo, uno scrittore da cioccolatini, il libro rimane un abbozzo di progetto di apologia del cristianesimo, più imbarazzante che ispiratorio. E mostra, come già notò Voltaire, che «anche gli spiriti più eminenti si sbagliano come le persone più comuni».

Dopo aver sbirciato il Seicento di scorcio, mi era ormai venuta la voglia di osservarlo da una prospettiva centrale. E, per farlo, cosa meglio del *Secolo di Luigi XIV* di Voltaire (1751), appunto? Ora che l'ho letto, sono felice e dispiaciuto allo stesso tempo: felice per averlo letto, e dispiaciuto di non averlo più da leggere. Ci sono pochi libri, e non solo di storia, come quello. Per fortuna ne rimane ancora qualcuno, anche se non troppi. I *Saggi* di Montaigne o l'*Istoria del Concilio Tridentino* di Paolo Sarpi, ad esempio, che sono già nella mia biblioteca e attendono solo l'occasione giusta.

Tra ottobre e novembre andai in viaggio in Nepal, e portai con me *L'ardore* di Roberto Calasso (Adelphi, 2010). Un'altra volta, in India, avevo portato *Ka* (Adelphi, 1996) e non me n'ero pentito, ma questa volta feci un buco nell'acqua. *L'ardore* è un libro assurdo, antimoderno e antirazionalistico, che commenta i vuoti e anacronistici rituali vedici come se costituissero un deposito di saggezza e di profondità.

Per fortuna avevo come antidoto il *Newton* di Niccolò Guicciardini (Carocci, 2011), nel quale la saggezza e la profondità si trovano abbondantemente: sia nel lavoro del grande scienziato, sia nel racconto del nostro bravo storico. E immergermi nei pensieri di Newton mi distrasse facilmente dalle distrazioni di Calasso.

Proprio alla fine dell'anno terminai l'ultimo libro del 2011, il già citato *Formiche* di Wilson e Hölldobler. Un'opera che, da sola, riscatta una buona parte del catalogo dell'esoterica casa editrice Adelphi. E che, da sola, smonta tanti dei miti su come la Natura sia o debba essere, che albergano nelle menti di coloro che pretenderebbero di vivere, e far vivere, appunto "secondo Natura".

ARTE

I fantasmi della libertà creativa
(IBRIDI)

I libri di storia e i documentari raccontano i fatti, mentre i romanzi e i film documentano le finzioni. O almeno, così dovrebbe essere. E così sarebbe, se gli storici e i letterati non si divertissero spesso a invadere gli uni i campi degli altri, producendo ibridi che in inglese vengono chiamati docufiction, «docufinzioni», o mockumentary, «falsomentari».

In biologia gli ibridi sono incroci, naturali o artificiali, tra esseri di diverse famiglie, specie, generi o razze. Su di essi ci sono libri esplicitamente descrittivi, come i manuali per il giardinaggio o l'allevamento, che parlano di ibridi reali quali i muli e i bardotti: rispettivamente incroci di un asino e una cavalla, e di un cavallo e un'asina.

E ci sono cataloghi dichiaratamente inventivi, come il *Manuale di zoologia fantastica* (1957) o *Il libro degli esseri immaginari* (1969) di Borges, nel quale compaiono ibridi fittizi come l'agnello vegetale tartaro, una pianta i cui frutti sono degli agnelli. O l'ippogrifo, incrocio fra un cavallo e un grifone, a sua volta incrocio fra un leone e un'aquila.

Ma a volte si può rimanere perplessi. Ad esempio, esistono veramente il leontigre o lo zebrallo, rispettivamente incroci di un leone e una tigre, o di una zebra e un cavallo? Oppure si trovano solo in quel libro di viaggio semionirico che è *Il Milione*, dettato da Marco Polo nel 1298?

E gli incubi e le succubi, demoniaci "sovrastanti" e "sottostanti" notturni, possono veramente incrociarsi con donne e uomini per produrre dei cambioni, come il Mago Merlino? Oppure se ne discute solo in quel manuale di perversità teologica che fu il *Malleus maleficarum*, «Martello delle streghe», partorito da Jacob Sprenger e Heinrich Kramer nel 1487?

I dubbi nascono dal fatto che gli storici del passato, come i teologi di ogni era, in genere non erano altro che scrittori fantastici. Dagli autori e dai lettori del presente ci si potrebbe forse aspettare una maggior consapevolezza dei generi. E invece, non più tardi del 2006 Roberto Saviano ha pubblicato *Gomorra*, che il suo sito definisce ufficialmente come «romanzo docufiction». Ma che i media di mezzo mondo hanno invece frainteso come un'inchiesta giornalistica sulla camorra, elevando il suo compiaciuto autore al rango di guru della lotta antimafia.

Più interessanti delle implicite operazioni di marketing sociopolitico sono invece le esplicite beffe editoriali, in genere perpetrate da autori goliardici o surrealisti ai danni di un pubblico ignaro e credulone, con l'intento maieutico di dimostrare quanto sia facile provocare un cortocircuito fra le nozioni di realtà e di finzione.

L'esempio più noto ed eclatante è forse l'isteria scatenata nel 1938 da Orson Welles, che si limitò a leggere alla radio un brano del romanzo *La guerra dei mondi* del suo quasi omonimo Herbert Wells (1898), senza avvertire gli ascoltatori che non si trattava di una radiocronaca. Per colmo dell'ironia, anche i resoconti di quell'isteria furono poi amplificati ad arte, aggiungendo il danno alla beffa.

Oltre alla radio, anche il cinema ha fornito i suoi esempi di finzione realista, o realtà fittizia. Il più riuscito sembra essere il film del 1995 *Forgotten Silver*, «Argento dimenticato», di Peter Jackson e Costa Botes. Questi appaiono entrambi nel documentario, come autori di un'inchiesta sul regista Colin McKenzie, presentato come un anticipatore dimenticato del cinema neozelandese. Varie interviste a registi, attori, critici e storici del cinema, tutti veramente esistenti, ne testimoniano la grandezza.

Nel documentario vengono mostrati spezzoni di una dozzina dei film di McKenzie, oltre alle rovine del set per il suo colossal *Salome*, il capolavoro perduto che venne restaurato e mostrato nelle sale del Paese per l'occasione. Naturalmente *Forgotten Silver*, che ricevette un premio nel 1996 dall'ignara televisione neozelandese, era soltanto un falso realizzato in occasione del centenario della nascita del cinema, come tacito monito ai pericoli insiti nel mezzo.

Simile è il caso di *Jusep Torres Campalans* (Sellerio, 1992), biografia di un omonimo pittore protocubista, amico di Braque e Picasso, pubblicata nel 1958 da Max Aub. Il libro riporta un'analisi del suo lavoro, un catalogo dei suoi quadri e una lunga intervista all'anziano artista, rintracciato dall'autore in Messico. Nella documentazione, a testimonianza della veridicità della narrazione, compaiono fotomontaggi e riproduzioni dei suoi quadri. Questi ultimi furono esibiti a Città del Messico, New York e Madrid dopo la "riscoperta" del loro autore da parte di Aub, che solo in seguito rivelò di aver fatto tutto lui, quadri compresi.

Più esplicito, ma non per questo meno efficace, è il documentario *All You Need Is Cash*, registrato nel 1978 dai Rutles. Essendo un prodotto congiunto dei Monty Python inglesi e del Saturday Night Live statunitense, l'intento parodistico era evidente, ma la realizzazione fu sorprendente. Le musiche composte per l'occasione, benché nello stile dei Beatles, avevano infatti un loro interesse artistico, e il finto gruppo finì per diventare una vera band, con tanto di concerti e un paio di dischi in classifica.

Ma anche nel documentario i Rutles erano parsi veri, o quasi, grazie all'uso di alcuni filmati dei Beatles storici, e alle testimonianze di cantanti reali e compiacenti quali Mick Jagger e Paul Simon. Naturalmente, lo scrivere "nello stile di" è stato spesso praticato dai musicisti, in buona o cattiva fede. Ma il caso dei

Rutles era diverso, perché si configurava come la creazione di un vero e proprio *alter ego* degli originali.

Il caso di P.D.Q. Bach, creato da Peter Schickele nel 1965 e tuttora in attività, è interessante in un altro senso, essendo l'ibrido fittizio delle caratteristiche di tre figli di Johann Sebastian: «l'originalità di Johann Christian, l'arroganza di Carl Philipp Emanuel, e l'oscurità di Johann Christoph Friedrich». Nonostante il cognome, l'opera del nuovo Bach non è comunque ristretta al barocco, ed estende la sua parodia modernizzante alla musica classica in generale, da un mozartiano *Ratto di Figaro* (1984) a una glassiana *Einstein sul Fritz* (1989).

Il pericolo di queste imprese immaginarie è, ovviamente, che rischiano di oscurare l'attività reale di un artista, come infatti è successo con la musica "seria" di Schickele. A volte, però, gli *alter ego* possono semplicemente fungere da moltiplicatore della produzione creativa: come nel singolare caso (sia letterario che clinico) di Fernando Pessoa, raccontato da Antonio Tabucchi in *Un baule pieno di gente* (Feltrinelli, 1990).

Nel corso della sua vita Pessoa ha creato un'ottantina di "eteronimi": non semplici pseudonimi, dietro ai quali nascondersi, ma una folle folla di individualità artistiche, viventi ciascuna una vita autonoma e scriventi ciascuna in stili diversi, benché tutte confinate in un'unica personalità psichiatricamente divisa.

L'eteronimo più noto è forse quello ripreso da Saramago nel 1984, nel romanzo *L'anno della morte di Ricardo Reis*: una sorta di ibrido al quadrato, che combina le fantasie dei due grandi scrittori portoghesi. Ma ce ne sono molti altri. Ad esempio, il prosatore Bernardo Soares, autore del *Libro dell'inquietudine* (Feltrinelli, 1987). Vari poeti, da Alberto Caeiro ad Álvaro de Campos, antologizzati in *Il poeta è un fingitore* (Feltrinelli, 1988). E il filosofo António Mora, le cui opere sono raccolte in *Il ritorno degli dèi* (Quodlibet, 2005).

All'io diviso (*ex unibus plurum*) del letterato Pessoa, si contrappone la personalità collettiva (*e pluribus unum*) del già citato matematico Nicolas Bourbaki. Il nome è mutuato dal generale

Charles Denis Bourbaki, comandante della guardia imperiale di Napoleone III. E nasconde un gruppo di matematici francesi di prim'ordine, da André Weil a Jean Dieudonné, che tra il 1935 e il 1998 ha prodotto gli *Elementi di matematica*, un'enciclopedica opera collettiva in dieci volumi e settemila pagine.

Come sappiamo, l'approccio bourbakista ha influenzato profondamente lo strutturalismo francese, dall'antropologia di Lévi-Strauss alla psicologia di Piaget. E ha fomentato la rivoluzione dell'insegnamento primario della matematica nelle scuole di mezzo mondo, imponendo l'approccio insiemistico fin dalle elementari.

Di fronte a questi ibridi fantasma, generati dalla libertà creativa in tutti i campi della cultura, come si deve porre il povero e ignaro fruitore? Nel caso di Bourbaki, non c'è nulla da temere: in matematica contano i risultati, e che i matematici ai quali sono attribuiti siano esistiti o no non dovrebbe importare a nessuno. Anche i Rutles o P.D.Q. Bach non dovrebbero dare fastidio, visto che le loro parodie sono più o meno evidenti.

Quanto a Pessoa, che in una famosa lettera del 1935 ad Adolfo Casais Monteiro si chiedeva se a non esistere fossero i suoi eteronimi o lui, forse avrebbe dovuto essere internato in manicomio. Anche se, magari, sono stati proprio loro a permettergli di non finirci per davvero.

Quelle di Campalans o di McKenzie, invece, sono vere e proprie truffe, per quanto divertenti, e i loro creatori un po' di galera se la sarebbero meritata. In un processo e una condanna per frode è effettivamente incappato nel 2007 Jeremiah LeRoy, un transgender coinvolto in droga e prostituzione, autore tra il 1999 e il 2005 di vari romanzi "autobiografici", uno dei quali candidato in Italia al premio Strega.

O meglio, nei problemi c'è incappata Laura Albert, che nel 2006 si scoprì essere la vera identità di LeRoy, invece che colei che l'aveva adottato e mandato in psicoterapia. Naturalmente la Società degli Autori si schierò contro la sentenza, appellandosi alla libertà di parola e paventando effetti negativi sulla produzione artistica.

Ma, in fondo, non è proprio appellandosi alla libertà di parola che vengono spacciate per realtà e fatte circolare nel mondo, in grande stile, le più svariate favole religiose, filosofiche, storiche e politiche? La realtà e la verità non vanno forse difese a ogni costo? Soprattutto contro quei postmoderni, coscienti o incoscienti, che pretendono che esse siano equivalenti alla fantasia e alla menzogna?

Visualizzare l'inconcepibile (RAPPRESENTAZIONI)

Alla fine del *Paradiso* (XXXIII, 115-120) Dante affronta il problema di descrivere visivamente la Trinità cristiana, com'è stata codificata nel Credo dai concili di Nicea (325) e Costantinopoli (381). E lo risolve così:

> Ne la profonda e chiara sussistenza
> de l'alto Lume parvermi tre giri
> di tre colori e d'una contenenza;
> e l'un da l'altro come iri da iri
> parea reflesso, e 'l terzo parea foco
> che quinci e quindi igualmente si spiri.

L'immagine, in realtà, non è sua. Più di un secolo prima Gioacchino da Fiore l'aveva disegnata nel *Libro delle figure* e descritta nell'*Esposizione sull'Apocalisse*, specificandone anche i colori: il verde della Natura per il Padre, l'azzurro del cielo per il Figlio e il rosso del fuoco per lo Spirito Santo.

Qualunque ne sia la provenienza, quest'immagine sensoriale rimane comunque inferiore alle aspettative teologiche. Anche perché, non essendoci nel mondo della Natura oggetti in cui il tutto sia uguale alle parti, ci si deve necessariamente accontentare di oggetti collettivamente singoli e individualmente plurimi. Come, appunto, un arcobaleno di tre colori. E, più in generale, un qualunque insieme di tre elementi.

Ma niente del genere può fungere da rappresentazione canonica della Trinità, a causa dell'esplicita condanna dello stesso Gioacchino da Fiore emessa dal Quarto Concilio Lateranense del 1215, per opinioni quali:

> Il Padre, il Figlio e lo Spirito Santo, pur essendo tre persone distinte, hanno anche un'unica essenza e un'unica natura divine, ma di un'unità che non sembra vera e propria, bensì collettiva e analogica, perché simile alla collezione degli uomini che costituiscono una città, o all'insieme dei fedeli che costituiscono una Chiesa.

In precedenza, idee dello stesso genere erano già state sostenute da Gilbert de la Porrée, avversate da Bernardo di Chiaravalle, e condannate dai concili di Parigi del 1147 e di Reims del 1148. La via sembrava dunque sbarrata alle rappresentazioni sensoriali della Trinità, ma senza di esse non si poteva sperare di divulgare fra il popolo un concetto così astruso e balzano. E dopo che nel 1563 il Concilio di Trento ribadì l'importanza dell'uso delle immagini come «Bibbia dei poveri», si rese necessario specificare in che modo si potesse, e si dovesse, rappresentare la Trinità.

Il documento ufficiale al proposito è la bolla *Sollicitudini Nostrae*, che Benedetto XIV emanò nel 1745. Lo spunto venne dalla diffusione delle rappresentazioni dello Spirito Santo in forma di giovinetto, come si diceva fosse apparso a una monaca tedesca di nome Crescenzia di Kaufbeuren. Per inciso, nella sua bolla il papa dichiarò di «non aver riscontrato in lei nessuna virtù eroica, né alcun segno o miracolo realizzato per sua intercessione», ma questo non impedì alla visionaria di essere santificata nel 2001 dal supercanonizzatore Giovanni Paolo II.

Tornando a Benedetto XIV, la sua decisione fu semplice e chiara:

> È lecito dipingere Dio nella forma in cui abbiamo sentito dire che egli stesso si sia lasciato vedere.
>
> Non è lecito mostrare l'immagine di una persona divina diversamente da come le Sacre Scritture narrano che essa si degnò di rendersi visibile.

In altre parole, sono permesse le rappresentazioni che si possono più o meno sensatamente far risalire alla Bibbia, e sono proibite le libere variazioni sul tema.

Individualmente, non c'è ovviamente problema nel rappresentare il Figlio, visto che egli si degnò di prendere fattezze umane. Anzi, proprio su questo si basa il rifiuto cristiano del Secondo Comandamento, sancito dal Secondo Concilio di Nicea nel 787 e ribadito dal recente *Compendio del Catechismo* (446):

> Nell'Antico Testamento con tale comando si proibiva di rappresentare il Dio assolutamente trascendente. A partire dall'Incarnazione del Figlio di Dio, il culto cristiano delle sacre immagini è giustificato, poiché si fonda sul Mistero del Figlio di Dio fatto uomo, nel quale il Dio trascendente si rende visibile.

Questa scusa non può però giustificare la rappresentazione del Padre, che trascendente era, e tale dovrebbe rimanere. Ma poiché in *Daniele* (VII, 9) si dice che «un vegliardo si assise», tanto bastò perché lo si potesse raffigurare come un vecchio. Anche se, con poca considerazione per la citazione e per il vegliardo, nel 1690 il papa Alessandro VIII stabilì che «è empio collocare in un tempio cristiano un'immagine di Dio Padre seduto». Egli può comunque essere rappresentato da solo, perché così ovviamente appare nel Vecchio Testamento, visto che all'epoca il Figlio non era ancora stato inventato.

Quanto allo Spirito Santo, secondo Benedetto XIV si può

rappresentare come colomba, o come fiamme di fuoco. La prima, perché così apparve in occasione del battesimo di Cristo. E le seconde, perché in quella forma discese sugli apostoli il giorno della Pentecoste. Ma poiché da nessuna parte si narra che qualcuno lo vide in forma di giovinetto, o di uomo isolato, non ci sono sante che tengano: quel tipo di rappresentazione è proibito.

Passando poi dalle persone singole alla Trinità intera, il papa ne permise anzitutto la rappresentazione tipica dell'arte bizantina, che ricalca la già citata scena del battesimo di Cristo: un vecchio fra le nuvole, un giovane coi piedi per terra o nell'acqua, e una colomba in volo dall'uno all'altro.

Un'ovvia variazione della scena sposta il Figlio in cielo, dove sarebbe asceso dopo la resurrezione. In tal caso lo si vede «seduto alla destra del Padre», com'egli stesso aveva annunciato. Una variazione meno ovvia, e più megalomane, dipinge il Padre nelle vesti dell'imperatore, e il Figlio in quelle del papa. Quest'ultimo, sulla base di un versetto della *Lettera agli Ebrei* (III, 1) che lo chiama «apostolo e sommo sacerdote della fede».

Più tollerata che permessa è la rappresentazione della Trinità come «tre persone rigorosamente identiche in quanto a dimensione, età e ogni altro aspetto». L'ispirazione viene da un confuso episodio del *Genesi* (XVIII, 1-3), in cui un incontro di Abramo con tre misteriosi uomini è interpretato come un'apparizione del Signore.

L'ovvia interpretazione ebraica è che i tre fossero angeli: per la precisione, gli arcangeli Michele, Gabriele e Raffaele. Ma la fantasia sbrigliata di Agostino li immaginò invece come le tre persone della Trinità, all'insegna del motto *tres vidit et unum adoravit*, «tre ne vide e uno ne adorò».

Decisamente proibite sono invece le immagini della Trinità come un uomo a tre facce (tricefalo). O a un'unica faccia, ma con tre bocche, tre nasi e quattro occhi (trifronte). Esse infatti «sono manifestamente mostruose e la loro bruttezza offende più di quanto aiuti la loro somiglianza».

La cosa è sorprendente, visto che in fondo questa è l'unica rappresentazione che affronti seriamente il problema della supposta unità della Trinità. E lo risolve, tra l'altro, in maniera analoga a quella adottata dagli induisti per la rappresentazione della Trimurti composta da Brahma, Vishnu e Shiva.

Benché proibita, quest'iconografia era comunque antica e persistente. E già nella prima metà del Quattrocento sant'Antonino da Firenze scriveva nella *Summa Theologica*: «Sono reprensibili i pittori che dipingono la Trinità come una persona a tre teste, che in realtà è un mostro».

Un rogo di tali immagini fu compiuto l'11 agosto 1628 per ordine del papa Urbano VIII, di galileiana memoria, ma esse continuarono evidentemente a essere usate. Soprattutto nel lontano Nuovo Mondo, come testimonia il libro *Dal permesso al proibito. Iconografia della Santissima Trinità nella Nuova Spagna* di María del Consuelo Maquívar (Istituto Nazionale Messicano di Antropologia e Storia, 2006).

L'intera vicenda delle rappresentazioni della Trinità, con il suo enorme e futile dispendio di impegno teologico e artistico, non è comunque altro che un'immensa dimostrazione per assurdo di quanto quel concetto sia inconcepibile intellettualmente, oltre che insensato religiosamente.

Non a caso, il Credo di Nicea e Costantinopoli che lo codificò viene considerato dai puristi l'atto di nascita della Grande Apostasia. Cioè, dell'abbandono della fede evangelica di Cristo e dei suoi apostoli, e del passaggio alla teologia dottrinale dell'Anticristo e dei suoi teologi.

La scuola del Vaticano
(Raffaello)

Raffaello Sanzio, ritrattista di mecenati rinascimentali e illustratore di miti biblici, non è precisamente l'artista più congeniale a un matematico ateo, che nella pittura cerca la rappresentazione di un mondo astratto e razionale.

È dunque paradossale che la combinazione abbia permesso proprio a me di visitare in Vaticano, per ben due volte, uno dei capolavori di Raffaello non aperti al pubblico: le tre logge, chiuse dietro le vetrate volute da Pio IX per proteggere gli affreschi dalle intemperie.

Il fedele può solo intravedere le vetrate, da Piazza San Pietro. L'ateo, invece, ha potuto passeggiare nei corridoi semideserti che una volta erano riservati solo al papa e oggi sono punteggiati di sporadiche guardie svizzere, o percorsi silenziosamente dai prelati della Segreteria di Stato.

La seconda loggia contiene la cosiddetta *Bibbia di Raffaello*: una serie di 52 quadri, quattro per ciascuna delle tredici arcate, che costituiscono una sorta di risposta ai 33 quadri sulla volta della Cappella Sistina, precedenti di pochi anni. Questi furono infatti dipinti personalmente da Michelangelo, tra il 1508 e il 1512. E quelli dalla scuola di Raffaello, e su suo progetto, tra il 1517 e il 1519.

Confesso di non riuscire a vedere nulla di grandioso nelle «umane, troppo umane» raffigurazioni che Michelangelo e Raffaello ci hanno lasciato del loro Dio-Superman, svolazzante a braccia tese nel suo costume color ciclamino. Ma il neurologo Frank Meshberger ha fatto notare nel 1990, sul «Journal of the American Medical Association», come nella *Creazione di Adamo* della Sistina ci sia un insospettato aspetto scientifico.

Si tratta della raffigurazione della sezione sagittale di un cervello umano. Precisamente, l'arco del braccio sinistro di Dio rappresenta il giro del cingolo. La sciarpa verde svolazzante, l'arteria vertebrale. La schiena dell'angelo che sorregge Dio, il ponte di Varolio. Le sue gambe, il midollo spinale. Il piede bifido dell'altro angelo inferiore, la struttura bilobata dell'ipofisi. E la sua coscia, il chiasma ottico.

Niente di così spettacolare si trova, o si è per ora trovato, nelle logge di Raffaello. Ma la cosmogonia un po' fumettistica della seconda loggia lascia il posto, nella prima, alla cosmologia naturalistica dei pergolati e delle grottesche: una moda ispirata alle decorazioni della Domus Aurea di Nerone, che era stata riscoperta proprio in quegli anni. Nella terza loggia, infine, si arriva alla cosmografia topografica delle carte geografiche europee, africane e asiatiche che oggi fanno da anticamera alla Segreteria di Stato: non a caso, il ministero degli Esteri del Vaticano.

Oltre ai quadri delle logge mi lasciano indifferente anche quasi tutte le scene delle celeberrime *Stanze di Raffaello*, che attirano invece orde di turisti. Trovo infatti ormai anacronistiche le illustrazioni, che spaziano dalla mitologia dell'Eden o dell'Eucarestia all'agiografia di Costantino o di Giulio II. Ci sono però almeno due affreschi, nelle stanze di Raffaello, che si affrancano dalla propaganda pubblicitaria e assurgono a testimonianze storiche.

Uno è l'*Incendio di Borgo* del 1517, che lascia intravedere nello sfondo l'antica basilica costantiniana di San Pietro, abbattuta in quei decenni per far posto all'edificio attuale. Nell'atrio porticato di questa basilica stava una delle opere più famose di Giotto, il mosaico *La navicella*, di cui oggi non rimangono che frammenti e copie.

Per inciso, l'opera era stata commissionata perché i fedeli mescolavano sacro e profano, inchinandosi al Sole subito dopo essere entrati nella basilica. Se n'era già lamentato Leone I, nel suo *Sermone di Natale* del 460. Ma poiché dopo quasi un millennio la pratica perseverava, il mosaico fu posizionato in modo da far sembrare che i fedeli si rivolgessero invece a un'immagine sacra.

L'altro affresco su cui soffermarsi è ovviamente la celeberrima *Scuola di Atene* del 1511, un'istantanea nella quale Raffaello fotografa a modo suo la filosofia e la scienza greche. L'opera è tanto interessante per le presenze quanto per le assenze: prima fra tutte quella di Crisippo a fianco di Platone e Aristotele, visto che i tre costituivano i vertici del triangolo filosofico ateniese.

L'importanza delle loro tre scuole è testimoniata dal fatto che i Greci, quando dovettero inviare una missione diplomatica a Roma nel 156, dopo la conquista romana della Macedonia, non trovarono di meglio che scegliere Carneade (il manzoniano «chi era costui?») dall'Accademia, Critolao dal Liceo, e Diogene dalla Stoà, appunto.

La mancanza degli stoici è ovvia, in un'opera commissionata dalla Chiesa, perché essi avevano rappresentato una sorta di alternativa razionalista e colta alla religione cristiana. E dopo un tentativo di annessione, attraverso l'invenzione di un apocrifo carteggio tra Seneca e Paolo di Tarso, erano stati rimossi e cancellati dalla memoria storica.

Meno ovvia per noi è la mancanza di Archimede, che fu il più grande matematico e scienziato dell'antichità, e scoprì ad esempio l'approssimazione 3,14 per pi greco, o il principio di galleggiamento dei corpi. Il fatto è che anche le sue opere erano state dimenticate, per motivi diversi dai precedenti, e nemmeno Dante lo ricorda tra gli altri grandi spiriti precristiani nel Limbo.

In realtà, sia Dante che Raffaello si limitano a commemorare poche personalità scientifiche: Talete, Euclide e Tolomeo il primo, e Pitagora, Euclide e Tolomeo il secondo. Pochi ma buoni, si potrebbe comunque dire, visto che la *Scuola di Atene* li mette in primo piano e li rappresenta in grande attività.

Pitagora sta scrivendo su un libro, mentre un suo allievo mostra ad Averroè una lavagnetta. In basso vi si trova la *tetraktys*, costituita dei numeri 1, 2, 3 e 4, che sommano a 10. Al centro sta il tetracordo, con gli accordi di unisono, quarta, quinta e ottava, descritti dai rapporti tra 6, 8, 9 e 12. E in alto compare la scritta *epogdoon*, che indicava il tono pitagorico, descritto dal rapporto tra 8 e 9.

Euclide, coi tratti del Bramante, è attorniato da studenti. Chinato a terra disegna col compasso su un'altra lavagnetta il *sigillo di Salomone*, o *stella di David*, che è l'intersezione di due triangoli equilateri. Dentro la stella sta un rettangolo pitagorico, pari a due quadrati, con la sua diagonale.

Tolomeo, di spalle, è intento a parlare con Zoroastro, forse per dare un esempio della confusione mentale rinascimentale. I due tengono rispettivamente in mano un globo terrestre e uno celeste.

A fianco di Tolomeo e Zoroastro sta Raffaello stesso, che invece di approfittare della loro conversazione si distrae a scrutare la nostra reazione di osservatori del dipinto. All'estremo sinistro si trova Epicuro, alle cui teorie si ispirò Lucrezio per il capolavoro materialistico del *De rerum natura*. E non lontano, in primo piano dietro a Pitagora, sta l'unica figura femminile dell'opera, che rivolge anch'essa lo sguardo agli osservatori.

Sembra si tratti di Ipazia, nei panni dell'effeminato duca Francesco Maria della Rovere. Ma in un'opera vaticana la cosa appare inverosimile, visto che Ipazia fu la protomartire della scienza. Venne assassinata e scarnificata ad Alessandria nel 415 per ordine dell'arcivescovo Cirillo, in quella che Gibbon definì in *Declino e caduta dell'impero romano* «una macchia indelebile sul cristianesimo».

Mentre i pochi scienziati in primo piano nella *Scuola di Atene* lavorano, i molti filosofi sullo sfondo cianciano a gruppetti. Al centro stanno Platone, con le sembianze di Leonardo, e Aristotele. In un'allegoria del fatto che, come diceva Coleridge, «tutti gli uomini nascono platonici o aristotelici», l'intera composizione ha un unico punto di fuga, che si situa esattamente fra i due.

E in una sorta di anticipazione della massima finale della *Critica della ragion pratica* di Kant, Platone punta col dito al cielo stellato sopra di noi, a cui allude il suo *Timeo*. E Aristotele indica, con la mano rivolta in basso, la legge morale dentro di noi, codificata nella sua *Etica*.

Quanto ai pittori, invece, essi nascono raffigurativi o geometrici, e la *Scuola di Atene* esemplifica e coniuga entrambe le tendenze, nelle sue due metà orizzontali: ritrattistica la inferiore, e architettonica la superiore. Ma così fanno anche innumerevoli altre opere, sia dello stesso periodo sia dello stesso autore.

In particolare, così fa il famoso *Sposalizio della Vergine* del 1504, la prima tela datata e firmata da Raffaello. Il quadro si ispira all'omonimo, e quasi contemporaneo, *Sposalizio della Vergine* del Perugino. E si ispira anche all'ancor più impressionante *Consegna delle chiavi* nella Cappella Sistina, del 1481, sempre del Perugino.

Un matematico sarebbe forse più soddisfatto se da quei dipinti sparissero le persone, e rimanessero solo gli edifici. Come nelle tre versioni rinascimentali della *Città ideale* variamente attribuite a Piero della Francesca, Leon Battista Alberti o Francesco di Giorgio Martini, e conservate a Urbino, Baltimora e Berlino.

E sarebbe ancora più soddisfatto se sparissero anche gli edifici e rimanessero solo le proporzioni. Come nella *Piramide e il tempio* di Lucio Saffaro, del 1984, che costituisce il punto d'arrivo di una storia iniziata da Perugino e Raffaello con lo *Sposalizio della Vergine*, e può degnamente costituire il punto d'arrivo della nostra.

Guardare dal buco della serratura
(Caravaggio)

Pochi pittori sono tanto identificabili quanto Caravaggio, anche senza sapere il suo vero nome. Che per la cronaca era Michelangelo Merisi, mentre Caravaggio era invece il suo luogo di nascita.

E anche senza riconoscere le sue fattezze, come nel convenzionale *Ritratto* di Ottavio Leoni (1621), usato in passato sul fronte dei biglietti da 100.000 lire, che sul retro riproducevano la sua *Canestra di frutta* (1597). O in autoritratti poco convenzionali e molto effeminati, quali il *Bacchino malato* (1593) e il *Ragazzo morso da un ramarro* (1595), additati come tali dal biografo dei pittori dell'epoca Giovanni Baglione.

Non c'è nemmeno bisogno di conoscere i fatti della sua vita, approdati al cinema con *Il pittore maledetto* interpretato da Amedeo Nazzari (1941), *Caravaggio* di Derek Jarman (1986) e *L'ultimo tempo* di Mario Martone (2004). O romanzati da Andrea Camilleri in *Il colore del sole* (Mondadori, 2007). O sceneggiati dalla Rai per ben due volte, nel 1967 con Gian Maria Volonté, e nel 2007 con Alessio Boni.

In particolare, non importa sapere che la sua carriera decollò grazie all'appoggio del cardinale Francesco Maria del Monte, che gli procurò la commissione della *Vocazione di san Matteo* e del *Martirio di san Matteo* (1600) per la Cappella Contarelli nella chiesa di San Luigi dei Francesi. Una carriera che continuò grazie all'appoggio del marchese Vincenzo Giustiniani, che rilevò il controverso *San Matteo e l'angelo* (1602), distrutto a Berlino durante la Seconda Guerra Mondiale, e all'epoca rifiutato dal committente per la sua poca spiritualità.

Non importa neppure inserire quest'ultimo episodio in una lunga serie di scandali artistici, provocati dall'abitudine del Caravaggio di rappresentare le tematiche devozionali della Chiesa ispirandosi al mondo peccaminoso dei bordelli. Ad esempio, prendendo a modello una prima prostituta, Fillide Melandroni, per *Santa Caterina d'Alessandria* (1597) e *Giuditta e Oloferne* (1599). Una seconda prostituta, Maddalena Antognetti, per la *Madonna di Loreto* e la *Madonna dei palafrenieri* (1603-1606). E una terza prostituta, Anna Bianchini, gravida e morta poco dopo di parto, per la *Morte della Vergine* (1604).

Alla frequentazione di prostitute, per quanto può interessare, Caravaggio unì i tipici comportamenti e le tipiche conseguenze che spesso le si accompagnano: risse armate, diffamazioni, denunce, querele, arresti, processi, condanne, evasioni. E, addirittura, omicidi. Il primo l'avrebbe costretto a fuggire nel 1592 da Milano, approdando infine a Roma. Il secondo, in seguito a una disputa sulla bella Fillide, lo fece fuggire nel 1606 da Roma a Napoli, per evitare la decapitazione che gli era stata comminata.

La condanna la eseguì metaforicamente lui stesso in una delle sue ultime opere, il *Davide con la testa di Golia* (1609), immaginando come boia il suo ex amante Francesco Boneri, *alias* Cecco del Caravaggio. Lo stesso che era già stato raffigurato nei licenziosi *San Giovanni Battista* (1602) e *Amor vincit omnia* (1603), entrambi commissionati da altrettanto licenziosi banchieri.

Tutte queste notizie non importano, dicevamo. Perché sono soltanto aneddoti attorno alla vita di un artista travagliato, morto prematuramente nel 1610, a trentanove anni, e seppellito in una fossa comune a Porto Ercole. Una sorte singolarmente simile a quella di un altro artista travagliato, Wolfgang Amadeus Mozart, ma con una differenza. Che mentre i resti di quest'ultimo sono andati perduti, quelli del Caravaggio sono stati da poco ritrovati e "identificati", grazie all'esame del DNA sugli attuali Merisi di Caravaggio e alla presenza del piombo usato dai pittori dell'epoca.

Il motivo per cui tutte queste notizie non importano è stato spiegato da Vladimir Nabokov nelle sue *Lezioni di letteratura*. Ed è che è infantile identificarsi nei personaggi e nelle storie delle opere d'arte, ed è adolescenziale preoccuparsi di ricavare qualche insegnamento dai loro messaggi, palesi o reconditi che siano. L'unica fruizione matura dell'arte consiste invece nel preoccuparsi di capire come essa è stata realizzata dall'artista, nella struttura dell'opera.

Ora, se c'è una caratteristica strutturale che colpisce, nelle opere del Caravaggio, è la predominanza del nero. I suoi soggetti sono immersi nel buio, e ne escono solo grazie a un'illuminazione localizzata che squarcia le tenebre. Il principio ricorda il funzionamento delle camere oscure. Di quelle antesignane delle macchine fotografiche, cioè, in cui la luce entra attraverso un forellino su una parete, e proietta sulla parete opposta un'immagine capovolta di ciò che si trova di fronte al foro d'entrata, tanto più nitidamente quanto più è piccolo il foro.

Le proprietà ottiche della camera oscura furono scoperte nel Medioevo. E il suo uso per dipingere è attestato da Leonardo, un secolo prima di Caravaggio, al Canaletto, un secolo dopo. Di quest'ultimo, alle Gallerie dell'Accademia di Venezia si possono vedere i quattro disegni di *Campo Santi Giovanni e Paolo*. E la sua camera oscura, ancora conservata al Museo Correr, sfruttava il miglioramento proposto nel 1515 da Leonardo nel *Codice Atlantico*, consistente nel posizionare una lente di fronte al foro di entrata per focalizzare meglio l'immagine.

Già nel 1568 *La pratica della prospettiva* di Daniele Barbaro descriveva questa tecnica perfezionata, compreso l'uso di una seconda lente per il raddrizzamento dell'immagine. Dunque, in teoria Caravaggio avrebbe potuto usarla per i suoi dipinti. E il discusso libro *Il segreto svelato. Tecniche e capolavori dei maestri antichi* dell'artista David Hockney (Electa, 2002) sostiene che l'abbia effettivamente fatto, insieme a molti altri artisti prima e dopo di lui.

Prove dirette non ce ne sono. Ma una testimonianza dell'artista tedesco Joachim von Sandrart, amico del marchese Giustiniani, prova che Caravaggio usava sicuramente tecniche vicine a quella della camera oscura:

> Era solito piazzare il modello di fronte a sé nella sua stanza, per copiarlo al meglio. E per far risaltare gli effetti dei rilievi e delle rotondità naturali, usava camere buie o in ombra, con un'unica sorgente dall'alto, così che la luce cadente sul modello producesse forti contrasti di ombre ed enfatizzasse l'effetto del rilievo.

D'altronde, basta guardare i suoi quadri per accorgersi che Caravaggio sfruttava le aperture nei muri o nel soffitto per far filtrare la luce in maniera direzionale. Ad esempio, di lato, come nella *Vocazione di San Matteo*. Ma soprattutto dall'alto, come in vari dipinti citati del periodo attorno al 1603, quando il padrone di casa lo accusò in tribunale di aver appunto procurato un danno a «un soffitto mio di detta casa che esso ha rotto».

Un'altra testimonianza, questa volta del citato Baglione, parla dei «quadretti da lui nello specchio ritratti», in particolare il *Bacchino malato*. Sappiamo anche che l'affresco del soffitto di Villa Ludovisi *Giove, Nettuno e Plutone* (1597), sua unica pittura murale, fu ottenuto riflettendo se stesso nudo in uno specchio piazzato sopra i ponteggi. E un inventario dei suoi effetti personali del 1605 registra il suo possesso di «un specchio grande e un scudo a specchio». Quest'ultimo, probabilmente, ritratto nella *Conversione della Maddalena* (1598), in cui ricompare la solita Fillide.

È probabile, naturalmente, che Caravaggio abbia usato più tecniche, per ottenere gli effetti che si proponeva. Lo dimostrano, ad esempio, la combinazione di prospettive multiple adottate per personaggi diversi di uno stesso quadro, come *I musici* (1595), che contiene un altro autoritratto. E lo dimostra anche, e in maniera più interessante, la combinazione di prospettive multiple per parti diverse di un unico personaggio, come nel solito *Bacchino malato*.

Il quadro di Caravaggio più discusso, dal punto della prospettiva, è però probabilmente la *Cena in Emmaus* (1601). La mano sinistra del discepolo a destra, che per la cronaca è San Pietro, sembra quasi toccare lo spettatore, o un ipotetico specchio riflettente. La mano destra appare prospetticamente sproporzionata, rispetto alla sinistra e a quella di Gesù. La luce frontale presuppone un'illuminazione artificiale, con candele o lampade, eccetera.

Ma, indipendentemente dalle tecniche, l'impressione generale è che Caravaggio abbia osservato i suoi soggetti quasi spiandoli dal buco della serratura. E, a ben pensarci, è proprio guardando da uno o due buchi di serratura che Brunelleschi ha scoperto la prospettiva. Newton, lo spettro dei colori della luce visibile. Young, la sua natura ondulatoria. La meccanica quantistica, la dualità onda-particella. La fotografia, le immagini della realtà. E il cinema, quelle della fantasia. È possibile che, in fondo, l'arte e la scienza non siano altro che attività da (sani) guardoni?

Darwin va in scena (TEATRO)

Nella sua *Autobiografia*, Charles Darwin narra:

> Fino all'età di trent'anni, o poco più, la lettura dei poeti più diversi mi dava un gran piacere. Ma già da molti anni non posso sopportare di leggere nemmeno un rigo di versi: recentemente ho cercato di leggere Shakespeare, ma l'ho trovato così insopportabilmente pesante da trarne disgusto.
>
> Invece per molti anni i romanzi di pura fantasia, anche se di modesto livello letterario, sono stati per me fonte di piacere e di straordinario sollievo, e spesso benedico tutti i romanzieri. Me ne sono fatti leggere molti ad alta voce e mi piacciono tutti, purché siano appena passabili e non finiscano tragicamente: cosa contro la quale si dovrebbe proporre una legge.

Chissà cosa avrebbe pensato, il grande naturalista, dell'opera teatrale di August Strindberg *La signorina Julie*? La domanda non è oziosa, visto che lo stesso autore presenta l'opera come una «tragedia naturalista». Forse il tragico avrebbe allontanato Darwin, ma il naturalismo l'avrebbe avvicinato.

In fondo, è lo stesso Strindberg a stimolare la domanda. Nella sua prefazione egli cita infatti direttamente e per nome il darwinismo, osservando che esso «c'è sempre stato, dopo la storia mosaica della Creazione, dagli animali inferiori fino all'uomo, anche se l'abbiamo scoperto ed enunciato solo ora».

Il riferimento non stupisce, da un punto di vista storico. I due capolavori di Darwin e di Strindberg, *L'origine delle specie* e *La signorina Julie*, sono infatti rispettivamente del 1859 e 1888. Trent'anni separavano il traumatico annuncio della scoperta teorica dell'evoluzionismo dalla sua tragica messa in scena pratica. Trent'anni in cui il trauma era stato parzialmente assorbito e il darwinismo naturalista era ormai sfociato nel darwinismo sociale. Cioè, nell'applicazione metaforica alla società umana delle leggi in vigore nell'ambiente naturale.

La storia di Julie è paradigmatica, e costituisce una vera e propria divulgazione dei vari aspetti delle idee di Darwin. L'intento è esplicito, perché per Strindberg «il drammaturgo è un predicatore laico che divulga in termini popolari le idee contemporanee». In questo caso, e di nuovo esplicitamente, «le crudeli lotte dell'esistenza», nelle quali Strindberg dichiarava di «trovare la gioia di vivere». A differenza dei suoi colleghi, ai quali imputava invece di trovarla nel «fare gli scemi in scena e descrivere gli uomini come tanti invasati o idioti».

Il suo teatro aveva dunque un obiettivo contrapposto a quello pervicacemente perseguito dalla cinematografia hollywoodiana, o dal trash televisivo, e privilegiava la complessità a spese della semplificazione. In particolare,

> non credendo ai caratteri teatrali semplici e ai giudizi sbrigativi sugli individui, che dovrebbero essere ricusati dai naturalisti. E cercando di vedere il meccanismo, di ispezionare la scatola a doppio fondo, di studiare le carte per scoprire come siano state truccate.

In primo luogo, la storia è il racconto di come il servo Jean riesca a spingere la contessina Julie al suicidio in una sola sera. L'intento primario di Strindberg è di mostrare che:

> La vita non è così matematicamente idiota da far divorare soltanto i piccoli dai grandi, perché avviene altrettanto sovente che l'ape ammazzi il leone, o quantomeno lo renda furioso.

Così facendo, egli attira l'attenzione su un aspetto cruciale dell'evoluzione. Se infatti fossero sempre i grandi a divorare i piccoli, questi finirebbero per scomparire e l'equilibrio della Natura si romperebbe. Le cose sono invece più sottili, e nella realtà avviene ciò che alcuni programmi televisivi della BBC, in particolare le serie narrate nel corso degli anni da David Attenborough, hanno testimoniato visivamente. Ad esempio, che non è affatto facile per un leone catturare una gazzella, perché questa corre più o meno veloce quanto lui, e quasi sempre riesce a scappargli.

Sia al livello degli individui, sia a quello delle specie, la coesistenza è regolata da quello che i biologi hanno chiamato il *principio della Regina Rossa*. Il riferimento è ad *Attraverso lo specchio* di Carroll, in cui Alice corre sempre ma non va molto lontano, perché nel frattempo il paesaggio si muove con lei. Analogamente, la lotta per la vita non è una mattanza eseguita da mattatori, ma una competizione ad armi quasi pari. E i vantaggi continuamente acquisiti dagli uni vengono vanificati da quelli continuamente acquisiti dagli altri, permettendo al risultato di essere deciso solo sul filo di lana del traguardo.

In secondo luogo, i contrapposti destini individuali della contessina e del servo simboleggiano gli analoghi e contrapposti destini delle classi sociali alle quali essi appartengono, e illustrano come «la decadenza di una stirpe favorisca l'elevazione di un'altra». Strindberg parla al proposito di «uno spettacolo brutale, cinico, crudele», ma questi sono giudizi di valore strettamente umani, che non hanno senso dal punto di vista della Natura.

Non a caso, in termini darwiniani si parla semplicemente della sopravvivenza del più adatto nella lotta per la vita e della simmetrica scomparsa del meno adatto. E non, invece, della sopravvivenza del migliore e della scomparsa del peggiore. Anche perché, in Natura, non esistono metri di giudizio rispetto ai quali si possa stabilire chi o cosa, nella diversità, sia migliore o peggiore.

Resta da stabilire come mai chi prima era più adatto, a un certo punto cessi di esserlo e venga soppiantato da chi invece era meno adatto. Cioè, resta da stabilire quale sia il motore del divenire evolutivo, naturale e sociale. Strindberg dà la risposta corretta quando spiega che «il servo Jean è un capostipite, nel quale si può rilevare un processo di differenziazione». I biologi direbbero invece che il servo Jean è un *fondatore*, nel quale si può rilevare un processo di *mutazione*, ma si tratta soltanto dell'uso di un vocabolario diverso per descrivere lo stesso processo.

Ed è proprio questo processo che costituisce il vero punto di partenza del darwinismo. Il fatto, cioè, che nella riproduzione i figli assomiglino ai genitori, ma non siano esattamente uguali a loro. I discendenti sono copie imperfette, nel senso che non sono perfettamente uguali agli ascendenti. E le differenze li rendono a volte più adatti di loro alla sopravvivenza, e altre meno: il primo caso è appunto quello di Jean, e il secondo quello di Julie. E se i vantaggi evolutivi di un individuo verranno selezionati e fissati, la mutazione produrrà nel tempo una nuova specie, di cui egli si potrà appunto considerare il fondatore, o il capostipite.

Come si può immaginare, la storia di Julie e Jean è, in ultima analisi, quella dell'attrazione fisica tra una donna e un uomo. Darwin dedicò la maggior parte del suo secondo capolavoro, *L'origine dell'uomo* del 1871, all'analisi della *selezione sessuale*: un complesso meccanismo presente in tutti i regni della Natura, che va affiancato a quello della selezione naturale per una spiegazione completa del processo evolutivo.

Purtroppo, in questo campo Strindberg non è stato all'altezza del resto della sua divulgazione darwiniana. Anzi, si è limitato a ripetere gli imbarazzanti pregiudizi della sua epoca, bollando Julie come

> vittima di una superstizione (in cui indulgono anche le menti migliori), per cui la donna, questa forma distorta d'uomo, intermedia rispetto al maschio, signore della creazione e artefice della cultura, dovrebbe essergli uguale ovvero diventare simile a lui.

Nessuno è perfetto, si sa: meno che mai, un uomo che parla delle donne. Ma Strindberg, nella sua *Signorina Julie*, ha comunque fatto molto per divulgare, a modo suo, alcuni aspetti del pensiero di Darwin. Godiamoci lo spettacolo, dunque, anche senza poter sapere se se lo sarebbe goduto pure lui.

Era una notte buia e tempestosa
(FUMETTI)

Era una notte buia e tempestosa a Göttingen, o Gottinga, una città della Bassa Sassonia nel cuore della Germania, sede della più prestigiosa università del mondo. Un'università nella quale avevano studiato o insegnato ben quarantacinque premi Nobel scientifici, oltre a celebrità che andavano dal matematico Carl Gauss e il cancelliere Otto von Bismarck, al filosofo Edmund Husserl e il sociologo Max Weber.

E probabilmente era il 1933, un anno anch'esso buio e tempestoso, che testimoniò la "grande purga" nazista dell'università. Una purga che mirava all'annientamento della cosiddetta "fisica ebrea" di Albert Einstein e Niels Bohr. E che espulse dall'università di Gottinga professori come Max Born e Eugene Wigner, Leó Szilárd ed Edward Teller, Emmy Noether e Richard Courant.

Rimase sul campo, e nel campus, il più grande matematico vivente, David Hilbert, ormai vecchio e nel suo ultimo decennio di vita. Un anno dopo si ritroverà a una cena col ministro dell'Educazione Bernhard Rust, che gli domanderà: «Com'è la matematica a Gottinga, ora che è stata liberata dall'influenza ebrea?». E la sua risposta sarà: «La matematica a Gottinga? Non c'è più nessuna matematica, a Gottinga!».

Quella notte buia e tempestosa di quell'anno buio e tempestoso, dunque, un professore di matematica di quell'università prestigiosa tiene la sua ultima lezione. Probabilmente sa, o immagina, che il cerchio nazista si sta chiudendo sul punto ebreo che egli rappresenta, quasi fosse una macchia di impurità sulla superficie della sua istituzione e della sua nazione. Prima di essere cancellato, quel punto vuole però ancora tracciare qualche ultima linea sulla lavagna, come ha fatto per anni di fronte a un'aula stracolma di studenti.

Quella notte, l'aula è deserta ed egli parla ai muri. O almeno, così crede. Perché in realtà ha un testimone, uno solo, venuto per caso a raccogliere un libro dimenticato e rimasto nell'ombra a sentire la sua storia. E la storia che questo invisibile e muto testimone raccoglie è quella di un capitolo della "matematica tedesca", che si snoda fra il 1873 e il 1931.

O meglio, dell'ultimo capitolo di una storia millenaria e infinita. La storia, appunto, dell'infinito, che dopo essere passata per le mani dei filosofi dell'antica Grecia e dei teologi della Scolastica, è finalmente approdata nel 1873 nella matematica, con la dimostrazione da parte di Georg Cantor dell'esistenza di più di un infinito. E, addirittura, di infiniti infiniti. Anche se, nel momento in cui di infiniti ce n'è più d'uno, bisognerebbe specificare quale sia l'infinito degli infiniti.

È una storia di rompicapi, come si vede fin dalle parole precedenti, e il modo migliore di illustrarla è forse accennarvi attraverso metafore, dai grammofoni alle carte. Anzi, il miglior modo di illustrarla è proprio quello di illustrarla, come fa Davide Osenda nel suo delicato fumetto *Ultima lezione a Gottinga* (001 Edizioni, 2009). Fumetto che, nel settembre del 2007, ho trovato in versione ridotta nella mia buca delle lettere all'università. E che, nel marzo del 2008, è stato esposto in versione gigante sui muri dell'Auditorium di Roma, in occasione del secondo Festival della Matematica.

Il fumetto, alternando il chiaroscuro infernale del nazismo alla luminosità paradisiaca della matematica, riesce a far intravedere con gli occhi del corpo ciò che si può vedere compiutamente solo con gli occhi della mente: la complessità del *problema del continuo*. Molte menti ne sono state catturate, ma finora nessuno l'ha risolto. Anzi, il seguito della storia è che nessuno lo risolverà mai, perché nel 1938 Kurt Gödel ha dimostrato che non si può risolvere negativamente, e nel 1963 Paul Cohen ha dimostrato che non si può nemmeno risolvere positivamente.

La matematica ha dunque i suoi limiti, ma sa di averli, ed è contenta così. E questo sereno stoicismo è proprio ciò che combattono i nazisti, quando arrestano il professore all'uscita della sua ultima lezione, mentre il suo unico uditore passa frastornato dalla contemplazione dantesca dello splendore infinito alla visione della pioggia che cade nella notte buia e tempestosa, in quell'anno buio e tempestoso.

La scienza illustrata
(IMMAGINI)

Ciascuno di noi privilegia uno dei due modi complementari di pensare, e di ricordare, che ci fornisce la lateralizzazione del nostro cervello scoperta dal premio Nobel per la medicina Roger Sperry. L'emisfero sinistro è infatti razionale, analitico e concettuale, mentre quello destro è istintivo, sintetico e sensoriale. E le realizzazioni concrete di questo doppio atteggiamento astratto sono le scienze, la matematica, la logica e la filosofia analitica, da un lato. E le arti, la letteratura, la religione e la filosofia continentale, dall'altro.

Naturalmente, i due emisferi sono collegati da un corpo calloso che li mette e li tiene in comunicazione. Analogamente, scienza e umanesimo non sono compartimenti stagni che funzionano indipendentemente e all'insaputa l'uno dell'altro. Anche se spesso, e purtroppo, la prima si presenta, e viene percepita, come un'impresa molto formalizzabile ma poco visualizzabile.

Niente di più lontano dalla realtà, come dimostrano due meravigliosi libri scientifici che sembrano, e in effetti sono, dei veri e propri libri d'arte: *Le immagini della scienza* di John Barrow (Mondadori, 2009), e *Bolle di sapone* di Michele Emmer (Bollati Boringhieri, 2009). D'altronde, non è soltanto con queste due opere che i due autori sfidano lo stereotipo dello scienziato freddo e distaccato che scrive libri difficili e noiosi. È con la loro intera produzione. E, più in generale, con la loro stessa storia personale.

Barrow, ad esempio, annovera fra i suoi titoli *L'universo come opera d'arte* (Rizzoli, 1997), e *Dall'io al cosmo: arte, scienza e filosofia* (Cortina, 2000). Ed è stato, nel 2006, il vincitore del premio Templeton da un milione di sterline per i legami fra la scienza e la religione.

Emmer, invece, è letteralmente figlio d'arte. E dal famoso padre-regista Luciano ha ereditato la passione per il cinema, che l'ha stimolato a girare ben diciotto film a soggetto matematico e a produrre *Visibili armonie* (Bollati Boringhieri, 2006), un altro bel libro sui rapporti tra arte, cinema, teatro e matematica.

Benché accomunate dall'uso sapiente e accattivante delle immagini, queste loro due opere sono comunque antitetiche nella concezione e nella realizzazione. Barrow spazia infatti su tutte le scienze, isolando singole immagini che hanno caratterizzato in maniera visiva un'idea o un risultato, e sono diventate icone di una particolare disciplina scientifica in un particolare momento storico. Emmer si concentra invece su una specifica area della matematica, e raduna ogni possibile testimonianza artistica che possa illustrarla, in un lavoro collezionistico che gli è letteralmente costato una vita di ricerca.

Come svela fin dal titolo, *Bolle di sapone* è un libro che dovrebbe stare sul mitico tavolo della libreria Barnes and Noble di Union Square a New York, che raduna come in una collana le perle letterarie dedicate monograficamente ad argomenti inusuali, sorprendenti e affascinanti. In questo caso le bolle di sapone, appunto.

Come Emmer racconta, le bolle sono soluzioni naturali, in senso sia letterale che metaforico, di quei problemi variazionali legati alle superfici minime che hanno portato alla medaglia Fields matematici come Jesse Douglas nel 1936 ed Enrico Bombieri nel 1974. Ma sono anche un punto d'incontro della sensibilità umanistica di pensatori come Erasmo, poeti come Baudelaire, musicisti come Bizet, architetti come Fuksas. E, soprattutto, di tanti pittori, da Bruegel a Rembrandt a Manet, affascinati dalle potenzialità tecniche e artistiche delle loro trasparenze e dei loro riflessi. *Bolle di sapone* è dunque un libro da sfogliare e godere, oltre che da leggere, perché le sue oltre trecento illustrazioni ne costituiscono una parte preponderante, fruibile anche a prima vista.

Le immagini della scienza, simmetricamente, è un libro da leggere e meditare, oltre che da sfogliare, perché in maggioranza le sue altrettante illustrazioni richiedono una spiegazione o un inquadramento, senza cui sarebbero difficilmente comprensibili. Ma ciascuna di esse costituisce un capitolo a sé stante, che si può leggere indipendentemente dagli altri. Anche se, messi insieme, i capitoli ripercorrono l'intera storia scientifica, dalle prime osservazioni dell'antichità alle ultime ricerche della contemporaneità.

Barrow parte ovviamente dall'astronomia, con la quale l'umanità ha imparato a conoscere l'Universo. Scorrono così di fronte ai nostri occhi le immagini del cielo dell'antichità, grazie alle quali gli scienziati moderni sono riusciti a individuare il periodo storico e il luogo geografico nel quale sono state concepite le costellazioni. Per la cronaca, attorno al 500 prima della nostra Era e a circa 30 gradi Nord, dunque probabilmente dai Babilonesi.

Seguono i modelli tolemaico e copernicano, che hanno costituito le metafisiche di riferimento dei Greci e dei moderni. Le fotografie delle galassie ottenute coi telescopi, che si spingono a curiosare all'indietro nel tempo, fino ai dieci miliardi di anni fa dello Hubble nel 1996. E le mappe della radiazione di fondo fornite dai satelliti COBE nel 1990 e WMAP nel 2003, che arrivano invece fino a quasi quindici miliardi di anni fa, a ridosso di soli trecentomila anni del fatidico istante del Big Bang.

Avvicinandosi a noi, Barrow ci mostra il Sole durante la famosa eclisse del 1919, che diede ragione a Einstein a proposito della deflessione dei raggi di luce da parte delle grandi masse. E le mappe di Marte disegnate da Schiaparelli, responsabili dell'equivoco sui canali e delle successive fantasie sui marziani. Mancano gli storici disegni della Luna, effettuati da Galileo nel 1609 dopo le prime osservazioni col cannocchiale.

Ma ci sono diverse immagini della Terra vista dallo spazio. Simile a una Luna immensa e colorata, come se l'erano già immaginata sia Keplero che Galileo. Come la si vede di notte, in una mappa che localizza allo stesso tempo le concentrazioni di luce elettrica, e di denaro, dei Paesi sviluppati. E com'è sopra i poli, con i buchi d'ozono che abbiamo noi stessi provocato e che ora stiamo cercando di riparare.

Passando alla superficie della Terra, Barrow ci mostra alcuni dei disegni dei grandi libri che ne hanno illustrato, prima della fotografia, gli abitanti grandi e piccoli. Anatomicamente, *La fabbrica del corpo umano* di Andrea Vesalio, nel 1543. Biologicamente, *La storia delle stirpi* di Leonhart Fuchs, nel 1542. E microscopicamente, la *Micrographia* di Robert Hooke, nel 1665.

Barrow ci mostra anche le mappe di ogni genere con le quali abbiamo rappresentato la Terra: geograficamente, topograficamente, geologicamente, meteorologicamente, e così via. Ma, quando si arriva alle mappe, si entra in un tipo di raffigurazione astratta che porta naturalmente alla matematica.

Scorrono così di fronte agli occhi il diagramma del teorema di Pitagora. Le illustrazioni di Leonardo dei solidi regolari, per il libro *La divina proporzione* di Luca Pacioli. Il dodecaedro troncato inventato da Archimede, e realizzato nel pallone da calcio e nelle molecole del fullerene. Il triangolo di Tartaglia, o di Pascal. Il nastro di Möbius, raffigurato per un'intera vita da Max Bill. L'ipercubo utilizzato da Dalí, per il suo *Corpus Hypercubicus*. E quelle strane opere d'arte moderna che sono la curva a fiocco di neve di Koch e il frattale di Mandelbrot.

L'esposizione del museo virtuale di Barrow termina infine con le immagini, a metà tra il concreto e l'astratto, che forse meglio illustrano l'uso che se ne fa nella scienza. Lo spettro dei colori, prodotto dal prisma di Newton. La limatura di ferro, con cui Faraday riuscì a "fotografare" il campo magnetico. L'anello esagonale del benzene, letteralmente sognato da Kekulé. La tavola di Mendeleev, che cataloga gli elementi chimici. Il modello di Bohr, che rappresenta l'atomo come un sistema solare in miniatura. I diagrammi di Feynman, che ci permettono di raccapezzarci nel mondo subatomico. La molecola di mioglobina, che finì sulla copertina delle «Scienze». La doppia elica di Watson e Crick, icona del nostro tempo.

E in fondo, ma amaro e per niente dolce, il fungo atomico. Che ci ricorda che a volte la scienza può anche prendere la strada sbagliata. E che sta a noi vigilare perché essa si mantenga su quella giusta.

La trilogia dei Qatsi
(CINEMA)

Per la storia occidentale gli Hopi nordamericani sono un popolo marginale, ormai ridotto a poche migliaia di sopravvissuti in una riserva dell'Arizona. Il loro nome significava «pacifici», e la loro cultura era imperniata sulla sacralità della terra e la spiritualità dell'individuo. Intendevano dunque la vita, che loro chiamavano *qatsi*, in un modo molto diverso dagli occidentali, prima europei e poi americani, che li hanno soppiantati a casa loro.

La scelta di *qatsi* come parola chiave di una trilogia costituita unicamente di immagini e suoni, muta alle parole e ai racconti della nostra tradizione orale e scritta, è dunque programmatica. E rivela una concezione critica del nostro *modus vivendi*, squilibrato e violento, da ripensare e indirizzare in direzioni opposte a quelle che stanno devastando la Natura e inaridendo la cultura nel Nord del mondo.

La trilogia è un progetto di Godfrey Reggio, un attivista sociale che vive a Santa Fe, dopo aver passato quattordici anni della sua vita giovanile in un convento cattolico dei Fratelli Cristiani, a «digiunare, tacere e pregare». Reminiscenze della sua esperienza monastica affiorano a volte nel suo lavoro: ad esempio, nell'uso del titolo provvisorio *La Santa Sede* per il suo ultimo ipnotico film *Visitors*, del 2013, a indicare però non il Vaticano, ma la Terra stessa.

A musicare i suoi film è stato Philip Glass, che agli inizi della trilogia era un musicista già molto noto, benché ancora discusso e vicino al minimalismo, ma in seguito è diventato un vero e proprio divo, anche grazie alle colonne sonore di film di grande successo quali *Kundun*, *The Truman Show* e *The Hours*. Pure lui, alla pari di Reggio, è una personalità intensa e spirituale, come ha mostrato nel 2008 il documentario *Glass. Un ritratto di Philip in dodici parti*.

È stata la necessità a far incontrare Reggio e Glass, viste le loro affinità. Ma è solo un caso fortunato quello che ha permesso a me di incontrare loro. Il primo a un incontro nella sede milanese del Gruppo Benetton, che a Reggio affidò nel 1995 la direzione di Fabrica, il centro di ricerca sulla comunicazione ideato da Oliviero Toscani. E il secondo all'Auditorium di Roma, per l'organizzazione di un concerto di brani come *Musica nella forma di un quadrato*, composti dal giovane Glass quand'era ancora vicino ai suoi studi di matematica e filosofia all'Università di Chicago.

Sia Reggio che Glass sono stati influenzati, in maniere diverse, dal pensiero orientale. Il secondo, in particolare, ha studiato negli anni '60 con Ravi Shankar, l'evangelizzatore principale della musica indiana in Occidente. Sono stati appunto i ritmi di quest'ultima a spingere Glass al minimalismo dei suoi inizi: in particolare, tra il 1971 e il 1974, alla sterminata *Musica in dodici parti* a cui allude il titolo del documentario su di lui. E sono stati il classico induista *Bhagavad Gita* e gli eventi della vita del Mahatma Gandhi a ispirargli, nel 1979, la sua opera *Satyagraha*.

Ma è stato *Koyaanisqatsi*, il primo film della trilogia, a far conoscere nel 1982 sia Reggio che Glass al grande pubblico. In seguito, poi, quest'ultimo ha girato il mondo con il suo Ensemble, riproducendo dal vivo il commento musicale alle immagini: una sorta di ritorno alle origini del cinema, quando ancora i film non avevano la colonna sonora, e un pianista suonava direttamente in sala durante la proiezione.

Nel linguaggio hopi, *koyaanisqatsi* significa «vita sbilanciata, squilibrata», e come si può immaginare fotografa quella del mondo industrializzato. Nel film vengono anche cantate le seguenti tre profezie hopi. Primo, «estraendo tesori dalla terra invitiamo disastri». Secondo, «verso il giorno della purificazione in cielo si tesseranno ragnatele». Terzo, «un contenitore di cenere caduto dal cielo brucerà le terre e farà ribollire i mari».

L'occasione per girare il film fu una campagna del 1975 contro l'invasione tecnologica della privacy, organizzata da Reggio nel New Mexico. Iniziata con dei manifesti, essa proseguì con degli spot pubblicitari, che vennero affidati al regista Ron Fricke.

Fu lui a suggerire di estendere il progetto a un intero film e a portarvi lo stile visivo del «punto di vista alieno», con riprese aeree accelerate mediante la tecnica del *time lapse*, che mettono in cortocircuito la visione antropomorfa dello spazio e del tempo, e l'aprono a dimensioni biologiche o geologiche.

Le riprese durarono sei anni, dal 1976 al 1982, e fotografano ambienti naturali e artificiali, con e senza l'uomo, con l'intento dichiarato di mostrare «non come usiamo la tecnologia, ma come la viviamo». Il messaggio è esplicito, soprattutto nelle memorabili scene di vita meccanizzata "alla Ridolini": il traffico nelle grandi città, le catene di montaggio nelle fabbriche, le contrattazioni nelle Borse, le compere nei supermercati, i programmi nello zapping, addirittura le passeggiate nelle strade. Il tutto amplificato dal basso continuo, ipnotico e pulsante, della musica di Glass.

Dopo *Koyaanisqatsi*, che divenne un film di culto e un antesignano del suo genere, Fricke ha prodotto una propria trilogia per i cinema IMAX a schermo gigante. *Chronos* (1985) è un cortometraggio di tre quarti d'ora che esplora le potenzialità del *time lapse* riguardo alla percezione del tempo. *Baraka* (1992) è un capolavoro girato in 23 Paesi, che celebra la «benedizione» della vita indicata dal titolo, sia in ebraico che in arabo. E *Samsara* (2011), secondo il regista stesso, «si immerge più a fondo nel tema della relazione dell'umanità con l'eterno».

Reggio e Glass proseguirono invece sulla propria strada e completarono nel 1988 *Powaqqatsi*, che testimonia la «vita in transizione e vampirizzata» del mondo in via di sviluppo. La scena iniziale aggredisce lo spettatore con uno schiaffo in faccia visivo, mostrandogli al canto di un coro di bambini la vita disumana dei lavoratori di una fangosa miniera a cielo aperto, nella Serra Pelada brasiliana, in una specie di compassionevole *Passione secondo Reggio e Glass*.

Il resto del film oscilla fra tre poli. Il primo è la vita tradizionale del mondo pretecnologico, con il lavoro nei campi, le abluzioni nei *ghat*, le barche sui fiumi, gli scambi nei mercati e le feste nei villaggi. Il secondo, la tentazione occidentalizzante dei messaggi pubblicitari, insistentemente diffusi dai manifesti e dalle televisioni. E il terzo, la caduta tecnologica, nella quale «il nuovo consuma parassiticamente la parte vitale del vecchio per mantenere la propria».

Come le scene del terzo polo di *Powaqqatsi* richiamano idealmente quelle di *Koyaanisqatsi*, così le immagini del secondo polo prefigurano quelle sulla «vita violenta e combattuta» di *Noqoyqatsi*, che ha completato la trilogia nel 2002, dopo un lungo intervallo dovuto alla mancanza di finanziamenti. E poiché il tipo di violenza che interessa Reggio è quella "civilizzata" che deriva dalla tecnologia, il film questa volta adotta direttamente il suo linguaggio violento.

Le immagini presentano edifici abbandonati, complessi e logo industriali, simboli religiosi e politici, proiettili e bombe, razzi e satelliti, eserciti e astronauti, sommosse e attentati, personaggi famosi ridotti a statue di cera, folle spettrali, pubblicità e videogiochi, circuiti elettrici e chip, numeri e formule, e persino una lunga zoomata nel frattale di Mandelbrot. Il tutto manipolato elettronicamente e mostrato quasi sempre in bianco e nero o in negativo, ai raggi X o all'infrarosso, al rallentatore o all'acceleratore.

La musica di Glass, paradossalmente, si contrappone alla nuova forma espressiva scelta da Reggio. Abbandonato il minimalismo più radicale di due o tre decenni prima, diventa sinfonica e melodica, per aiutare lo spettatore a meglio sopportare lo straniamento provocato dalle immagini. E per tutto il tempo il violoncello di Yo-Yo Ma lo conduce per la mano, o per l'orecchio, come un Virgilio della Terza Cantica di questa *Commedia* audiovisiva del nostro tempo.

Musica da far girare le pale
(STOCKHAUSEN)

Era l'autunno del 2004, e la Regione Emilia-Romagna aveva organizzato una *Settimana Stockhausen* in onore del compositore tedesco, con sei concerti e tre incontri pubblici, distribuiti in tre città. La piovosa sera del 9 novembre, inzuppato d'acqua, entrai nel Teatro Comunale di Modena, ancora deserto, per incontrare prima dello spettacolo quel mostro sacro della musica contemporanea. Tanto famoso da essere finito tra le celebrità canonizzate dai Beatles sulla copertina del mitico album *Sgt. Pepper's Lonely Hearts Club Band.*

Poco dopo arrivò pure lui, Karlheinz Stockhausen, bagnato come me. E mentre stavamo andando verso il suo camerino scivolò in avanti e diede una bella testata contro il muro. A me venne in mente un episodio che mi aveva raccontato Gianni Vattimo, di quand'era andato a trovare Martin Heidegger e questi era rotolato giù per le scale. Entrambi (noi) avremmo potuto passare alla storia come testimoni oculari della morte di un grand'uomo, ma invano. Entrambi (loro) erano sopravvissuti, anche se Heidegger si era ripreso subito come se niente fosse, mentre Stockhausen era invece rimasto stordito e piuttosto nervoso per un po'.

Man mano che gli passava, però, si riprendeva e mi raccontava della sua musica. I primi esperimenti di composizione elettronica, ad esempio, in cui elaborazioni teoriche quali la suddivisione equabile dell'ottava in cinque parti, matematicamente corrispondente alla radice quinta di due, si mescolavano a manipolazioni pratiche, quali tagliare il nastro registrato e collegarne gli estremi in un loop da far passare nel riverberatore. E io ero lì proprio per sentire di questi aspetti da un musicista che, avendo anche studiato informatica, sapeva aggiungere alle sue ricette musicali ingredienti scientifici quali la successione di Fibonacci, le catene di Markov o le produzioni delle grammatiche di Chomsky.

Alla fine il discorso era inevitabilmente caduto sulla sua grande opera *Luce. I sette giorni della settimana*, iniziata nel 1977 e terminata da poco, dopo ventisei anni di lavoro. Un'eptalogia della durata complessiva di ventinove ore, che surclassa la tetralogia di Wagner e ambisce a essere una composizione multisensoriale.

Ad esempio, a ciascuno dei sette giorni a cui è dedicata ciascuna delle sette opere è associata una fragranza. E in una scena della *Domenica* ciascuno dei sette solisti diffonde durante un assolo o un duetto il profumo della giornata, associato a un Paese: il *cuchulainn* celtico, il *kyphi* egiziano, il *mastix* greco, la rosa mistica italo-tedesca, il *tate yunanaka* messicano, il *legno di oud* indiano, e l'incenso africano.

Scenograficamente *Luce* ruota attorno a tre personaggi archetipici: Eva, Michele e Lucifero. Ciascuno di essi domina individualmente tre delle opere, mentre in altre tre essi appaiono a coppie, e in una tutti insieme. Più precisamente, *Lunedì* è il giorno di Eva, della donna e della nascita. *Martedì*, della guerra tra Michele e Lucifero. *Mercoledì*, della cooperazione tra Lucifero, Eva e Michele. *Giovedì*, del solo Michele. *Venerdì*, della tentazione di Eva da parte di Lucifero. *Sabato*, di Lucifero e della morte. E *Domenica*, dell'unione mistica di Eva e Michele.

Musicalmente i tre personaggi sono associati a tre strumenti (clarinetto tenore, tromba e trombone) e tre melodie, che vengono continuamente riproposte e trasformate. La complessa combinazione di testi, canti, danze, suoni, colori e odori è concepita in modo da permettere allo spettatore di apprezzare le tre melodie in maniera via via più sofisticata ed elevata. La costruzione, per esplicita ammissione del compositore, si avvicina più alla tradizione rituale della musica orientale che a quella concertistica occidentale. E, per inciso, il titolo originale del ciclo era *Hikari*, che significa «luce» in giapponese.

Mentre Stockhausen mi raccontava queste cose dietro le quinte, il pubblico affluì lentamente nel teatro. E al momento opportuno fu chiamato in sala non dall'usuale campanello che solitamente annuncia l'imminente inizio del concerto, bensì dall'apposita composizione *Chiamata da Luce*, del 1995. D'altronde, è tipico dell'intero ciclo che le giornate si aprano e si chiudano con apposite musiche di benvenuto e di addio che risuonano nel foyer, a sua volta variamente allestito a seconda dell'opera.

Quella sera il concerto diede un assaggio di scene tratte da *Venerdì* e *Domenica*, compresa la *Rosa mistica* che prevede il dispiegamento della relativa fragranza. Stockhausen armeggiò personalmente al mixer per realizzare la proiezione dei suoni, in base alle varie spazializzazioni che aveva deciso. Spazializzazioni che, nel ciclo, arrivano fino all'ottofonia del suono che giunge dagli angoli in alto e in basso della sala da concerto. Alla fine il compositore salì sul palcoscenico per gli applausi, fisicamente imponente e vagamente reminiscente di Dario Fo. E mentre lo osservavo, ormai mescolato alla folla, sentivo che probabilmente non avrei più avuto occasione di averci a che fare da vicino.

Morì quasi esattamente tre anni dopo, e a tutt'oggi il ciclo di *Luce* non è ancora mai stato eseguito integralmente, anche a causa del proliferare di situazioni immaginifiche. Ad esempio, la sovrapposizione temporale della *Tentazione* del *Venerdì*, dove si intrecciano la musica elettronica di un nastro, una danza mimata da dodici coppie di ballerini fra il pubblico, e la performance di cinque attori-musicisti sul palcoscenico. O lo sdoppiamento spaziale dei *Matrimoni* della *Domenica*, dove cinque cori e cinque orchestre si esibiscono in due sale separate. Ma il pezzo più singolare è sicuramente il *Quartetto per archi ed elicotteri* del *Mercoledì*.

Per tutta la vita Stockhausen ha avuto il sogno ricorrente di volare. E una notte, dopo aver ricevuto la commissione di un quartetto, sognò appunto quattro elicotteri trasparenti, che trasportavano quattro musicisti che lui poteva vedere e udire. Sentendo che «qualcosa gli era stato comunicato», decise allora di realizzare il suo sogno, in una composizione suonata da quattro musicisti in volo su quattro elicotteri. In ciascuno dei velivoli tre microfoni, due interni e uno esterno, e una telecamera riprendono la musica e le immagini, e trasmettono il tutto a quattro altoparlanti e quattro schermi nell'auditorium dove sta il pubblico.

Il rumore degli elicotteri diventa parte integrante della composizione, e le loro pale costituiscono i giganteschi metronomi che battono il tempo di questo singolare concerto. Prima dell'esecuzione il primo violino saluta il pubblico e si avvia al suo elicottero che lo attende, ripreso dalla sua telecamera come un'astronauta che si avvia a un viaggio spaziale: non a caso, il quartetto è dedicato «a tutti gli astronauti». Gli altri tre componenti del quartetto, invece, lo aspettano già posizionati sui loro.

La formazione si alza simultaneamente, e per una ventina di minuti (più precisamente, per 21 minuti e 37,8 secondi) i quattro violinisti eseguono in volo la partitura. La quale è già essa stessa un'opera d'arte, e rappresenta le quattro voci del quartetto con quattro linee colorate in rosso, blu, verde e arancio. I musicisti sono coordinati da un segnale trasmesso tramite un auricolare, ma si può immaginare che siano spiritualmente diretti da Stockhausen stesso, il quale credeva a queste cose, e nel nostro colloquio affermò testualmente che «noi *siamo* degli spiriti».

Il compositore ha previsto che il quartetto sia preceduto dall'introduzione di un «moderatore *ad libitum*», che prima del decollo «spieghi cosa sta succedendo». E il 18 gennaio 2009, a quattro anni da quella sera piovosa in cui avevo avuto la prima fortuna di ascoltare Stockhausen a Modena, ebbi la seconda fortuna di introdurre all'Auditorium di Roma il suo singolare *Quartetto per archi ed elicotteri*, che era stato eseguito in prima mondiale ad Amsterdam il 26 giugno 1995 da quello stesso Quartetto Arditti che l'ha eseguito a Roma in prima italiana.

E, per introdurlo, ho chiesto al pubblico di permettermi di iniziare da un ricordo personale che mi accomuna a Stockhausen: «Era l'autunno del 2004, e...».

Forme, suoni, parole
(SINERGIE)

Si pensa spesso che la cultura scientifica e la cultura umanistica siano contrapposte, nei metodi e nelle finalità. Secondo i pregiudizi degli osservatori distratti, infatti, la prima si interessa dell'esperienza pubblica, universale, oggettiva, quantitativa, unitaria, e il suo linguaggio è preciso, razionale, fatto di idee e di concetti. La seconda guarda invece all'esperienza privata, particolare, soggettiva, qualitativa, molteplice, e il suo linguaggio è ambiguo, emotivo, fatto di immagini e di racconti.

Questi pregiudizi vengono messi profondamente in crisi dalla constatazione che scienza e arte, e cioè le rispettive punte di diamante delle due culture, sono visioni complementari e non contraddittorie del mondo, sia esterno che interno. Entrambe hanno sviluppato tecniche adatte a descrivere, da punti di osservazione diversi, le realtà del mondo fisico e psicologico. Ed entrambe hanno fornito immagini di queste realtà che costituiscono vette del pensiero, senza ulteriori aggettivi qualificativi.

La prova più esplicita della compatibilità fra scienza e arte si trova nella matematica, che fornisce a entrambe uno strumento comune per esprimerne gli aspetti essenziali. Ad esempio, in una lettera del 1904 Cézanne dichiarò di vedere nella matematica il linguaggio dell'arte. La sua estetica fu poi precisata da due manifesti di Kandinskij, *Lo spirituale nell'arte* (1911) e *Punto, linea, superficie* (1926), ed è stata adottata da buona parte dell'arte astratta del Novecento.

Per non lasciare l'affermazione della complementarità di matematica e arte al livello di pura e semplice dichiarazione di principio, è però necessario esaminare più da vicino le convergenze e le intersezioni delle due discipline.

Il legame tra matematica e *pittura* può risultare naturale, a chi abbia anche solo sentito parlare di proporzioni o di prospettiva. Ma accostare fra loro *musica* e matematica potrebbe sembrare una provocazione, un'istigazione all'intrattenimento di relazioni pericolose proprio fra le due discipline, l'una calda e sensuale e l'altra fredda e razionale, che più e meglio incarnano e simboleggiano l'apparente inconciliabilità delle due culture. In realtà, la separazione dalla matematica è stata solo una parentesi temporanea e (letteralmente) romantica nella storia della musica, preceduta da millenni di felice convivenza, e seguita dall'inevitabile riconciliazione.

Per convincersi che il legame fra musica e matematica non è soltanto un'illusione acustica, basta isolare nella storia alcuni momenti di interazione, diretta e reciproca, fra le due discipline. Perseguendo, da un lato, la "matematica del senso" nella pratica musicale, per scoprire che le strutture di molte composizioni sono effettivamente riconducibili a classificazioni matematiche, sia concrete che astratte.

E perseguendo, dall'altro lato, anche la "musica della ragione" nella teoria matematica. Identificandola nel lavoro dei numerosi scienziati che, per più di due millenni, si sono dedicati ad applicare le loro competenze specifiche al campo musicale. E che sono arrivati, in qualche caso, a influenzarne l'evoluzione in maniera sostanziale, in una sintesi degna del *Giuoco delle perle di vetro* di Hermann Hesse.

Naturalmente non va dimenticato che, se i matematici hanno spesso avuto una competenza musicale, a molti musicisti non è comunque mancata una conoscenza diretta della matematica. E, altrettanto spesso, essi non hanno esitato ad esibirla: dal *Trattato di musica secondo la vera scienza dell'armonia* di Giuseppe Tartini (1754) alla *Musica formalizzata* di Iannis Xenakis (1971). Per non parlare, naturalmente, dei musicisti contemporanei laureati in matematica, da Pierre Boulez a Philip Glass.

Scoprire poi che la matematica può avere legami anche con la *letteratura* è forse ancora più sorprendente che nel caso della musica. La letteratura, infatti, si interessa dell'uomo e dell'ambiente in cui egli vive. La matematica, invece, sembra interessarsi di un mondo non umano, quando non addirittura inumano. Al più, ci si potrebbe aspettare un suo ruolo metaforico, esemplificato dall'assegnazione dei nomi delle sezioni coniche (parabola, iperbole, ellisse) ad alcune figure letterarie.

Ancora una volta si può smascherare facilmente un tale giudizio come pregiudizio, almeno a quattro distinti livelli. Mostrando, cioè, che nella letteratura i matematici possono essere sia autori che protagonisti, e la matematica può essere sia argomento che struttura. Valgano, fra tutti, gli esempi di tre matematici che sono addirittura stati insigniti del premio Nobel per la letteratura: Russell nel 1950, Solženicyn nel 1970, e Coetzee nel 2003. O di Ulrich, protagonista dell'*Uomo senza qualità* di Musil, che era appunto un matematico.

Più in generale, i diversi aspetti della cultura sono tutti astrattamente connessi. Il ritmo è simmetria della poesia e della musica. La simmetria è ritmo della pittura. La poesia è musica del linguaggio. La musica è pittura nel tempo. La pittura è musica nello spazio. L'architettura è musica pietrificata.

E, soprattutto, la matematica è poesia dell'Universo, pittura astratta del mondo, musica delle sfere. Espressione, cioè, di quello che i Greci chiamavano *kosmos* o *logos*, e che altro non è se non l'ordine razionale delle cose percepito attraverso il pensiero astratto. Come volevasi, appunto, dimostrare.

Postludio ondivago

Sono un'onda. Un'onda in mezzo al mare. Un'onda che si frange sulla spiaggia tra i gridolini dei bambini, distruggendone i piccoli castelli di sabbia che prefigurano i grandi sogni che avranno da adulti, la maggior parte dei quali saranno sfaldati dalla vita. Un'onda che, prima di svanire in bollicine ed essere inghiottita dal bagnasciuga, ha sostenuto surfisti e fatto sobbalzare bagnanti, donando loro l'effimera gioia di un divertimento fatto della stoffa di quegli stessi sogni.

Sono un'onda che non può che generare pensieri evanescenti, essendo soltanto l'illusione visibile di un movimento inesistente che non sposta veramente verso riva molte gocce d'acqua, e si limita a farne oscillare la maggior parte senza dislocarle. Un'onda che, proprio per questo, non può mantenere le promesse che fa al naufrago, ricevendone un messaggio disperato e la speranza, frustrata in partenza, che il suo messaggio venga portato a destinazione e gli riporti la salvezza. Un'onda che sferza senza sosta i possenti massi della riva, sottoponendoli a un eterno supplizio, e che nei secoli dei secoli finirà per levigarli e triturarli fiaccandone la resistenza, perché la goccia scava la roccia.

Sono un'onda gentile che arriva da vicino, generata da una brezza che accarezza la superficie del mare, o dal moto di una barca che la solca in un'inutile andirivieni. Ma posso essere un'onda arrabbiata che arriva da lontano, istigata da un vento impetuoso che scortica la superficie e sconquassa le profondità, provocando tempeste e maremoti. E potrei diventare una mortifera *tsunami*, scolpita da un terremoto o da un'eruzione, in grado di sostenersi per migliaia di chilometri mentre semina morti e distruzioni sul suo cammino.

Sono un'onda con una carta d'identità, come quella dei mortali che la burocrazia vorrebbe ridurre ai dati anagrafici. Un'onda i cui dati dinamici sono l'*ampiezza*, che misura la distanza tra le mie creste e i miei ventri. La *lunghezza*, che separa due mie creste consecutive. La *frequenza*, che scandisce quante volte le mie creste sfilano di fronte a chi le osservi. E la *direzione*, nella quale esse marciano come pennacchi di soldatesse in alta uniforme. Un'onda che non può nascondere la propria *velocità* alle pattuglie in agguato sulle autostrade del mare, perché esse sanno calcolarla moltiplicandone la frequenza per la lunghezza.

Sono un'onda vanitosa, che per quella stessa carta d'identità ha scelto l'immagine che le ha dedicato Hokusai nel 1830, raffigurandola in maniera spiraliforme e frattale nell'incisione che immortala la *Grande onda presso la costa di Kanagawa*. Sono un'onda melomane, che ha molto gradito i tre schizzi sinfonici che Claude Debussy dedicò nel 1905 a *La Mer*: soprattutto l'ultimo, animato e tumultuoso, che parla proprio di me, e si intitola *Dialogo del vento e del mare*.

Ma sono anche un'onda fragile e titubante, che indulge in quel comportamento oscillante che gli umani conoscono così bene, soprattutto quando si avventurano nelle contorte profondità dei sentimenti, che spesso descrivono con l'ossimoro di amore-odio. In realtà, uno psicologo direbbe che in famiglia siamo tutte oscillanti e ondivaghe, anche se ciascuna di noi lo è alla sua maniera.

Alcune mie parenti, che amano stare e far stare su una corda, sono *trasversali*, e ricordano le principesse che passeggiano fra le damigelle. Mentre loro procedono solennemente in avanti, la corte immobile e deferente si inchina al loro passaggio, per poi rialzarsi non appena sono passate.

Altre mie parenti, sonore e tutte indaffarate a riempire continuamente l'aria delle loro chiacchiere, sono *longitudinali*, e sembrano le educande di *Picnic a Hanging Rock* che passeggiano nei prati, prima di scomparire fra le rocce. Mentre loro avanzano, i fiori immobili vengono trascinati in avanti dalle loro vesti, per poi ritornare all'indietro quando si sono liberati dalla carezza fugace delle lunghe gonne di pizzo.

Io, come onda del mare, ho preso un po' da entrambi i rami della famiglia, e appartengo al genere delle onde *miste*. Faccio dunque muovere le gocce d'acqua in entrambe le direzioni, verticale e orizzontale, in piccoli moti circolari che si trasmettono in un'illusione di vorticoso movimento.

A parte le nostre superficiali differenze caratteriali, il nostro imprinting profondo ci spinge tutte a comportarci alla stessa maniera e a reagire similmente ai casi della vita. Se ci scontriamo contro un ostacolo capace di respingerci, una *riflessione* ci fa capire che dobbiamo tornare indietro sui nostri passi. Se il nostro percorso ci porta ad attraversare mezzi di densità diversa, una *rifrazione* ci fa flettere la direzione del nostro cammino.

Se ci ostiniamo a passare attraverso una fessura troppo stretta, una *diffrazione* ci fa perdere l'illusoria unità dell'io che gli occidentali tanto apprezzano, ingenuamente ignari della sua fittizia natura. E quando finalmente troviamo un'onda gemella con cui condividere la vita, l'*interferenza* ci cambia per sempre. A volte annullandoci in un rapporto distruttivo, in cui l'unione fa la debolezza. E altre volte esaltandoci in un rapporto costruttivo, in cui il tutto diventa maggiore delle parti.

Nella vita ciascuna di noi ha trovato la propria sistemazione e la propria residenza, dove crescere e prosperare. Anche perché siamo adattabili, e per vivere ci basta un ambiente né troppo rigido, né troppo flessibile, in grado di trasmettere i piccoli movimenti che costituiscono, cumulativamente, il segno visibile della nostra esistenza invisibile.

Voi italiani, con l'ossessione per il mare che vi spinge a riversarvi sulle autostrade e sulle spiagge dai primi weekend di primavera agli ultimi d'autunno, siete più propensi a notarci nella forma di onde *acquatiche*: non a caso sono stata scelta io, per venirvi a parlare di noi. Ma nel passato avete conosciuto alcune pecore nere della nostra famiglia: le onde *terrestri*, che fanno affiorare alla superficie i messaggi di morte emanati dai fenomeni sismici nelle profondità della Terra. E da sempre, con la passione per il bel canto che vi contraddistingue, siete sintonizzati sulle onde *atmosferiche*, che costituiscono i suoni trasmessi dall'aria all'apparato uditivo.

Tutte noi, onde *materiali* o *meccaniche*, esistiamo attraverso le vibrazioni che induciamo in mezzi come l'acqua, l'aria e la terra, a volte indotte dalle vibrazioni di una corda di chitarra pizzicata o di violino sfregata. Ma abbiamo delle lontane cugine, le onde *eteree* o *elettromagnetiche*, che invece sono in grado di sostenersi da sole.

A lungo abbiamo pensato di essere loro parenti prossime, nel senso che anch'esse facessero vibrare una sostanza diffusa e sottile chiamata appunto "etere". Da oltre un secolo, però, abbiamo ormai capito che invece siamo solo parenti alla lontana, e che esse sono in grado di propagarsi nel vuoto alla velocità della luce.

Ma pur essendo un vuoto fenomeno, o forse proprio per questo, fra le mie eteree cugine si annoverano alcuni fra i personaggi più artistici della nostra famiglia. È infatti a noi che dovete i suoni che allietano il vostro udito, senza i quali sareste condannati a recitare in un triste film muto. Ma è a loro che dovete i colori che sfavillano nel vostro occhio, senza i quali la vostra vita sarebbe uno sbiadito film in bianco e nero.

E non solo! Oltre che della luce visibile, le mie cugine sono anche responsabili delle onde radio, che da un secolo trasmettete e ricevete in tutte le frequenze. Delle microonde, che da qualche anno scaldano e cuociono i vostri cibi. Dei raggi ultravioletti, che vi scottano quando vi esponete troppo al Sole. Dei raggi X, che permettono ai medici di osservare le vostre ossa. E di mille e mille altre meraviglie.

Quanto all'arte, però, niente può superare in astrazione e profondità le descrizioni che di noi hanno dato i poeti. Tre in particolare li abbiamo incoronati d'alloro come sommi vati della nostra letteratura, perché da loro ci siamo sentite rappresentate nel modo più compiuto e veritiero: il francese Jean-Baptiste D'Alembert, il britannico James Clerk Maxwell e l'austriaco Erwin Schrödinger.

I loro tre poemi condensano, in pochi versi, l'essenza delle onde meccaniche, elettromagnetiche e *quantistiche*. Le prime siamo noi. Le seconde, le cugine alle quali ho già accennato. E le ultime, delle nostre parenti ancora più lontane.

Non per parlarne male, naturalmente, ma devo confessare che queste parenti sono viste con un certo imbarazzo nella nostra famiglia. Perché posseggono una natura duale e schizofrenica, che permette loro di manifestarsi come onde di probabilità in certe occasioni, e come particelle di materia in altre. Un comportamento a dir poco disdicevole, soprattutto se teniamo conto del fatto che fra loro ci sono i mattoni di cui è costituito l'intero mondo atomico: cioè, gli elettroni, i protoni e i neutroni.

Ma chi è senza peccato scagli la prima pietra, diceva un vostro abile creatore di aforismi, e la nostra famiglia non è senza peccato. Tutti e tre i poemi dei nostri vati descrivono infatti non solo la nostra famiglia, nella sua triplice varietà, ma anche un'altra famiglia fantasma che imita la nostra, con l'unica differenza che i suoi membri procedono a ritroso.

Per me e le mie sorelle meccaniche la cosa non è particolarmente imbarazzante, perché i nostri fantasmi vanno semplicemente indietro nello *spazio*, come un camminatore che torni sui suoi passi. Ma per le nostre cugine elettromagnetiche, e per le lontane parenti quantistiche, è addirittura fantascientifica, perché i loro fantasmi vanno indietro nel *tempo*, in una sorta di vita che comincia dalla morte per finire nella nascita.

Se io fossi come loro, invece di salutarvi ora con un «arrivederci», perché sto finendo di parlarvi, vi direi «benvenuti», perché starei appena cominciando, mentre gli addii ve li avrei dati all'inizio...

Indice dei nomi

Indice delle opere

I titoli delle opere citate sono ordinati alfabeticamente, senza tener conto degli eventuali articoli iniziali.